期货市场
混沌交易

袁　刚◎著

中国财经出版传媒集团

经济科学出版社
Economic Science Press
·北 京·

图书在版编目（CIP）数据

期货市场混沌交易 / 袁刚著．-- 北京：经济科学出版社，2025. 5. -- ISBN 978-7-5218-6973-6

Ⅰ. F830. 93

中国国家版本馆 CIP 数据核字第 2025X85D43 号

责任编辑：刘战兵
责任校对：王京宁
责任印制：范　艳

期货市场混沌交易
QIHUO SHICHANG HUNDUN JIAOYI
袁　刚　著
经济科学出版社出版、发行　新华书店经销
社址：北京市海淀区阜成路甲 28 号　邮编：100142
总编部电话：010-88191217　发行部电话：010-88191522
网址：www.esp.com.cn
电子邮箱：esp@esp.com.cn
天猫网店：经济科学出版社旗舰店
网址：http：//jjkxcbs.tmall.com
北京季蜂印刷有限公司印装
710×1000　16 开　13.5 印张　190000 字
2025 年 5 月第 1 版　2025 年 5 月第 1 次印刷
ISBN 978-7-5218-6973-6　定价：60.00 元
（图书出现印装问题，本社负责调换。电话：010-88191545）

前言

Preface

什么是混沌?

通俗地讲，混沌是和蝴蝶效应有关的学问，是和分形相关的理论。

规范地讲，混沌是关于非线性系统在一定参数条件下展现分岔、周期运动与非周期运动相互纠缠，以至于通向某种非周期有序运动的理论。

晦涩地讲，混沌就是“道”，“道”就是混沌。

那么到底什么是混沌?我们如何讲解混沌?

《三体》中有一句话:“上岸的鱼不再是鱼，真正进入太空的人也不再是人。”这句话给我的启示是——真正进入混沌的“交易者”也不再是原来的“交易者”了。

所以，我们应该以“进入”混沌为目的去讲混沌。当我们以喝水为目的去讲水的特质，和当我们以游泳为目的去讲水的特质，最终对水的解读是截然不同的。那么如何才能“进入”混沌呢?

谈到“进入”，我人生中有一次特殊的“进入”经历。

我在13岁的时候，参加过一次特殊的社会活动，就是去盲校参加绕口令比赛。比赛前，辅导员让我“进入”一个房间搬桌椅。在“进入”房间之前，我下意识地去开灯，电灯开启的那一刹那，我不禁吓了一跳，因为我没有预料到这个房间里面有好几个盲人在活动，他们在黑暗的房间中专注地干自己的事情。

这个场景在我脑海中挥之不去，我人生中所有的思辨都和这个场景不无关系。后来，我无数次深入观察过各个场景中的盲人。在各个场景中，我观察到盲人需要声音，需要气味，需要触摸。当我和盲人深入交流时，我发现他们祈求获得光明。甚至有些先天性视觉缺失者，仍然执着于获得光明。

我不禁得出一个奇怪的论断：

盲人祈求光明，但盲人本身唯独不需要光明。

我不禁引申出一个奇怪的论断：

愚人祈求智慧，但愚人本身唯独不需要智慧。

我也曾经想过，如何向盲人介绍光明。如果这个盲人是先天性视觉缺失，那么我是完全没有办法向其介绍光明的。如果这个盲人是因为病变而引起了障碍性失明，那么消除视觉障碍，即是光明。如果消除了视觉障碍，那么这个被治愈的盲人反而会新添一样需求——需要开启电灯。

我重新审视这个非常普通的推理：

如果我没有视觉障碍，在黑暗之中，我只需要开启电灯，然后就能有所显示。

由此，我得出一条推理链：

如果我没有智力障碍，在混沌之中，我只需要开启什么，然后就能有所揭示。

在这条推理链上，我将要解决以下问题：我到底有没有智力障碍？我到底要开启什么？开启之后，是否能够揭示？

释迦牟尼在菩提树下开悟后说的第一句话便是："奇哉，奇哉，一切众生，皆具如来智慧德相，只因妄想执著，不能证得。"这句话被记录在《华严经》中。

我从这句话中，立刻找到了我需要的那个答案——一切众生没有先天性智力障碍。

如果这个答案是对的，那么这就是我想要的全部答案。只要推理链本身没有问题，只要源头没有问题，那么我们求索的方向就不会错。

这本书一共分为六章，我只谈如何开启，有何揭示。

第 1 章：开启全息，揭示本征。

第 2 章：开启对冲，揭示隐情。

第 3 章：开启满同，揭示结构。

第 4 章：开启分辟，揭示强弱。

第 5 章：开启尺缩，揭示发生。

第 6 章：开启曲速，揭示扭转。

下面，开始我们在期货市场的混沌之旅吧！

目录

Contents

第 5 章　揭示发生

第 6 章　揭示扭转

后记

第1章

揭示本征

第1节

混沌理论，何处着手

我大约在27岁时接触混沌（也可以讲“闻道”），大约在37岁时，悟出了写在前言中的推理链。所以说，在30岁之前，我对混沌的理解方式与常人无异，也是在一次次的操作实践中，修正了对混沌的理解方式。下面就从我30岁的认知开始，看看我是如何在思辨中转变的。

1963年，美国麻省理工学院教授、混沌学开创人之一洛伦兹在美国科学发展学会第139次会议上发表了题为《蝴蝶效应》的论文。在这篇论文中，该教授发表了惊人之论：“巴西的亚马孙丛林中一只蝴蝶轻轻地扇动几下翅膀，就会在美国的得克萨斯州掀起一场龙卷风。”

这类言论的确比较“惊人”。从小到大，我见到过那么多蝴蝶、蜻蜓、苍蝇、蚊子、知了……试问哪个昆虫扇一扇翅膀可以引发飓风？就算是用世界上功率最大的鼓风机在亚马孙丛林中吹风，我也不信得克萨斯州会因此而产生一丝微风。蝴蝶振翅可以引发飓风？难道没有基本常识吗？

一开始，我不太相信西方人提出的“蝴蝶振翅”，但作为中国人，我也听过一个类似的说法——道心惟微。也许，说蝴蝶振翅可以引发飓风可能有一定的道理，于是乎，我查阅了很多有关于混沌理论蝴蝶振翅的书籍和论文。接下来，大量的数学公式和复杂的混沌模型让我无所适从。我并不能从这些数学公式和混沌模型中理解哪怕一点点混沌理论。

我换了一个思路，如果我理解了“道心惟微”，是不是就可以理解蝴蝶振翅，是不是就可以理解混沌理论？于是，我开始回归“道”，回归中国文化。然后我发现在《道德经》中，老子并没有讲什么理论，他只讲大道特性。

那么我们是不是应该尝试着去关注混沌的特性，而不要被那些复杂的数学公式吓住。西方学者也提出了混沌发展特征三个原则：

1. 能量永远会遵循阻力最小的途径。

2. 始终存在着通常不可见的根本结构，这个结构决定阻力最小的途径。

3. 这种始终存在而通常不可见的根本结构，不仅可以被发现，而且可以被改变。

第一个原则似曾相识。翻开《股票大作手回忆录》一看，果不其然，其第十章的标题即是“价格总是沿着最小阻力的方向发展”。由此看来，杰西·利弗莫尔（Jesse Livermore）才是最先明确说出混沌发展特征的西方人。

如果要研究混沌的特性与特征，我们就不能囿于西方现代混沌理论的框架。《道德经》说：“有物混成，先天地生，寂兮寥兮，独立不改，周行而不殆，可以为天地母。吾不知其名，字之曰道。”由此看来，按照老子的意思，“道”就是混沌的名字，看来我们中国的先哲才是研究混沌的鼻祖。

很多人讲佛道同源，所以我也粗略地翻阅过释家经典。以《金刚经》为例，《金刚经》中并未提及混沌二字，但其中充斥着混沌的味道：

- 如来说世界，非世界，是名世界。
- 一切有为法，如梦幻泡影，如露亦如电，应作如是观。
- 凡所有相，皆是虚妄；若见诸相非相，即见如来。

在这本书的第4章，我会以《道德经》中的少量文字作为指引。在第6章，我会提及一两句释家的“经典名句”作为启示。我并不建议大家把时间花在读经上，因为我们的最终目的是赚钱，通俗地讲，如果你赚到钱了，你自然会重新审视经典；如果你不能赚到钱，多说经典也于你无益。

以上就是我们的学习思路，下面我们要看看该从何处入手。先看混沌理论发展特征第一原则：能量永远会遵循阻力最小的途径。毫无疑问，“阻力最小”是一个关键词。我在2012年左右就知道“阻力最小”

具有很深的奥义，我也反复阅读了《股市大作手回忆录》第十章，但却始终不得其意。

我不能讲清楚什么时候市场的阻力小，但价格快速移动的时候说明阻力小。而价格快速移动往往发生在“盘整突破”和“趋势加速”阶段。以我早期的水平，我不太能够把握后者，于是我把精力都放在盘整突破阶段。在实际操作中，我也尝到了一些甜头，这些甜头让我笃信，“盘整突破”和“阻力最小”关系密切，我貌似找到了突破口。

第 2 节 阻力最小，级别共振

图 1-2-1 显示的是沪深 300 股指期货在 2014 年的一次 H4 级别（4 小时级别）的行情。当时我刚回国不久，在招商期货做片区经理，当时和客户交流基本用 QQ，这是一次实盘交易跟踪指导。虽然结果是大致正确的，但以我当时的认知水平很难讲出其中的道理。

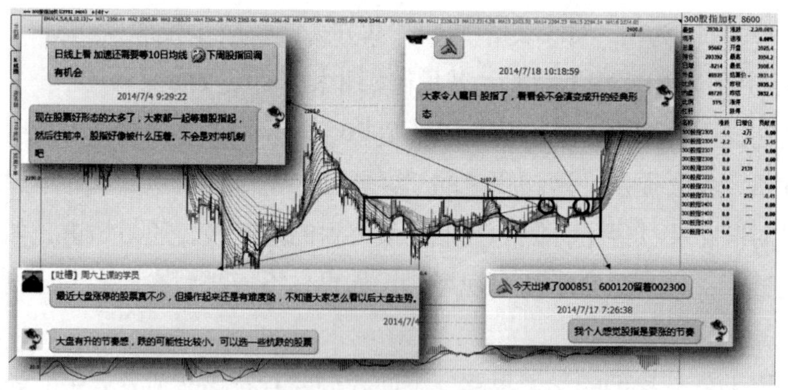

图 1-2-1　跟踪指导

图 1-2-2 是图 1-2-1 复盘后的截图，我选择了 2 小时级别的截图，这样看得更清楚一些。我打算截出 H1 和 M30（30 分钟级别）级别的形态，但因年代久远，软件已经不能提供 H1 和 M30 级别的 K 线数据了。而在实际情况中，在这次交易机会中，在 H4、H2、H1 和 M30 这几个级别中，都可以发现非常标准的盘整形态。在技术分析中，这叫多级别共振。

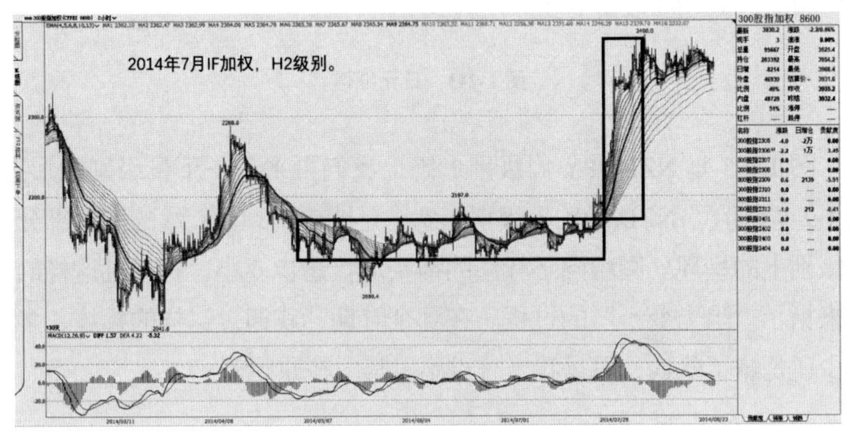

图 1-2-2　H2 级别形态

下面的案例是我在做外汇市场投资顾问时，向管理层着重推介过的一次交易机会，当时“新西兰元 / 日元（NZD/JPY）”周级别的形态已经非常容易识别，我在 2012 年底尝试买入，但仅仅持有一两周就卖出了。以我当时的水平，我是拿不住单子的，当账面上有了盈利时，我反而会寝食难安，急着落袋为安。

2013 年 1 月，索罗斯宣布买入 3000 万美元的反向敲出期权，最终疯狂赚取 10 亿美元（见图 1-2-3）。相比之下，我自愧不如。这次经历使我认识到，就算是早期判断对了，如果不下重注，依旧赚不到多少钱。但下重注是柄“双刃剑”，如果没有十几年的操作经验和稳定的生活保障，我建议大家还是不要下重注。

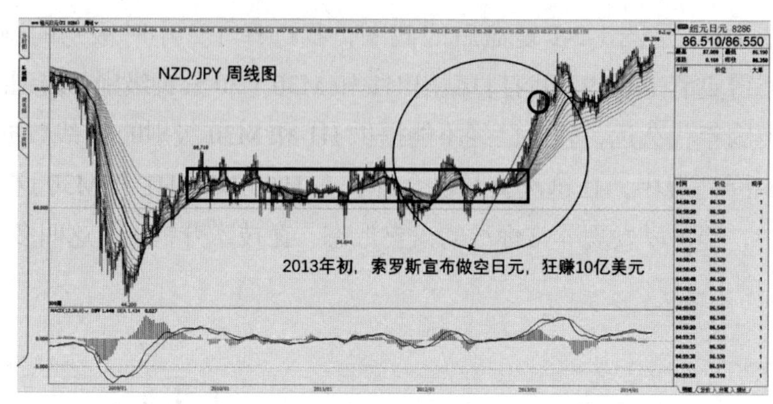

图 1-2-3 日元贬值

图 1-2-3 是 NZD/JPY 周级别形态，我们再来看一下日级别的形态。图 1-2-4 显示了 NZD/JPY 日级别形态，是图 1-2-3 中 K 线的圆圈部分在日级别上的呈现。图中向下标注的箭头形状逐步变小，我通过这样的标注来指示“阻力变小”的过程。在那个时期，我通过这样的标注，多多少少还是赚了些钱，只是我当时讲不出其内在原因。

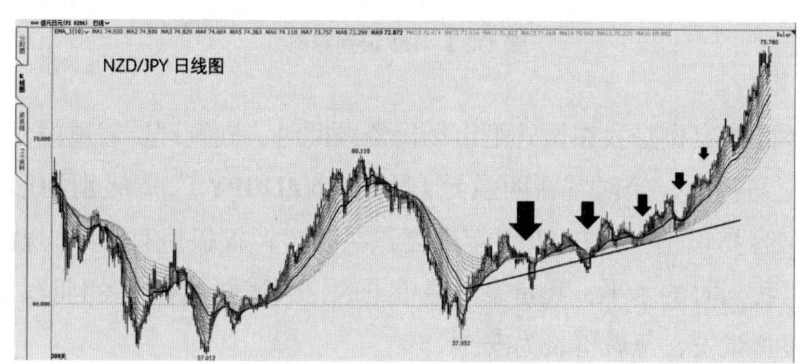

图 1-2-4 NZD/JPY 日线图

这就是我在 2015 年以前对“阻力最小”的理解。我当时认为，当你发现了“级别共振”的机会时，就是发现“阻力最小”的时候；我当时认为，“级别共振”和“阻力最小”是有很大关系的；我当时认为，“阻力最小”不能被看见，要借用可以看见的“级别共振”来呈现看不见的“阻力最小”。

我在这种方式中尝到了甜头，所以也敢于把这种方法介绍给别人。这种方式没有什么特别好讲的，就是等待类似的机会出现了，就可以直接交易。如果你只是遵循这一种方式，你也可以尝到甜头，俗话叫“一招鲜”。但你必然也会错过大量其他可以赚钱的方式。

这种交易机会的技术要点是“多级别共振”。多级别共振并不是什么高端的分析技术，它是非常普通的分析方式。下面我们简单聊聊多级别共振，以及它与生俱来的“屏幕阻隔”。

第3节 屏幕阻隔，倍感困顿

早在2009年，我便发现，当K线波动到“多级别共振”时，接下来价格走势就会逐步明朗起来。于是我像大多数技术分析交易者一样，升级了电脑硬件，也就是大家经常看见的“多屏电脑”。当时，我还是比较热衷于外汇短线交易，我常用的6个屏幕分别显示着5分钟级别、15分钟级别、30分钟级别、H1级别、H2级别、H4级别。

当其中有3个以上级别显示是盘整形态时，我便开仓交易。于是乎，我整天盯着屏幕，平均每周会出现2~3次交易机会，一个月下来赚多亏少。这种看盘方式是比较耗费精力的，如果切换观测品种，我就需要切换所有屏幕。有限的精力只允许我关注主要外汇交易品种，一共7个品种，分别是EUR/USD、GBP/USD、AUD/USD、NZD/USD、USD/CAD、USD/CHF、USD/JPY。

在工作中，我除了主要对外汇市场做出比较详细的技术分析以外，还得给美股交易团队提供技术分析支持。美股交易团队需要我在股票池中挑出最值得交易的美股标的，而这项工作会占用我大量的时间，因为每次分析一只股票，就需要切换 6 次屏幕，才能“若隐若现”地指出其中的共振关系。

我讨厌反复切换屏幕，对我来讲，重复即是困顿。我隐隐感觉到，一定有某种方式可以避免重复。此时，我也早已不是吴下阿蒙了，我已经具备足够的经验去设计一种方式，来逃离这个困顿。最终，我实现了，我不但逃离了困顿，还顺便发现了技术指标的本来意义。

第 4 节 全息投影，本来特征

我曾见过有的交易员同时关注 9 个屏幕上的信息。现在我知道了，屏幕越多，水平越低，别把自己搞得跟保安监控似的。学完这一节，至少你会明白，有一台笔记本电脑就够用了。这一节还是比较重要的，我在配图上写了足够多的文字，先看图中的文字，再配合文章来理解。如果这一节没有看懂，那就再看一遍。或者看完其他章节，再回头对照理解。

指标是价格的公式化输出，所以不要一厢情愿地认为指标有“先行”的功能。有些人不怀好意地非说指标有先行功能，还自圆其说地发明了滞后指标。指标和价格在时间上没有距离，它们是同时出现的，如果你要去刨根究底地研究指标的意义，那么你研究的方向不应该是“预测”，而是我们接下来要“开启”的意义（见图 1-4-1）。

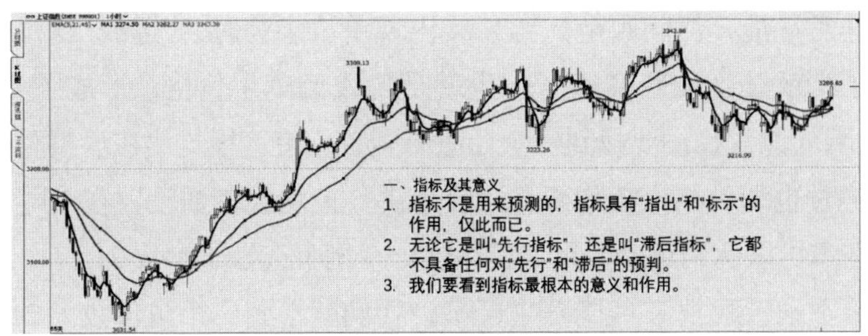

图 1-4-1　指标及其意义

均线也非常神奇，因为与其他指标相比，它好学、好看、好用。所以均线技术几乎占据了技术分析领域的半壁江山，和均线技术相关的演化层出不穷。但人们似乎忘却了均线本来的意义，均线之所以叫均线，是因为它的本来意义就是“平和均”（见图 1-4-2）。如果从形态上看，一根有意义的均线，它看起来应该是平滑和均衡的。

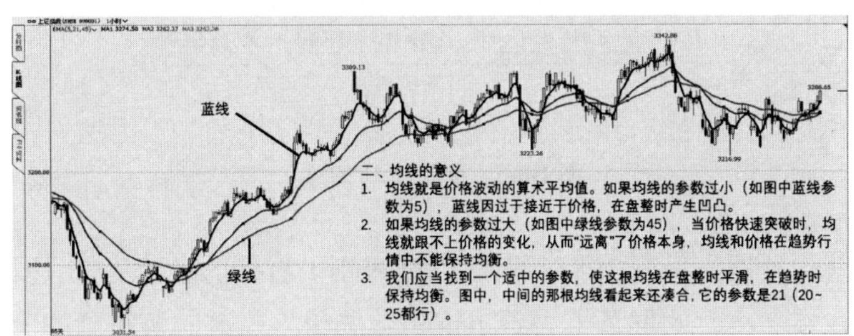

图 1-4-2　均线的意义

我们在设置均线参数的时候，如果把均线参数设置得过小，这根均线就会非常贴近 K 线。当盘整来临的时候，这根 K 线就不平滑了。你看图中“近线”（蓝色的），其参数是 5，在盘整的时候呈现了“凹凸”，这就远离了“平和均”的意义。那么怎么才能体现出平滑？调整均线参数，让参数大一些。

但也不能太大，就像图中的“远线”（绿色的），其参数是 45。这根线非常平滑，但问题是，当K线出现单边走势时，“远线”就跟不上K线了，就过度偏离K线了，也就是均线偏离了价格，形成了“不均衡”。所以说，我们要找到一个合适的参数，使这根均线在盘整时平滑，在趋势时也和价格保持均衡。一般来讲，把均线参数设置在20多的时候，基本可以达到这个效果。我在这个案例中选择了参数21。

接下来，我把K线隐藏了起来，我们就看到一个由参数为21的均线勾画出的轮廓，可以理解为价格轮廓。更确切地说，这根均线显示的是1小时级别（H1级别）的大致轮廓，是在1小时的屏幕上去看上证指数的价格轨迹时所见到的大致样子（见图1-4-3）。

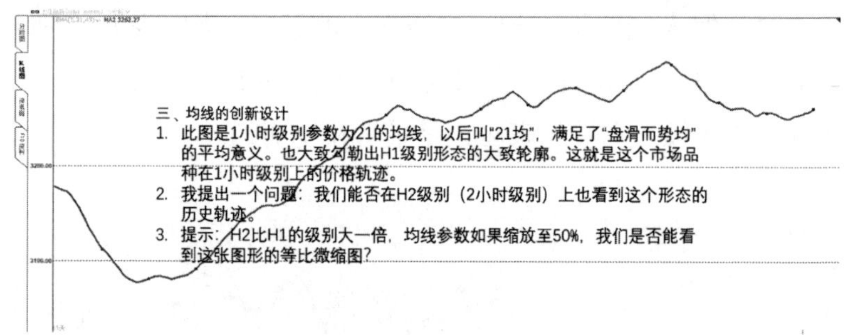

图1-4-3　参数为21的意义

以此类推，我在2小时级别（H2级别）看到的参数为21的均线，就是我在2小时的屏幕上去看上证指数的价格轨迹时所见到的大致样子。这个不难理解，并可以推广到所有级别。这个时候当你看9个屏幕时，屏幕上参数同为21的每条均线会各不相同。因为你看到的级别不同，所以看到的大致轮廓也会各不相同。

我就突发奇想：我想在H2级别，同时看到H2和H1级别中那条参数为21的均线的轮廓。如何做到？

如果我能够做到，我就能把所有屏幕投影到同一个屏幕上。

其实方法不难，H2比H1级别的时间周期大一倍，那么在H2级别上设置一根均线，其参数缩小50%，也就是10.5，我们看看效果如何。

图 1-4-4 显示的是上证指数 2 小时级别的价格轮廓，参数为 21 的均线是这个级别的本来轮廓；参数为 10.5 的均线，就是在 H2 级别上看 H1 级别的价格轮廓。

我把图 1-4-3（也就是 H1 屏幕上的价格轮廓）截屏并等比例缩放在 H2 级别的图中（见图 1-4-4），对比矩形框中的价格轮廓可以看出，它们是一致的。也就是说，我们在 H2 的屏幕上，看到了 H1 的价格轮廓（H1 在自己的屏幕上参数是 21，在 H2 的屏幕上参数是 10.5）。

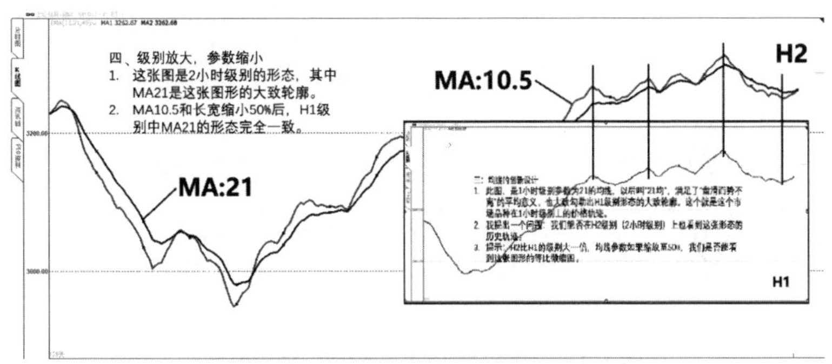

图 1-4-4 上证指数 H2 价格轮廓

在 H2 的屏幕上，我既看到了自己，也看到了“向内”的那个自己。以此类推，我们看看在 H4 屏幕上的三根均线（见图 1-4-5）。

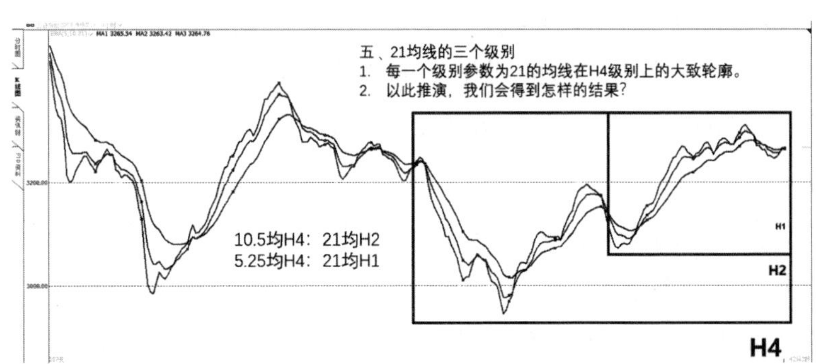

图 1-4-5 “一根”均线，三个级别

这样，我们完成了“向内”的逻辑推理，接下来我们可以连续地向内构建，看看我们能得到什么启发。

在某一个瞬间，所有的价格轨迹投影后指向同一个价格，也可以叫“技术共振”；在某一个瞬间，所有的价格轨迹投影后指向不同价格，这个叫“技术差异”（见图 1-4-6）。以上是“向内”构建，我们也可以“向外”构建。

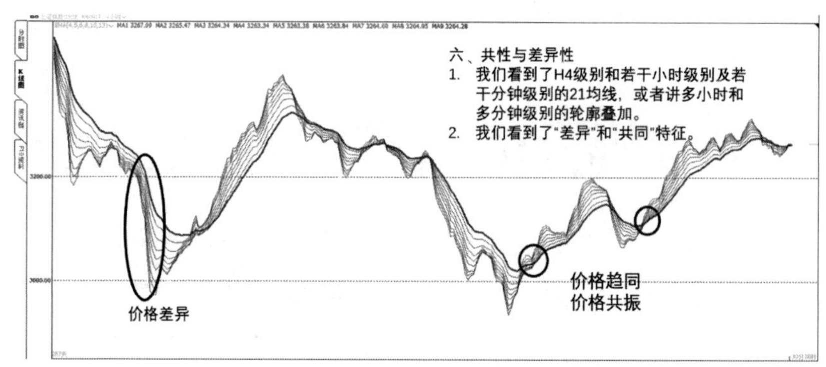

图 1-4-6 我们看见了“共同”与“差异”

我们最后来看一个内外皆有的均线组“全息投影”（全息投影指的就是不用佩戴立体眼镜，直接看到逼真的立体影像）。图 1-4-7 是 H4 级别的屏幕，中间均线的参数是 21。如图 1-4-7 所示，“内外”都有了，最外面那根均线参数是 60 多，按照之前的缩放规则，可以看成是 3 日形态的轮廓在 H4 级别上的投影。在彩色的屏幕上，我习惯把内线设置成银灰色，把参数为 21 的线设置成红色，把外线设置成金色。

小矩形框内是其他领域中的混沌模型给出的可视化形态，看上去和我们的均线组比较相似。

我们把 K 线加回来，看看最终的样子（见图 1-4-8）。你以前用的是均线组，现在用的还是均线组，山还是那个山，但又不是那个山。我把这一节设计的均线命名为“混沌均线”。

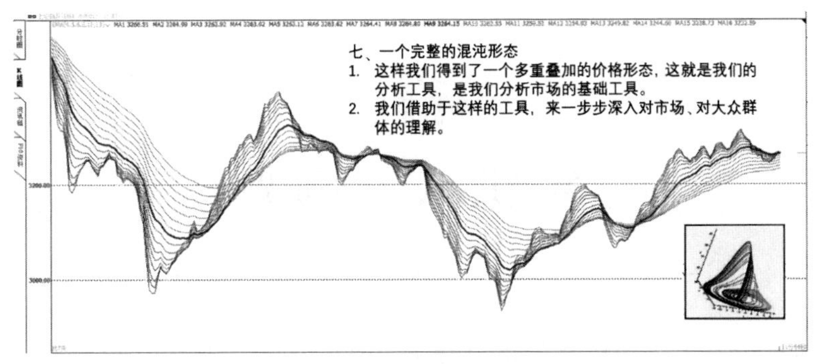

图 1-4-7 完整的混沌形态

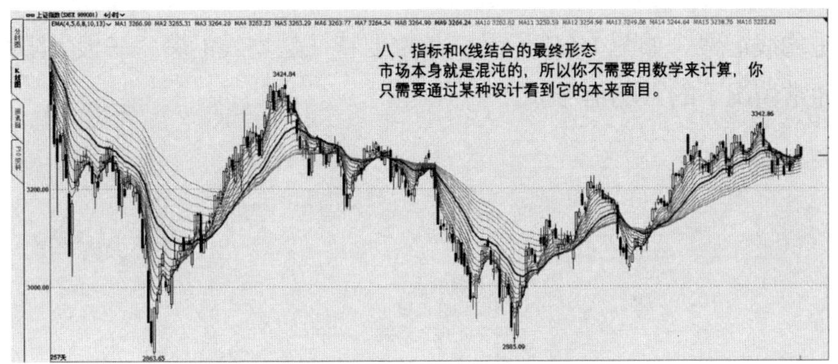

图 1-4-8 从 H4 级别看到的全貌

一根均线对应一个屏幕上的 K 线轨迹；一组均线对应这个品种所有级别的 K 线轨迹。我们开启了“全息投影”，我们打破了屏幕的阻隔。

通过这一节的学习，我们了解了，均线并没有指示额外的意义，均线指示的是波动本来的样子。然后，我从“全息投影”之后的形态上直接看见了均线的共振特征。我们要明白，这个共振特征是市场原本就有的特征。

至此，我得到了以下几个方面的提升与认知：

1. 我的工作效率成倍提高，我逃离了困顿。
2. 我们直接看见了“共振”，也直接看见了“差异”。
3. 我们直接看到的是市场原本的特征。

第 5 节
聚焦共振，分类识别

通常情况下，可以识别的共振有四类：密集共振、穿过共振、涟漪共振、绕转共振。我们在之前的形态上已经看过了“密集共振”，下面再来熟悉一下“密集共振”的形态特征。所谓“密集共振”，其主要特征是均线汇聚。如图 1-5-1 所示，其主要特征是均线汇聚，“一根大阳线”是通常情况下的入场信号。

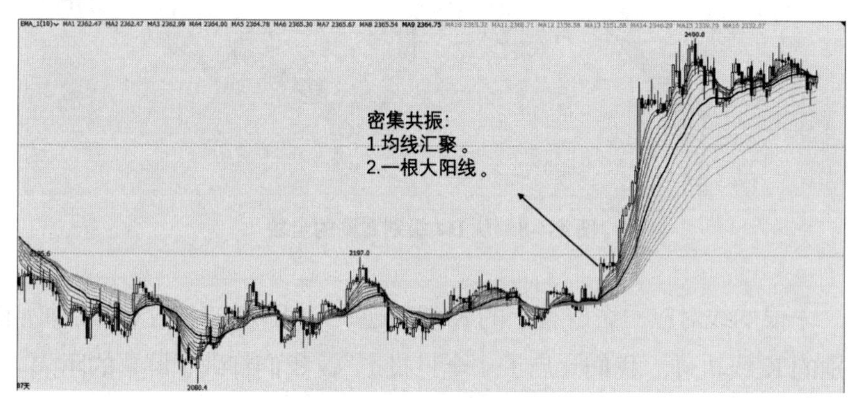

图 1-5-1　一根大阳线

我们再看看图 1-5-2，其主要特征是均线汇聚，在均线“逐步聚散”的过程中，分批入场。

在图 1-5-3 中，有一个穿过共振和一个涟漪共振。其中，穿过共振是由于 K 线自下而上地穿过而形成的，涟漪共振的特征是均线组不松散且均匀地分布。

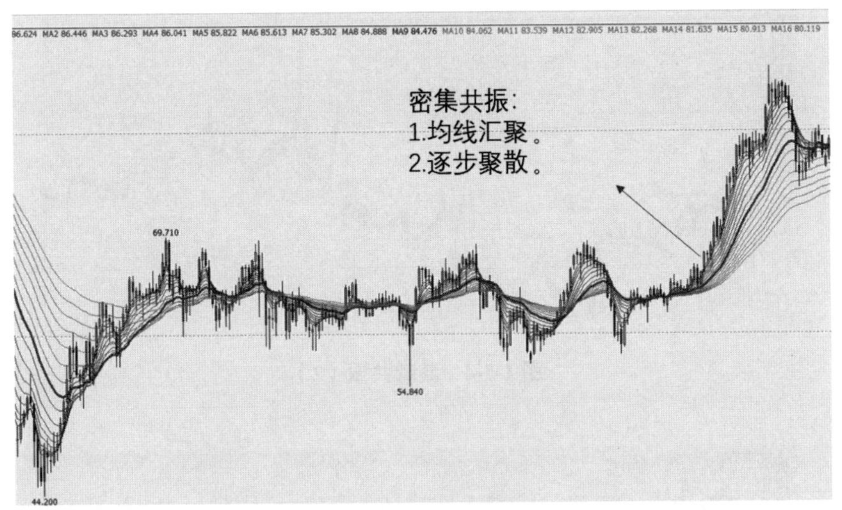

图 1-5-2　逐步聚散

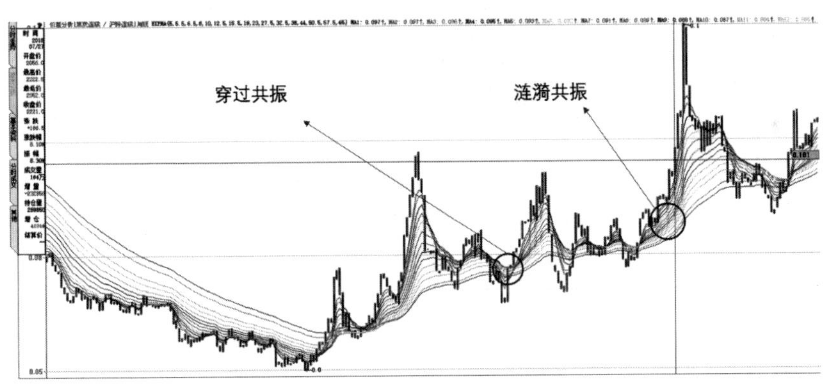

图 1-5-3　涟漪共振（1）

图 1-5-3 和图 1-5-4 中涟漪共振的共同特征是均线组均匀分布。

我们再看看绕转共振，如图 1-5-5、图 1-5-6 所示，绕转共振的特征是均线组在上升的过程中汇聚。

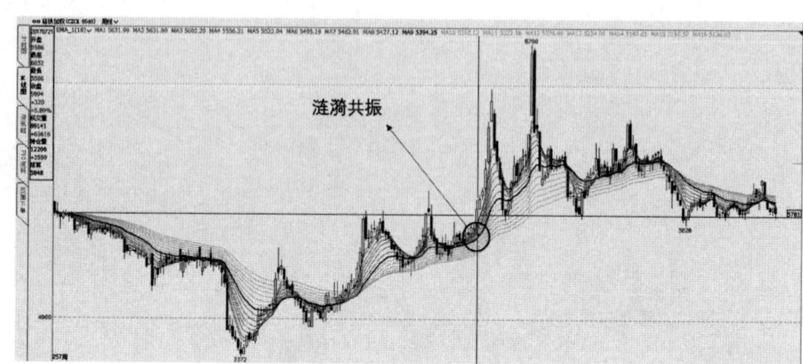

图 1-5-4　涟漪共振（2）

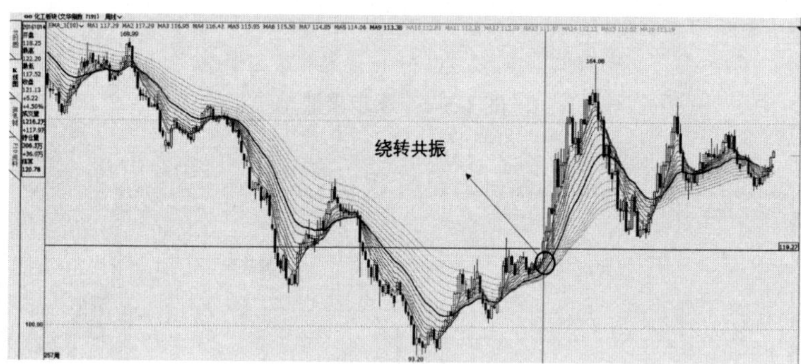

图 1-5-5　绕转共振（1）

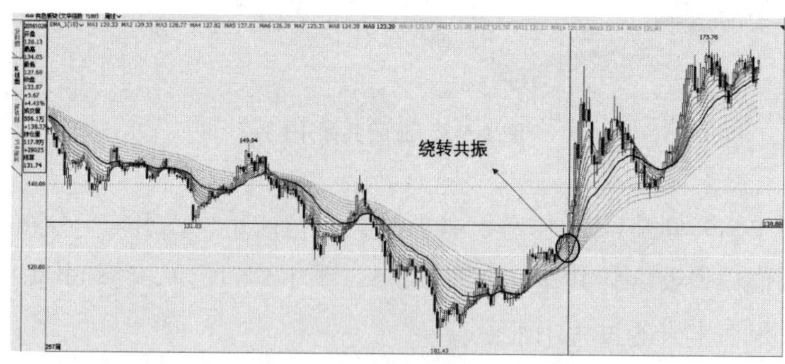

图 1-5-6　绕转共振（2）

我们再来看看穿过共振，如图 1-5-7 所示。穿过共振的特征是 K 线自下而上穿过共振区域。

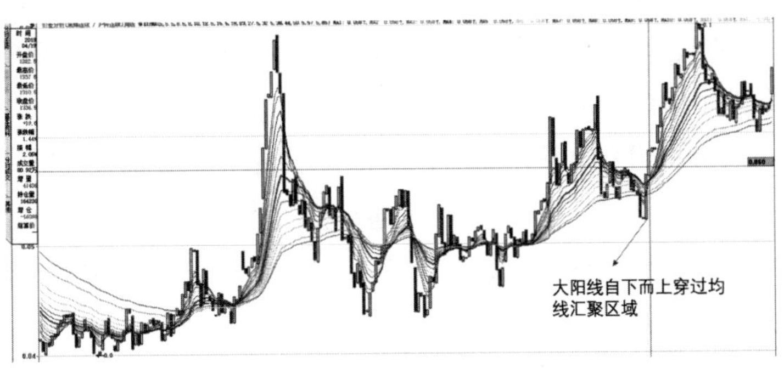

图 1-5-7 穿过共振（1）

在图 1-5-8 中，我们看到了三处大阳线自下而上穿过的情形，前两次情形，大阳线穿过共振而持续发力，后一次情形，大阳线穿过共振则疲软起来。我们在本章先介绍共振形态，当学完了这本书，大家就知道如何淘汰一些看似还不错的形态。

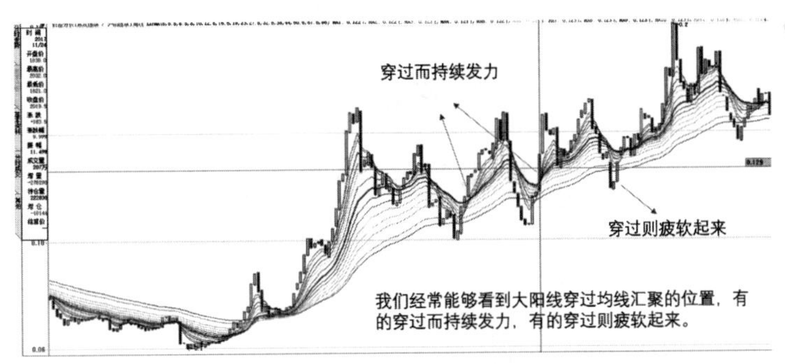

图 1-5-8 穿过共振（2）

在本章中我们看到，具有明显特征的共振有四个：密集共振、涟漪共振、绕转共振、穿过共振。我并没有用过多的语言去描述它们形成的过程，我们只需要直观地看到即可。在本章中，我们凭借开启均线指标“全息投影”，然后直接看到了技术共振。

我们从上面的图形中看到，技术共振之后，往往便是突破。但并不是说只要出现了技术共振，就一定会有突破。曾经有一段时间，差不多1年的时间，我完全依赖技术共振去交易，并取得了不错的成绩，但在之后的一年中，却出现了各式各样的没有预料到的情形，并最终心生畏惧，变得缩手缩脚起来。

总的来讲，当我开启了“全息”后，我的操作效率大大提高。我每天会节省出4个小时，人也变得清闲起来。而接下来，我才有精力去思考很多之前没有想明白的问题，首当其冲的问题就是：为什么盘整之后大概率会迎来突破？

当我想不出来的时候，我会写一些文章发表在论坛里面，想通过全国各地的交易者来验证一下自己对市场的认知水平。而这段时间，我也学会了通过激将法来获得较高水平的交流。我曾在2011年写过一篇文章，这篇文章阐述了我对“盘整突破形态”的理解。我有意取名为《我用我的经验来毁你的三观》并发表在论坛里，既引起了超出预期的争论，也获得了超出预期的启发。

第6节 共振可见，身不由己

《我用我的经验来毁你的三观》

其实我们人类之所以能认知世界，是因为世界具有某种普遍存在的相似性。我相信牛顿并不只是因为看到苹果落地而发现了万有引力，如果真是这样的话那应该叫“苹果引力”。所以我更愿意相信苹果只是牛顿观察的对象之一，万有引力是普遍存在的，所以牛顿是通过对普遍存在的归纳总结而得出了万有引力定律。

那么这个万有引力定律就是理论，我们可以用这个理论来计算天体质量，可以用它来计算卫星速度，可以用它来理解第二宇宙速度和第三宇宙速度等。这些行为是什么，这些行为就是技术。技术就是根据生产实践经验和自然科学原理而发展成的各种工艺操作方法与技能。

换句话讲，技术就是根据规律或定律而发展成的各种工艺操作方法与技能。我之所以要花这么多口舌来讲技术的本质，那是因为进入这个市场的大部分人包括本人都花了相当长的一段时间去学习市场操作技术，而不对市场的波动本质进行思考。这就让我们渐渐走上了一条缘木求鱼之路。

由此你可以确定一点，市场上众多的典籍，无论有多么经典，作者名气有多大，凡是只谈操作方法与技能而没有明确交代规律或理论依据的书籍，你都不用看。还有一部分书籍有理论分析，但并不是从波动的某种普遍存在的相似性中归纳总结得出的，而只是以不具普遍性的现象为例说明的，这些书籍你也要辩证地看，其实我认为这类书籍的作用就是开阔眼界、引导思考。

很多初学者甚至某些资深人士总是被所谓的“经典”或某位大师的名气所震慑，而失去主动思考的能力。另有很多人来市场的目的就是想赌一把，所以他们追随拉里·威廉姆斯年翻百倍的记录也无可厚非。真正让人心酸的是其中一些人几十年如一日地研究某些著名理论，不但耗尽了心力，还得不到应有的回报。

一部分追随江恩的人已经渐渐认识到江恩理论本身巨大的不确定性，转而追捧江恩所提出的交易规则。首先，我可以确定的是，江恩只是把前人的避险规则做了一个总结，然后以自己的名字命名。你不必深入研究也可以看出，江恩的交易规则主要是规避风险，你可以靠它输钱输得慢一些，这对初学者是有好处的，但不可能依靠它长期挣钱。其次，晚年的江恩穷困潦倒，不得不出卖自己所有著作的版权，他给儿子留下的遗产只有10万美元。你不要太在意他某段时间内的预测高成功率，哪怕是赌博也会有手顺的时候。这种情况在市场中比比皆是，就像拉里·威廉姆斯一年翻100倍，其实他只是在一年之内连续7次翻倍而从1万美元到超过100万美元，并不是真正翻了100倍，这种说法都是搞宣传、抓眼球。这种情况在赌场中也会出现，而赌徒引以为傲的总是曾经的短暂辉煌。

不偏执的人看得出，不要说年翻100倍，如果他真有年翻1倍的实力，而不是偶然取得这样的成绩，他现在也是世界首富了。我对这类人深恶痛绝。马克·吐温有句名言，大意是讲欺骗有三种，最轻的是谎言，其次是精心设计的谎言，最可耻的是统计数据。我以前就是偏执的人，偏执地追求一年挣好几倍，因偏执而不悟，也就是执迷不悟。

后来，我渐渐开始注重理论的研究，曾经有那么几个月迷恋波浪理论，总觉得波浪理论是那么接近波动的本质。尝试过很多次后我才了解到，波浪理论因为太接近波动，所以从本质上讲它就是波动。浪里还有浪，浪外还有浪，走得出来的都是正确的浪，所以波浪理论是完美的，它和波动本身一样完美，因为它就是波动本身。

所以追随波浪理论的人会有一种感觉，那就是：理论本身是完美的，要怪只能怪自己没数好。有的人数了半辈子还是没数好。虽然叫波浪理论，但从本质上说它还是没有进入规律或定律这个层面，只能拿它来当技术使用，以至于越数越复杂，越数越糊涂。艾略特是一个典型的研发者，他发明了著名的波浪理论，但我似乎没有看到任何关于艾略特本人利用波浪理论获利丰厚的报道。

怀疑，是每一个做学问的人应有的态度。胡适说："做学问要在不疑处有疑，待人要在有疑处不疑。"如果我要讲我连道氏理论都非常怀疑，肯定会有一大帮人对我进行指责。我可以确定的是，我比大多数人都了解道氏理论，了解道氏通道，我甚至理解道氏理论是经过几代人沉淀的理论。但是我还是有理由怀疑，因为它太不确定了，所以怎么能叫理论呢，叫现象还差不多。

有很多高手说，有一样技术是不用去怀疑的，那就是趋势交易技术。我的经验是：你能看得见的趋势，一旦操作起来，要么是无力，要么是急剧反转，要么就是大突破后接着大反转。挣钱的可能性的确是普遍存在的，但它和道氏通道有着相似的不确定性。

更有成功者讲，要操作日线或周线上的长达几年的连绵大趋势，它最后会以一波大突破接着大反转结束。不过我个人认为，连绵大势是可遇不可求的，而且你不可能预测到那最后一波突破何时开始。也许突破之后还有突破，也许不巧就是最后一波突破。操作起来较难，可能要输时间，操作价值高不高要看个人水平和运气。

这个市场难道真的存在有效理论吗？我也曾经无数次问自己。经过1000多次操作和无数次思考，我终于悟到了波动可能存在的规律，这个规律很简单，讲出来并不一定会得到大家的认同，或者大家会质疑这个规律有何用。

这个规律就是："如果说波动物象是没有规律的，那么可以讲波动物象的规律就是没有规律，波动不变的性质就是变化。"

所以，当我们识别了形态规律，或者说发现了一个可以识别的形态时，反而要指出那是市场的错误行为，因为市场不应该有规律。所以市场要变化，要重新回归不规律。所以你能够感知市场在波动到某个临界位置时，就开始以某种突破来纠正前期呈现规律物象的错误。

我们要靠"反"规律挣钱，这和"道"是相通的，因为"反者道之动"。我们接下来就是要找到那些有规律的某种普遍波动的意义，不但是形态的，更是性质上的。有人批评我，说我把"反者道之动"理解错了，"反"应该是在形态上和大势相反，或过升过降。这是你能看到的正确的一面，但不是普遍的一面，如果"道"的普遍能用眼睛辨别出来，就不需"致虚极，守静笃"了。

从性质上分析，"有规律的形态上的普遍波动"从感官上感觉似"静止"，这是错误的，所以市场要变化，要反"静止"。因为同类市场是关联的，你会发现同类市场是相对"静止"，同时又相对"活跃"的。"活跃"就是放量，你要学会理解反"静止"。

于是我终于明白，从古至今我们大部分人的努力方向都是错的，我们人为地给“波动”这个近似于“道”的运动机制下定义。无论叫它第几浪，还是通道，抑或趋势，那都是错的，波动本没有样子，就不应该有名字。

明白了这个道理以后，我进行了全面的梳理，凡是注重“形”的波动理论研究我一概都不看了，因为“知色不色”。要明白“非色为色”。所以所有能命名的形态或方法都是和“道”相矛盾的。

而这个方法论是反有形的，所以只能给性质命名，可以叫它“反规律性”操作方法。索罗斯的“反身性”中的“身”可能就是某种规律物象形态，也有可能有某种相通的含义。但我很难找到索罗斯本人有关“身”的具体描述，我只能猜测。索罗斯的确是能够长期稳定地从波动中挣到钱的人。

另一个很有分量的人是西蒙斯。透过他设计的数学模型的表面，可以看出他本质上是依靠市场的“活跃性”挣钱的，而且依靠的是整个关联市场。西蒙斯的“黑匣子”号称是华尔街最“黑”的，但我尝试着用“反”的意义去猜测他的操作方法，得到了一些很有价值的东西。

这个市场存在了许多年，多数人总是在能理解的范围里去论证，却忘了世界的另一边。在不能理解的范围里去反论证同样是人能够理解的逻辑。你觉得我讲得对不对？

峰回路转：你要思考，普遍存在的规律，和普遍存在的反规律，是不是同一种意义，为什么正反两面都可以理解？如果正反两面都可以理解，那我是在忽悠自己，还是大脑在忽悠自己？或者说人的大脑天生存在局限性？

我们可以把以上文章的核心思想拆解成两条推论：

1. 波动呈现出来的物象是没有规律的。

2. 当我们发现了一个可以识别的形态时，反而要指出那是市场的错误行为，因为市场不应该有规律，市场要开始变化了。

当你发现一个“容易识别”的形态时，这个就是“见”；而市场不应该被识别，波动不应该被识别，波动要通过变化来逃离被识别的状态，这个就是“离”。我把这种情形称之为“即见，即离”。我想起了《金刚经》中的经典名句：“若见诸相非相，即见如来。”

此时此刻，我并不了解这句话的真正含义。这么多年来，凡是遇到貌似“见诸相非相”的情形时，我都会反复揣摩。此时此刻，我能感觉到市场变化的原因可能并不是我们通常认为的价格和价值的“逻辑关系”。

那么市场行情发生的根本原因是什么？难道是“身不由己”？难道说“身不由己”才是趋势？难道说“身不由己”才是行情？在那个时期，我还没能力去解读“身不由己”，我能知道的就是“即见，即离”。我只是开始热衷于收集各式各样的容易识别的形态，无论盘整还是趋势，我都一一归纳收藏起来。

为什么我在论坛上发表了《我用我的经验来毁你的三观》的帖子，就一定会有人来和我争辩呢？后来我知道了，这个论坛里面有很多市场从业者，他们发帖子是为了来获得更多的追随者并将其发展成客户，他们不见得有兴趣就着这个话题来和我争辩，他们见不得有人来扰乱原有秩序，他们来和我争辩也是身不由己。

这一小节，我们讨论了“即见、既离”，也就是说“共振可见，波动离见”。我们在第3章将识别混沌结构，届时我们将了解“结构可见，混沌离见”。

第7节

软件应用，如何设置

下载文华财经6（wh6）并打开软件。

第一步，选择个性化设置（见图 1-7-1）。

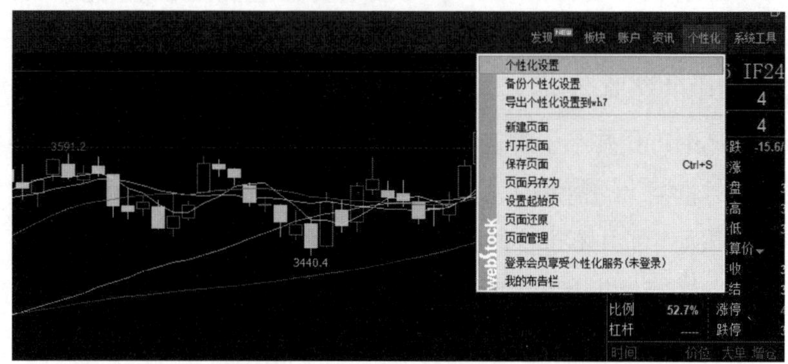

图 1-7-1　选择个性化设置

第二步，选择颜色设置，选择白色时尚（见图 1-7-2）。

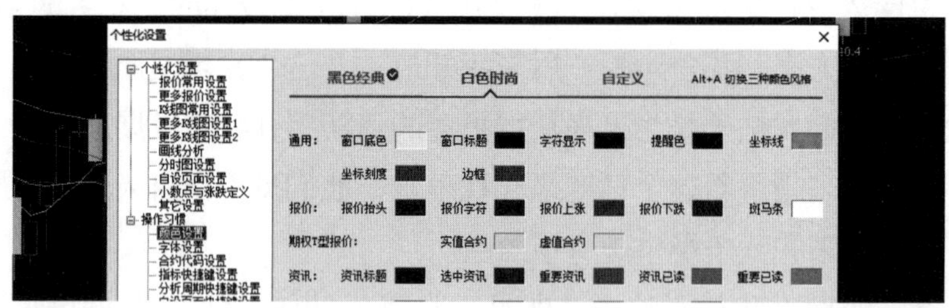

图 1-7-2　选择白色时尚

第三步，选择指标管理器（见图 1-7-3）。

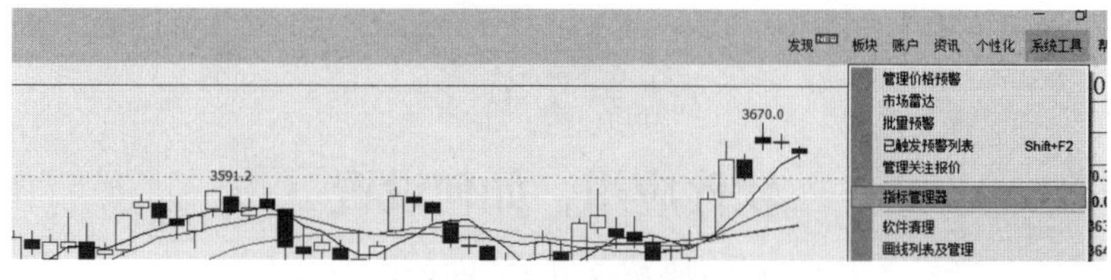

图 1-7-3　指标管理器

第四步，在“其他”中，点击 EMA 指数加权移动平均线（见

图 1-7-4)。

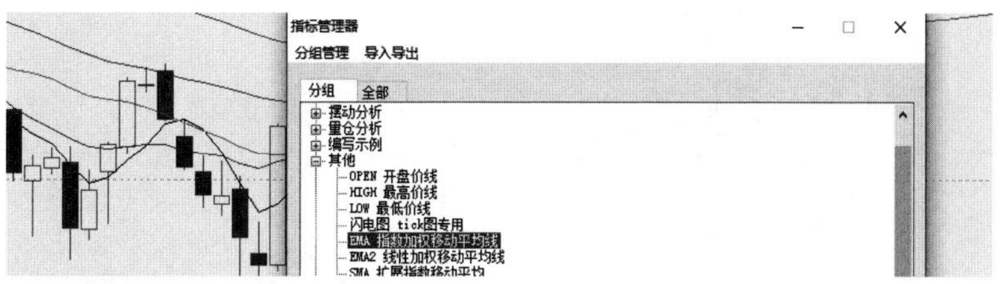

图 1-7-4 EMA 指数加权移动平均线

第五步，在指标公式中，输入以下代码，按确定后出现对话框，再按“是”(见图 1-7-5)。

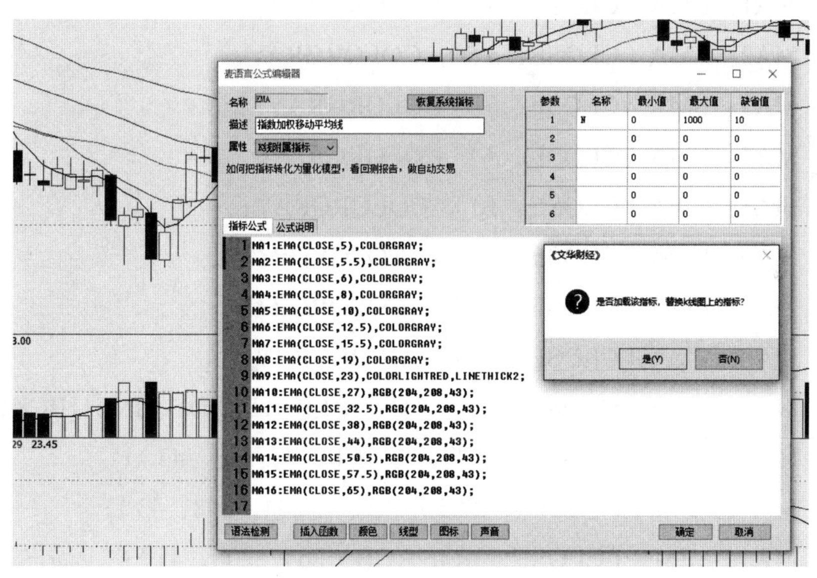

图 1-7-5 输入代码

第六步，混沌均线自动生成 (见图 1-7-6)。如果没有自动生成，可以从技术指标中调出 EMA 指数加权移动平均线即可。我记得以前还有一个手动输入缺省值的步骤，看来现在只需要输入代码便可以自动生成了。代码如下，输入即可。

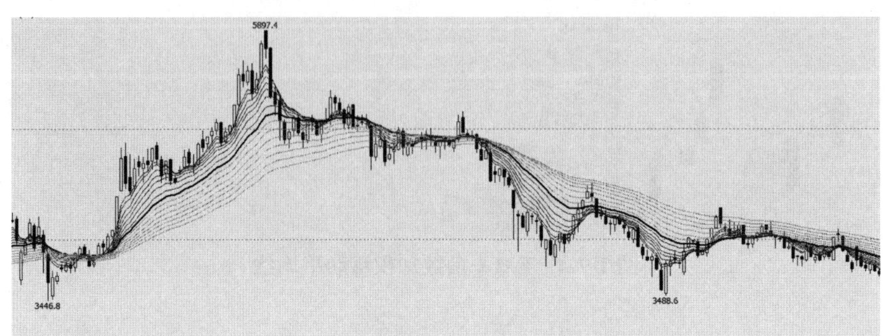

图 1-7-6　混沌均线

MA1：EMA（CLOSE，5），COLORGRAY；
MA2：EMA（CLOSE，5.5），COLORGRAY；
MA3：EMA（CLOSE，6），COLORGRAY；
MA4：EMA（CLOSE，8），COLORGRAY；
MA5：EMA（CLOSE，10），COLORGRAY；
MA6：EMA（CLOSE，12.5），COLORGRAY；
MA7：EMA（CLOSE，15.5），COLORGRAY；
MA8：EMA（CLOSE，19），COLORGRAY；
MA9：EMA（CLOSE，23），COLORLIGHTRED，LINETHICK2；
MA10：EMA（CLOSE，27），RGB（204，208，43）；
MA11：EMA（CLOSE，32.5），RGB（204，208，43）；
MA12：EMA（CLOSE，38），RGB（204，208，43）；
MA13：EMA（CLOSE，44），RGB（204，208，43）；
MA14：EMA（CLOSE，50.5），RGB（204，208，43）；
MA15：EMA（CLOSE，57.5），RGB（204，208，43）；
MA16：EMA（CLOSE，65），RGB（204，208，43）；

第8节

主要级别，主要品种

从参数上看，中间线MA9的数值是23，和MA1的数值5差不多是4倍的关系，而MA16和MA9差不多是3倍的关系。

如果我在周级别上看混沌均线，MA9是本级别的轮廓，MA1比日级别大一点（周级别和日级别的对应关系是5比1），MA16比月级别小一点（月级别和周级别的对应关系是4比1）。如果我在月级别上看混沌均线，MA16差不多是和月线有3倍关系的季线。

如果要做日内，看H1级别就可以了，均线组几乎可以囊括日内所有级别。如果要看日外，则是以看周线为主，比周级别还要大的月级别有其特殊意义，我们暂时不在这本书中介绍，以免引起混乱。混沌是日外交易，调频到日外才能看到更多的混沌特征。我们可以在日内短线中熟悉各种共振形态特征，可以测试一下共振形态和传统技术相比效率如何。但不能认为依靠共振形态一定能挣钱。

我们的目的是进入混沌，也就是说我们探索的是市场整体变化规律。所以我们既没有必要关注级别较小的周期，也没有必要关注权重较小的品种。一般来讲，以工业品种为例，我们通常关注权重较大的行业，如钢铁、煤炭、有色、化工。每个行业关注权重排名靠前的品种足矣。

如果是其他权重较小的行业，比如建材、铁合金，又或者是细分行业，比如塑化链、聚酯链，我们只需要看权重排名前两位的品种即可。农业品种也是如此。想知道权重排名，我的方式是看“沉淀资金”。这个在文华财经软件中都可以查询。

第9节

开启全息，揭示本征

在第4节中，我们开启“全息”，可以直接看到市场的本来特征。因此，我们可以把本章的内容归纳成八个字：开启全息，揭示本征。本征是指物质本身的特征，在物理领域中，一个本征，就是人类实际能够观察到的一个状态；所有本征，就是人类实际能够观察到的状态的集合。

所以，我可以这么认为，一个均线组就是一个“全息投影”，是交易者实际能够观察到的市场价格状态的集合。这里的市场，指的是一个品种市场，如铁矿市场，或者塑料市场，并不是指整个期货市场。混沌是对整个期货市场的研究，所以，我们的进阶之路也只是刚刚开始。

第2章

揭示隐情

第 10 节

迟迟不见，有所发现

我在 2014 年开始接触期货市场。在 2014 年和 2015 年的市场下跌行情中，我很容易找出“容易识别”的形态；2016 年是一整年的触底反弹，在 2016 年的 10 月，很多品种出现了四大共振特征之一的“绕转共振”特征。

在接触期货交易的前三年，我曾经一度乐观地认为，期货市场中的交易机会是充足的，但这种观点到 2017 年便戛然而止（见图 2-10-1）。2017 年是上涨后的宽幅震荡行情，可 2018 年和 2019 年却是横跨两年的窄幅震荡行情。只要是盘整，无论你依靠基本面分析去做单边行情，还是依靠技术面分析去做单边行情，最终都难逃厄运。

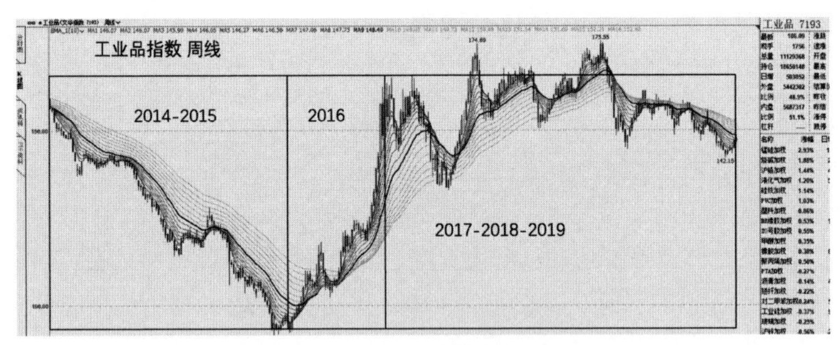

图 2-10-1　工业指数近几年表现

如果我严格按照上一章介绍的方式，也就是找到共振形态再去交易，我在 2018 年和 2019 年一定啥也做不了，因为我几乎找不到“容易识别”的共振形态。啥也不做不一定是坏事，在 2018～2019 年还在坚持去做单边行情的交易者，几乎都损失惨重。而这种情形也时常发生在股票市场中，总有连续的几年，看上去是一点儿机会都没有。

实际情况是，我很早就注意到了这种情形。我在 2017 年就已经找到了解决这个问题的办法，并在 2018 年和 2019 年开始测试和验证。

我在做外汇交易的时候，首先接触到的就是两个货币品种的比价关系，这个也是我们通常看到的情形。比如我们在前面看到的 NZD/JPY 的形态（见图 2-10-2）。注意其中十字坐标指出的那根 K 线，这根 K 线的时间为 2012 年 11 月 23 日所在的那一周。

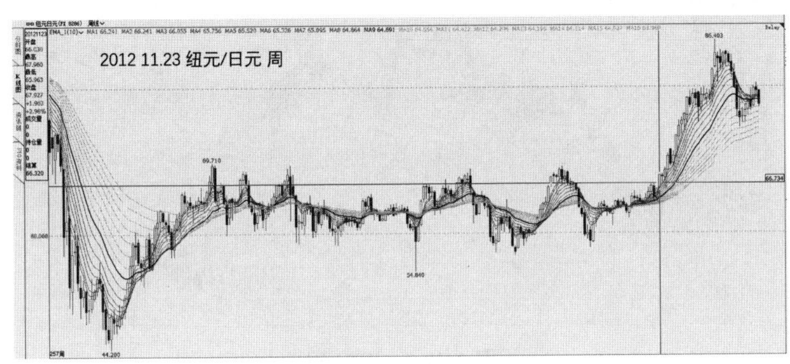

图 2-10-2　NZD/JPY 周

我们通常看到的所有外汇形态，比如 EURUSD、GBPUSD、JPYUSD 等，实际上都是两个币种的比值形态。直到我在接触外汇的第三年，才逐步注意到外汇币种本身也有自己的币种形态，见图 2-10-3、图 2-10-4。首先找到三张图中十字坐标所标出的那根 K 线，也就是 2012 年 11 月 23 日所在的那一周的 K 线，然后再看看币种指数形态的大致情况。不难发现，是日元的下跌造成了 NZD/JPY 的上涨。

我们在两个币种单独的指数形态中，并没有发现共振形态，但却在两个币种“比值”形态中发现了共振形态。我们习惯于直接看 NZD/JPY，因为这就是软件直接呈现出来的形态，只有少数专业人士才会关心 NZD 指数形态和 JPY 指数形态。

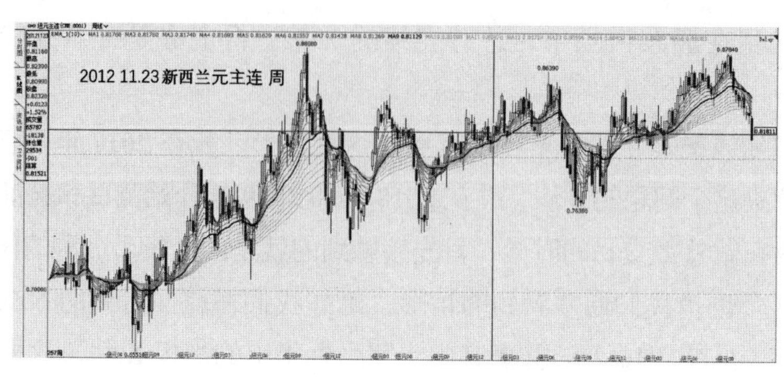

图 2-10-3　NZD 周

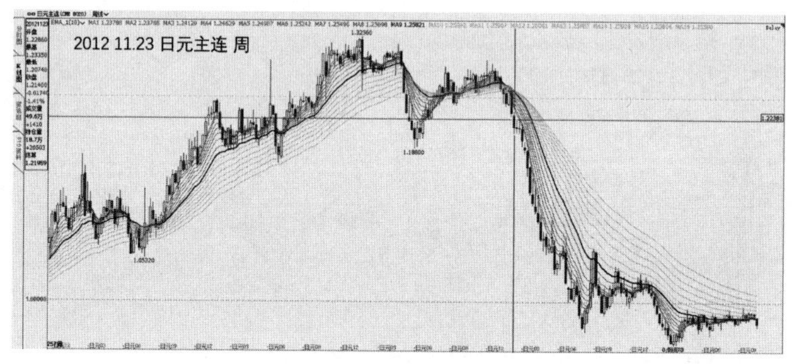

图 2-10-4　JPY 周

期货市场直接呈现出来的是相反的情况，我们直接看到的是品种形态，如铁矿形态、塑料形态。大部分人也从未想过去看“铁矿 / 塑料”的比值形态，因为我们会习惯性地认为铁矿和塑料的比值不存在任何意义，所以就不会花费精力去做看似没有意义的事情。

苹果落到了地上，从表面上看是苹果和地面产生了某种关系，而实际上是万有引力在起作用，原来苹果落到地上只是万有引力的一种表现。如果你发现了“铁矿 / 塑料”的比值形态是共振形态，此时期货市场会不会隐藏着更深层次的意义。那么接下来，我们该从何处入手去发现市场更深层次的意义呢？我们先构建一些对冲形态，看一看，再深入分析。

第 11 节

对冲可见，心生偏执

2018～2019 年期货市场说涨不涨，做基本面的机构几乎都被“止损”了一遍。你很难在 2018 年和 2019 年找到一个有明显共振特征的单边形态。但我们可以找到一些有明显共振特征的对冲形态。在本章中，我们先熟悉一下对冲形态和单边形态的区别，然后在第 14 节中学习如何构建对冲形态。

我们这本书中介绍的所有对冲形态都是两个单边品种价格的“比价图”。在一个对冲形态中，这两个单边形态约定俗成的叫法是“腿”。如果第一腿是焦炭，第二腿是沪锌，则对冲形态命名为“焦炭沪锌”（或“焦炭 / 沪锌”），我们先看焦炭沪锌的比价图（见图 2-11-1），比价图的意义将在第 3 章完全揭示。如果第一腿是沪锌，第二腿是焦炭，则对冲形态命名为“沪锌焦炭”（或“沪锌 / 焦炭”），其意义是沪锌价格和焦炭价格的比值关系。

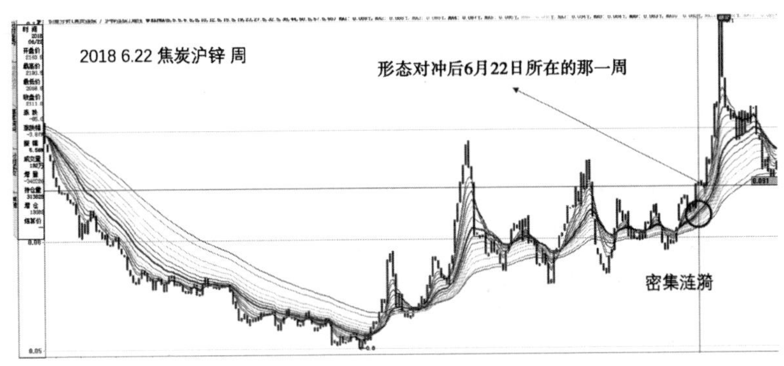

图 2-11-1　焦炭沪锌

如图 2-11-1 所示，焦炭沪锌在 2018 年 6 月 22 日前后，我们可以识别这是一个有明显涟漪共振的对冲形态。此时我们再看各自单边形态如何（见图 2-11-2，图 2-11-3）。

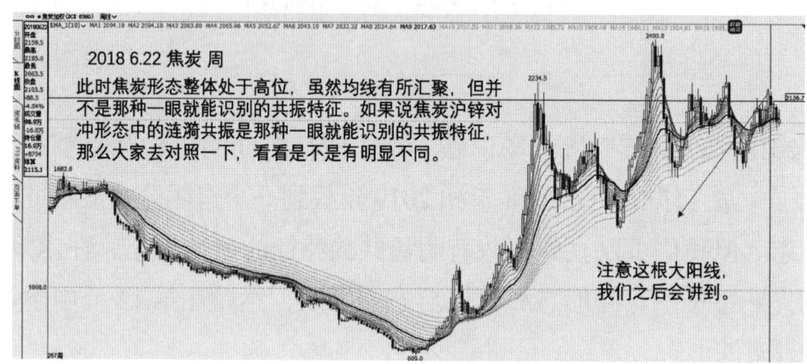

图 2-11-2　焦炭

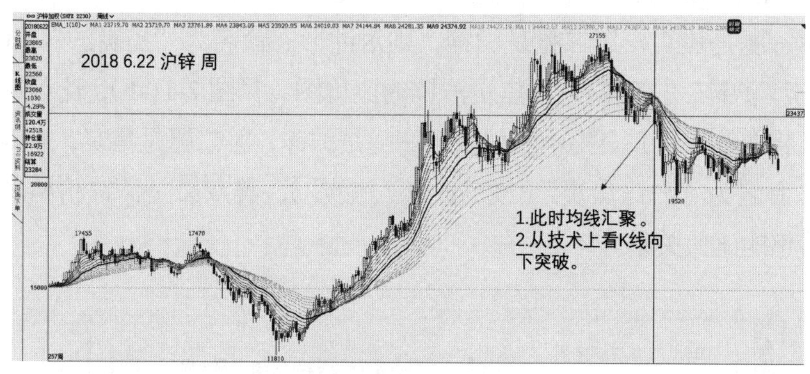

图 2-11-3　沪锌

沪锌形态满足两个特征：一是均线汇聚；二是从技术上看 K 线向下突破。与焦炭的形态相比，沪锌形态的技术特征更加明显，我们有理由相信，如果焦炭沪锌这个对冲形态上涨，那么此时，沪锌下跌的可能性要大于焦炭上涨的可能性。

2019 年是交易机会极为匮乏的年份，2019 年 7 月 12 日，沪镍均线汇聚（见图 2-11-4），但这个均线汇聚形成的过程比较仓促，和标准的密集共振形态特征相比有些先天不足，所以我记得我在实际操作的时候是比较犹豫的。此时，我注意到有色板块的整体形态处在下跌行情中，因此可以推断，在有色板块中，除了沪镍，其他品种应该都在下跌行情中。

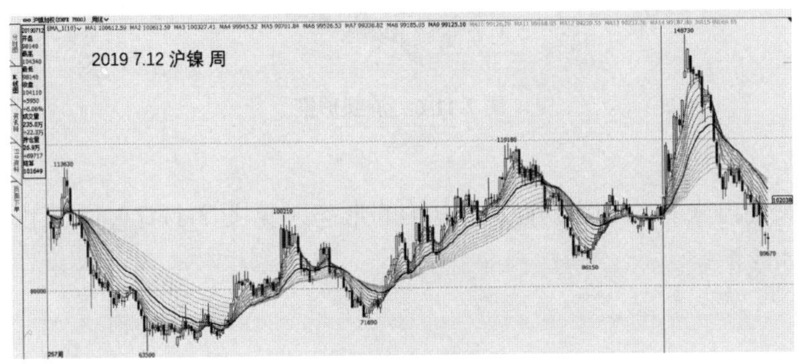

图 2-11-4　沪镍

于是我在有色板块中选择了权重最大的品种来构建对冲。这个品种是沪铜，我们先来看看沪铜形态（见图 2-11-5），十字光标落在 2019 年 7 月 12 日所在的那一周。

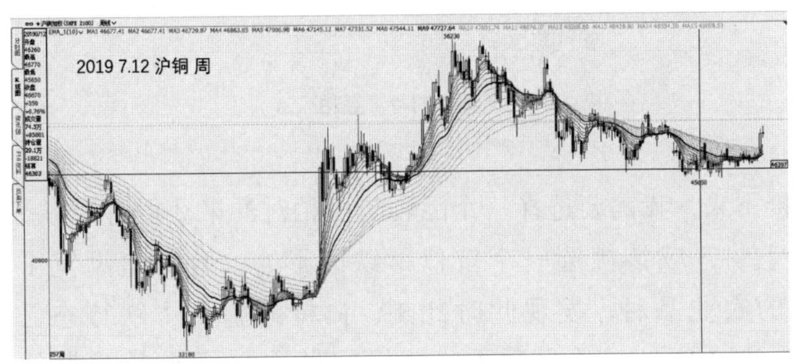

图 2-11-5　沪铜

最后，我们再来看看对冲后的形态，如图 2-11-6 所示。沪镍沪铜共振特征一目了然。

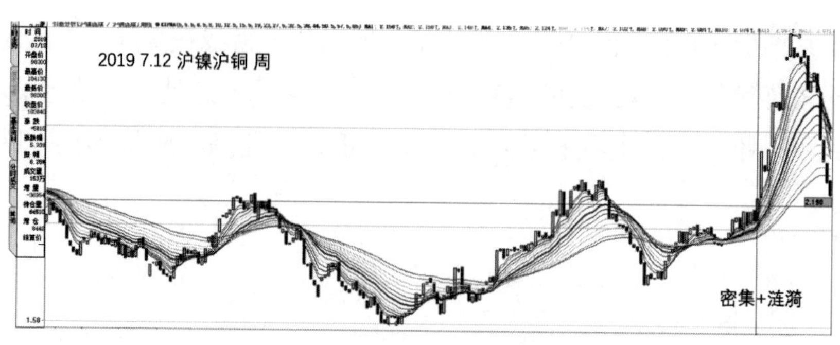

图 2-11-6　沪镍沪铜

我们再来看看 2018 年 2 月豆粕的形态（见图 2-11-7），我们发现了一个均线汇聚。

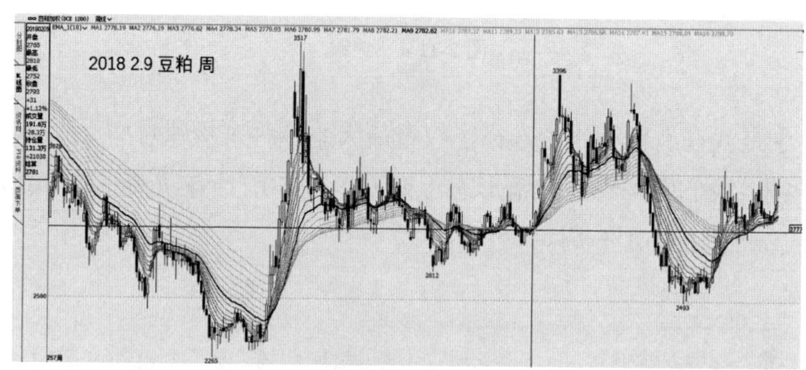

图 2-11-7　豆粕

接下来，我需要选择一个品种与豆粕对冲来获得对冲形态，从逻辑上讲，应该挑选一个貌似下跌的形态。我快速浏览了一下主要的农业品种，发现此时此刻，白糖的整体下跌势态已经确立（见图 2-11-8）。从事后看，最好的做空入场点是前期的破位下跌（如图 2-11-8 中所指）。如果在 2018 年 2 月 9 日让我做空白糖，我也会犹豫，相比之下，我更愿意在前期突破下跌的位置做空白糖。

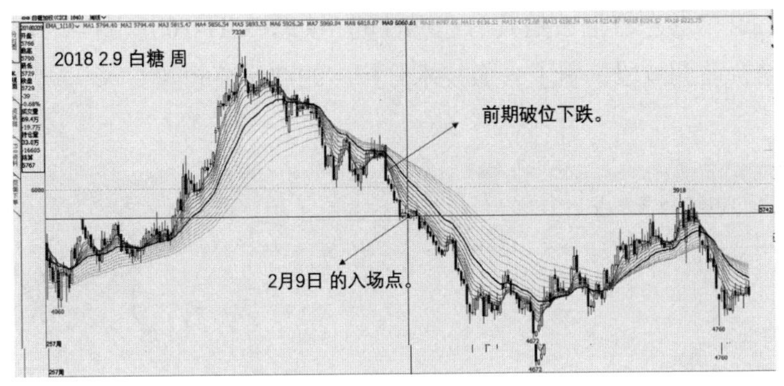

图 2-11-8　白糖

所以，无论是做空白糖，还是做多豆粕，我都会因为犹豫而举棋不定。接下来，我们构建一下对冲，对冲之后（见图 2-11-9），级别共振就变得容易识别了，在涟漪共振处入场，简洁明了，没有犹豫。

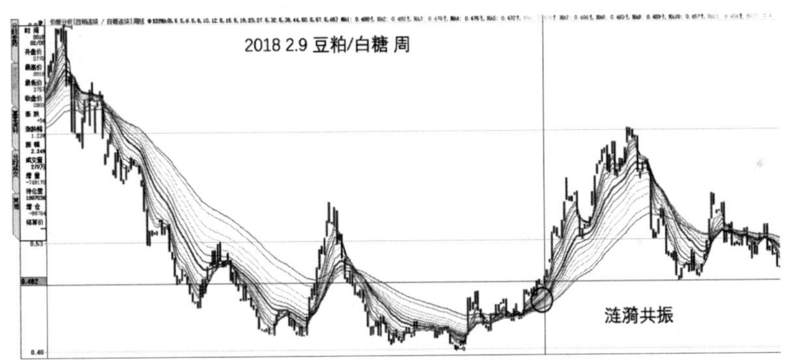

图 2-11-9　豆粕白糖

所以，当我们对一个单边形态产生“既敏锐、又犹豫”的感觉时，我们就可以尝试构建对冲，然后再看一看对冲后的情形。在实际操作中，如果我们以对冲的方式来开启交易，只要是对冲形态判断对了，那么单边判断错了又有何妨。

我们回看图 2-11-2，在图中十字线中标出的是 2018 年 6 月 22 日所在的那一周。在实际操作中，当形态波动到 2018 年 6 月 15 日所在的那一周，这个形态看上去是具有迷惑性的（如图 2-11-10）。图中一根大阳线，结合前期波段，看上去像技术分析中的波段突破。

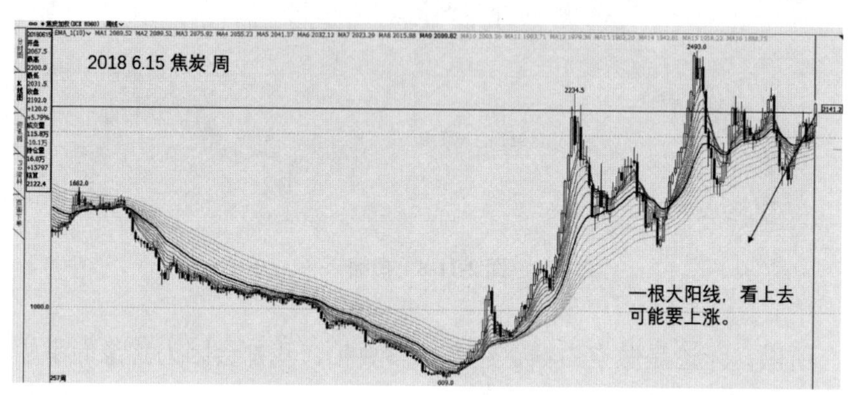

图 2-11-10　焦炭

我们再来看看 2018 年 6 月 15 日所在的那一周沪锌的形态（见图 2-11-11）。对比图 2-11-3，图 2-11-11 中沪锌的形态在技术上还不能判断有下跌的迹象。

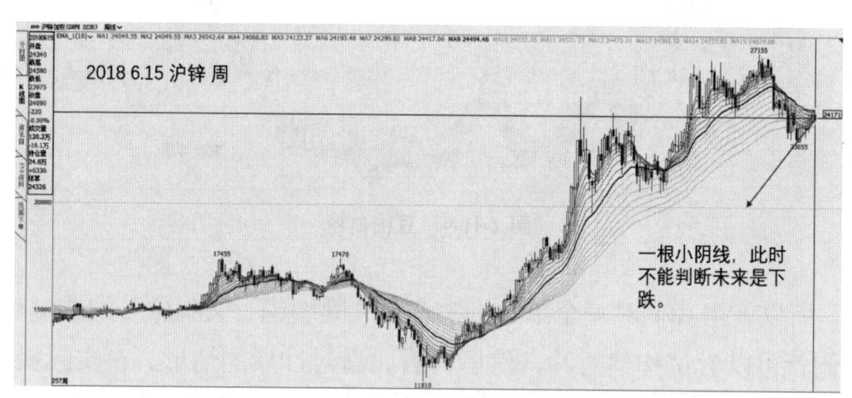

图 2-11-11　沪锌

最后，我们再看一下对冲形态（如图 2-11-12）。需要仔细对比图 2-11-1 中的入场点位，是前移一根 K 线的位置。

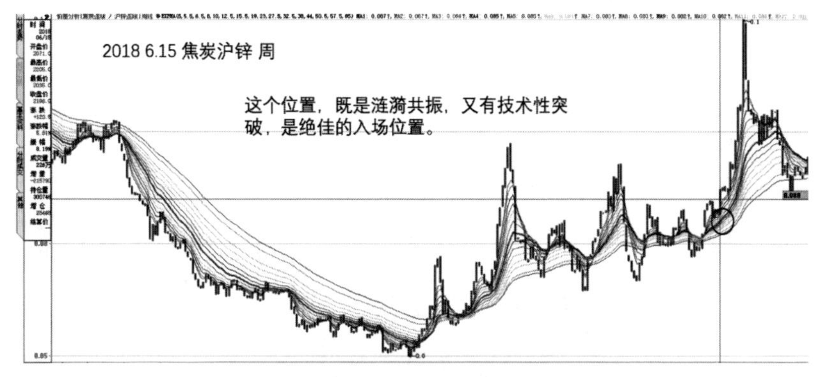

图 2-11-12　焦炭沪锌

传统技术性突破的特征是盘整后一根大阳线确认突破。这个位置既是涟漪共振，又有技术性突破。由此可见，如果你此时按照 1∶1 的比例做多焦炭，同时做空沪锌，那么只要是焦炭沪锌形态走出来了，我们也就无须判断到底是哪一腿的行情。

我们再来看看 2019 年焦煤出现高位密集共振的情形（见图 2-11-13）。

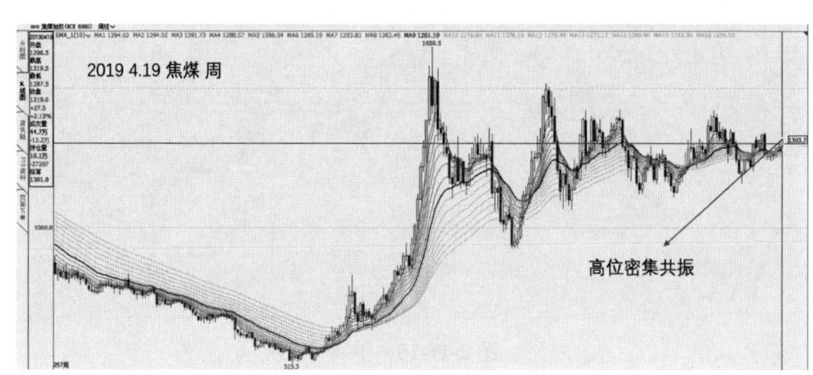

图 2-11-13　焦煤

高位密集共振的形态是需要警惕的，因为未来有可能只是突破了一点点就急转直下，高位不怕循序渐进，不怕一头高过一头，但高位出现了密集共振，成功和失败的概率往往各占一半。此时，我们来构建对冲形态，看看有没有值得交易的形态。我们可以尝试让焦煤和一些主要品种构建对冲，然后，挑选一个最佳的形态（见图 2-11-14）。

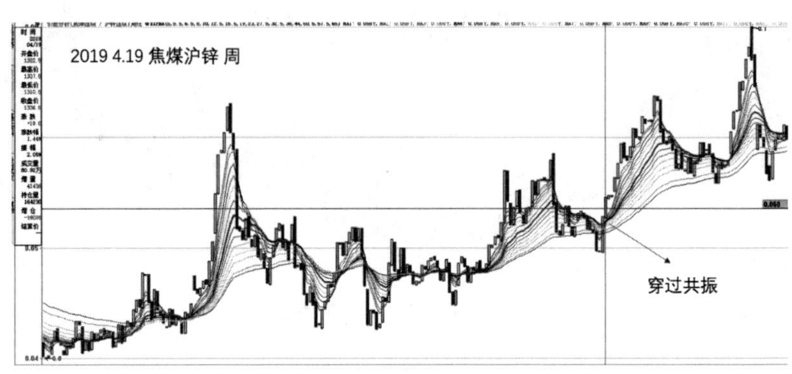

图 2-11-14　焦煤沪锌

这次在构建的所有对冲形态中，焦煤沪锌脱颖而出，这是一个“穿过共振”，我们再来看看此时沪锌形态如何（见图 2-11-15）。

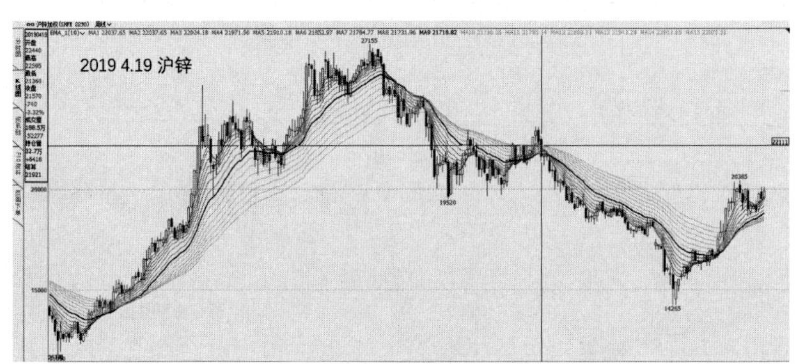

图 2-11-15　沪锌

此时，沪锌 K 线向下开始穿入，但还没有穿过。我们再回过头来看看焦煤最终的表现如何（见图 2-11-16）。

焦煤最终形态并没有出现大幅上涨，沪锌最终出现了小幅度的下跌，但焦煤沪锌出现了比较大的价格位移。

到此为止，我感觉我对市场的认知进步了一大截，我开始偏执地认为，只要对冲形态是好的，就可以直接做进去，就可以“无脑赚”了。真的是这样吗？我们学完第 3 章就会有答案了。

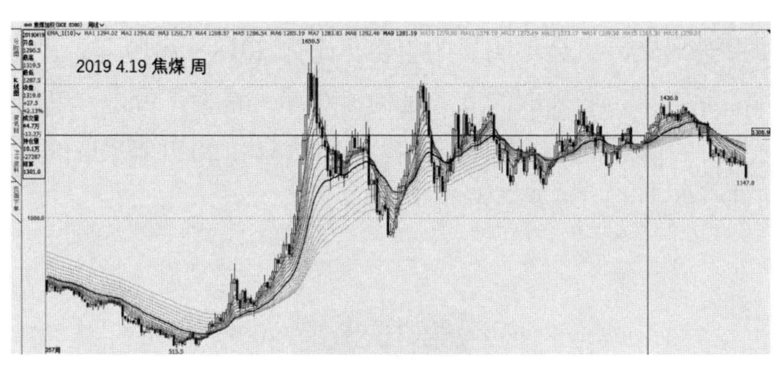

图 2-11-16　焦煤

第 12 节

单边可链，对冲可见

每当我看见均线汇聚的形态（非标准形态），我都会去寻求对冲（通过对冲构建第 1 章介绍的四类标准形态），这个叫寻求“链接”。所以我们构建对冲的流程是：

- 当看见了图 2-11-3 沪锌“可链”时，我应该去寻求一个整体向上波动的品种去构建对冲。于是我找到了焦炭。
- 当看见了图 2-11-4 沪镍“可链”时，我应该去寻求一个整体向下波动的品种去构建对冲。于是我找到了沪铜。
- 当看见了图 2-11-7 豆粕“可链”时，我应该去寻求一个整体向下波动的品种去构建对冲。于是我找到了白糖。
- 当看见了图 2-11-10 焦炭“可链”时，我应该去寻求一个整体向下波动的品种去构建对冲。但此时并没有发现一个整体向下的形态，于是我找到了沪锌，沪锌看起来像是一个顶部形态。

• 当看见了图 2-11-13 焦煤“可链”时，我应该去寻求一个整体向下波动的品种去构建对冲。于是我找到了沪锌。

如果遇到交易机会不明显的年份，比如 2018～2019 年，就不能放过非标准形态。我们采取的方式是构建对冲，看看是否是“单边可链，对冲可见”的情形。如果是，那么我在 2018 年和 2019 年采取的方案是：先两边开仓做进去，再看后市如何发展。

第 13 节 警惕试错，试而不错

曾几何时，交易圈中出现了一种“试错”思想，并冠名为“试错交易”。于是乎，很多人偏执地认为，无论你是擅长技术面分析，还是擅长基本面分析，只要是穿上了试错的外衣，就可以获得交易上的成功。

如果这个明显的共振形态没有成功，你就会提出一个问题：为什么这个明显的共振形态没有走出来？初学者很容易陷入概率性思维，认为走势的成功是有概率的，于是转而追求共振形态的成功率。我也曾经一度认为，概率才是所有问题的出口。

但直到我遇见了对冲形态，我的认知才发生了些许变化。有一段时间，当我发现了一个明显的对冲共振密集形态时，我往往率先操作，再做分析。然后经过分析，我预期“第一腿”上涨的概率是 80%，但结果是“第二腿”快速下跌使我最终赚到了钱。也就是说，对冲形态走势的成功归因于“第二腿”的下跌。

我的预判错了，但我的交易成功了。这个情形叫“试而不错”。

大家需要注意的是，“试而不错”是概念，天底下没有“试而不错”的事情，但我们要秉持这个概念。就像你不能画出一个完美的圆，世界上最精密的仪器也不能画出一个完美的圆，但不妨碍人人都可以理解“完美的圆”的概念。

当我秉持“试而不错”的概念时，我发现，我的认知边界在逐步扩大。相比较第一章开启的“全息”，“对冲”是试而不错；相比较“对冲”，“满同”是试而不错（第3章讲“开启满同”）；相比较“满同”，“分辟”是试而不错（第4章讲“开启分辟”）；相比较“分辟”，“尺缩”是试而不错（第5章讲“开启尺缩”）；相比较“尺缩”，“曲速”是试而不错（第6章讲“开启曲速”）。

最终的结果是，在市场这个领域，我一步一步地揭示混沌的特征，揭示了混沌，才能融入混沌，这个叫“和光同尘”，是“和”混沌之光，是“同”混沌之尘。最终我发现，只要是混沌本身不灭，我就可以做到“试而不错”。

这一节，希望大家能对一些约定俗成的概念重新思考。

如果避开“不亏”不谈，而只谈“止损”，你将成为“止损专家”。然后你会发现，“止损专家”都是“老亏货”。“止损专家”总喜欢说：这是一次成功的止损，要不然你亏得更多。按照这种思维，“亏得少”就是成功。只要下次亏得更少，那就是一次成功的止损。久而久之，你将跌入一个深渊，一个以少亏为目标的深渊而无法自拔。

如果避开“不错”不谈，而只谈“试错”，你将成为“试错专家”。然后你会发现，“试错专家”总是“连续错”。所以，试错是深渊，这个概念要不得，我们要秉持“试而不错”的概念，然后才能不断扩大认知边界。在这个混沌世界，你的认知边界在哪里呢？在这个混沌市场，想要存活，想要赚钱，认知的重要性远远大于努力，希望大家努力认知。

第 14 节 软件应用，如何设置

我们可以使用大智慧软件去设置对冲形态。打开大智慧软件，我们需要在大智慧软件上设置混沌均线，这次只讲主要步骤。

第一步：找到 EXPMA 并选中，然后点击修改公式（见图 2-14-1）。

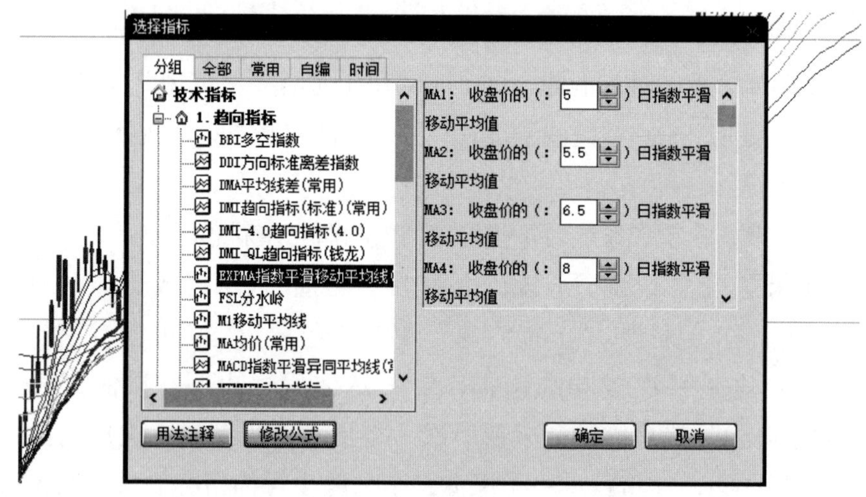

图 2-14-1 找到 EXPMA 指数平滑移动平均线

第二步：输入代码（见图 2-14-2），并注意矩形框中的内容，我们要手动输入缺省值。

第三步，手动输入 16 个缺省值，16 个均线参数如图 2-14-3 所示。

完成这三步，我们将在大智慧软件上得到混沌均线。如果在均线设置中出现了困难，大家也可以上网搜索一下解决方案，因为均线设置是比较基础的技术设置，大家可以很容易找到解决方法。

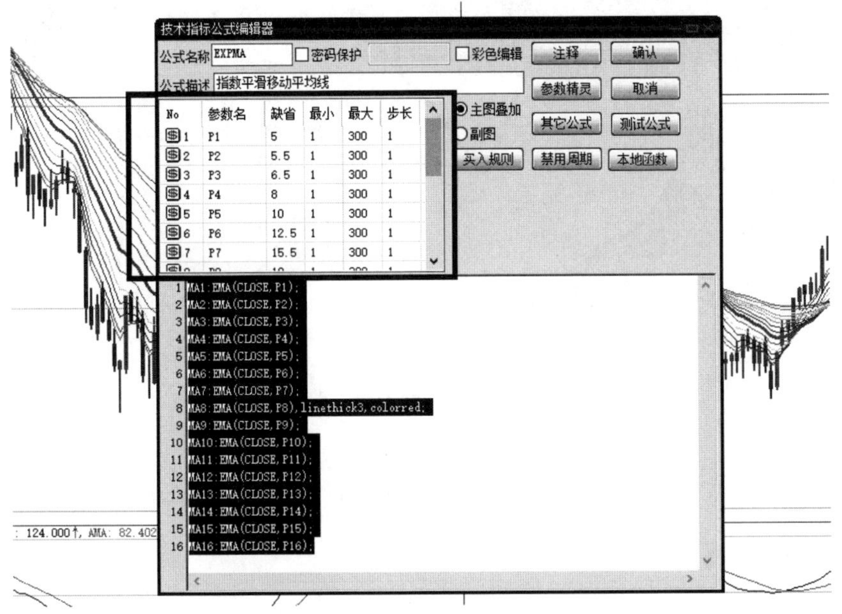

No	参数名	缺省	最小	最大	步长
1	P1	5	1	300	1
2	P2	5.5	1	300	1
3	P3	6.5	1	300	1
4	P4	8	1	300	1
5	P5	10	1	300	1
6	P6	12.5	1	300	1
7	P7	15.5	1	300	1

```
MA1:EMA(CLOSE,P1);
MA2:EMA(CLOSE,P2);
MA3:EMA(CLOSE,P3);
MA4:EMA(CLOSE,P4);
MA5:EMA(CLOSE,P5);
MA6:EMA(CLOSE,P6);
MA7:EMA(CLOSE,P7);
MA8:EMA(CLOSE,P8),linethick3,colorred;
MA9:EMA(CLOSE,P9);
MA10:EMA(CLOSE,P10);
MA11:EMA(CLOSE,P11);
MA12:EMA(CLOSE,P12);
MA13:EMA(CLOSE,P13);
MA14:EMA(CLOSE,P14);
MA15:EMA(CLOSE,P15);
MA16:EMA(CLOSE,P16);
```

图 2-14-2　输入代码

技术指标公式编辑器
公式名称 EXPMA　密码保护
公式描述 指数平滑移动平均线

No	参数名	缺省	最小	最大	步长
1	P1	5	1	300	1
2	P2	5.5	1	300	1
3	P3	6.5	1	300	1
4	P4	8	1	300	1
5	P5	10	1	300	1
6	P6	12.5	1	300	1
7	P7	15.5	1	300	1

技术指标公式编辑器
公式名称 EXPMA　密码保护
公式描述 指数平滑移动平均线

No	参数名	缺省	最小	最大	步长
7	P7	15.5	1	300	1
8	P8	19	1	300	1
9	P9	23	1	300	1
10	P10	27.5	1	300	1
11	P11	32.5	1	300	1
12	P12	38	1	300	1
13	P13	44	1	300	1

技术指标公式编辑器
公式名称 EXPMA　密码保护
公式描述 指数平滑移动平均线

No	参数名	缺省	最小	最大	步长
10	P10	27.5	1	300	1
11	P11	32.5	1	300	1
12	P12	38	1	300	1
13	P13	44	1	300	1
14	P14	50.5	1	300	1
15	P15	57.5	1	300	1
16	P16	65	1	300	1

图 2-14-3　输入 16 个缺省值

下面我将要讲一下对冲形态如何设置。

第一步，你可以把你主要期货品种加入自选（见图 2-14-4），这样我们以后就可以直接点击“自选股”，你之前选入的品种就都在“自选股”里面了，方便以后查找。

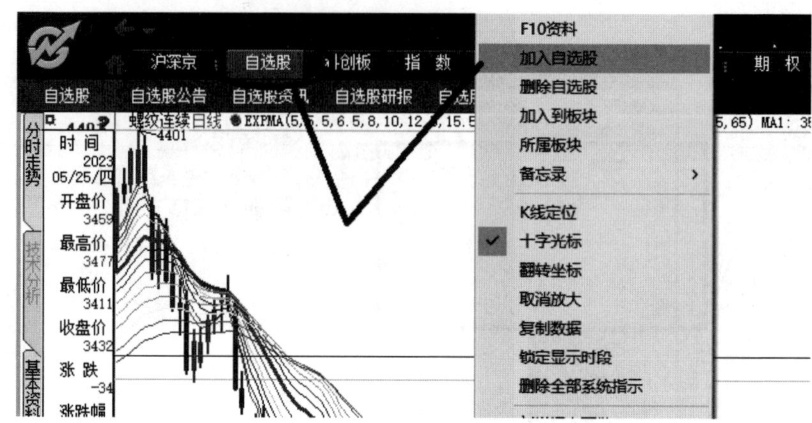

图 2-14-4 加入自选股

第二步，打开铁矿石界面，在分析工具下拉框中找到套利分析（见图 2-14-5）。

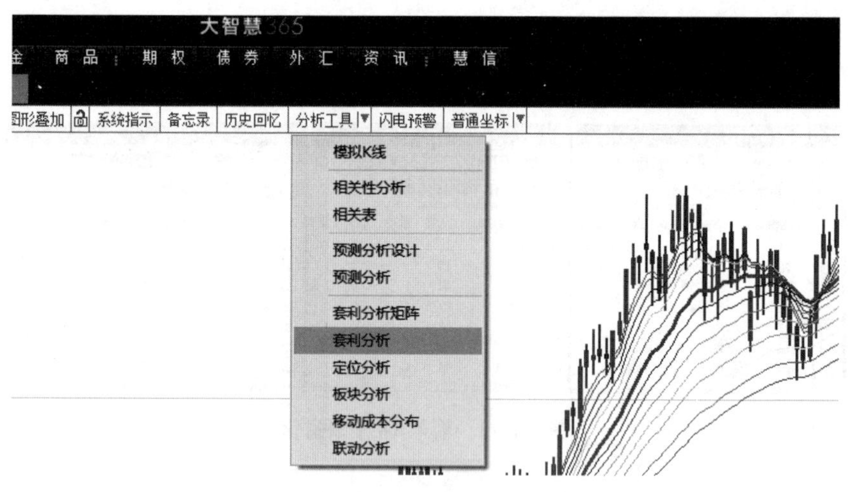

图 2-14-5 套利分析

第三步，在“差价分析设定”中选择“相除”（见图 2-14-6），并点击左边椭圆中按键，出现“选择股票”。在“选择股票”中点击椭圆中“板块股”，找到你想要设置的第二腿，并选择。

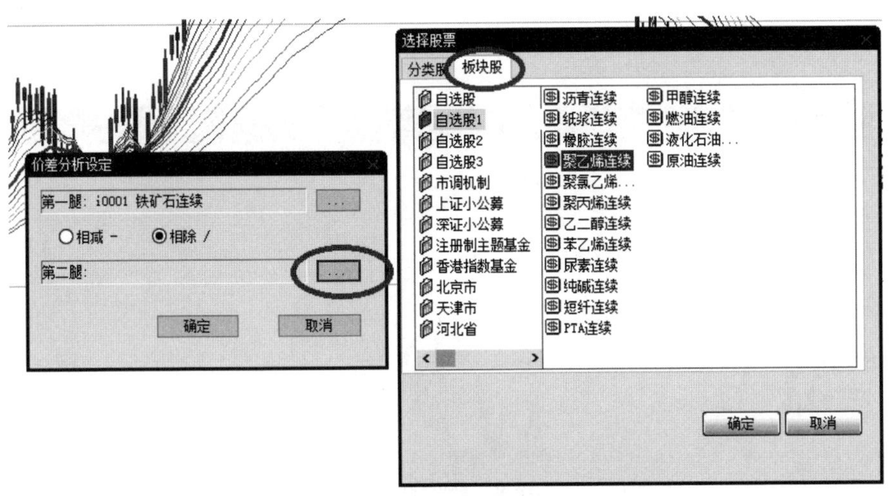

图 2-14-6　选择第二腿

第四步，第二腿被选入（见图 2-14-7），此时按确定键，即可以生成对冲形态。

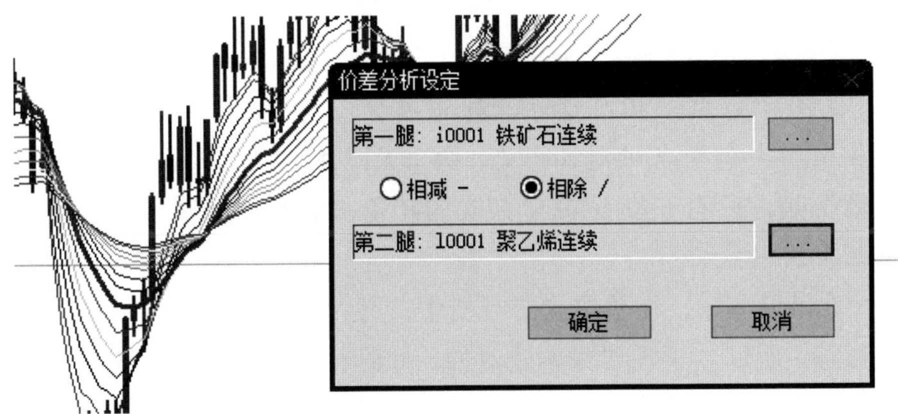

图 2-14-7　第二腿被选入

第五步，观察铁矿石 / 聚乙烯的对冲形态（见图 2-14-8）。注意左上角圆圈中的小标题。

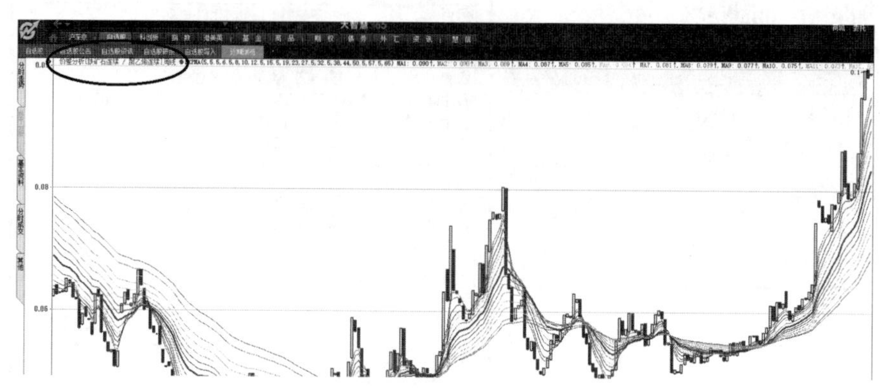

图 2-14-8　最终的对冲形态

第 15 节

单边可见，对冲不见

2020 年以前，我沉迷于“对冲可见”，我曾经花了大量的时间和精力去构建各种对冲形态，并试图以此增加交易机会。而实际情况是，只有在交易机会寡淡的年份去构建“对冲”才能立竿见影。

你可以想象，在单边大势行情中，有大量的可以识别的单边共振形态，所以本不需要去构建对冲，此时构建对冲形态，反而使原来的共振特征逐步丧失。所以在单边行情中，你若构建对冲，会适得其反。这个就是“单边可见，对冲不见”的情形。大家可以自行构建对冲形态，多多构建，多多观察，多多体会，这里就不再举例了。

最后，我们再看看“单边可见，对冲可见”的情形。

第16节

单边可见，对冲可见

我在2019年1月18日看见了一个铁矿密集共振形态（见图2-16-1），这是一个单边形态，而此时，我们也很容易找到对冲后“容易识别”的共振形态（见图2-16-2、图2-16-3、图2-16-4）。你也可以找到更多的“不难识别”的形态（见图2-16-5、图2-16-6）。

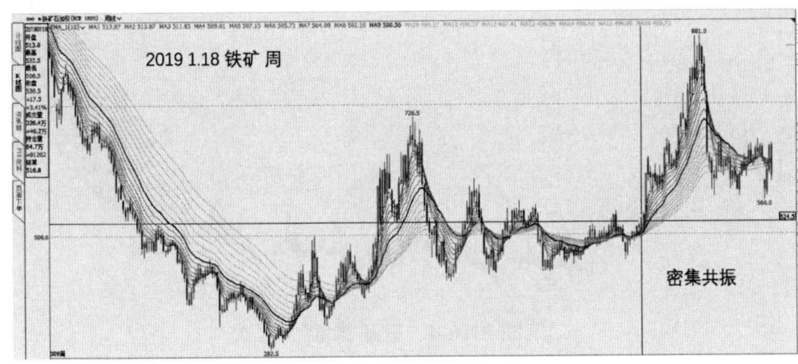

图2-16-1 铁矿

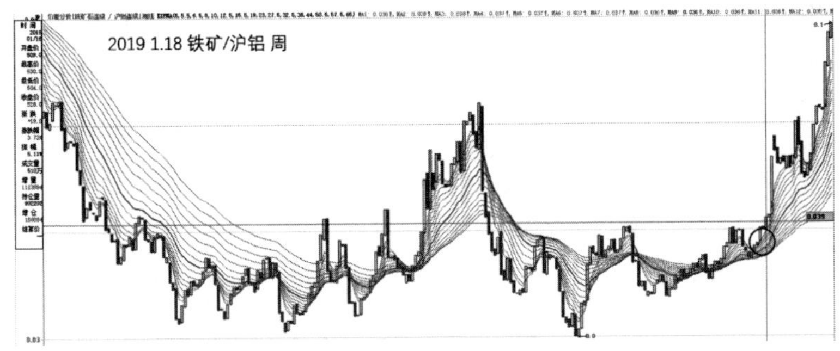

图2-16-2 铁矿沪铝

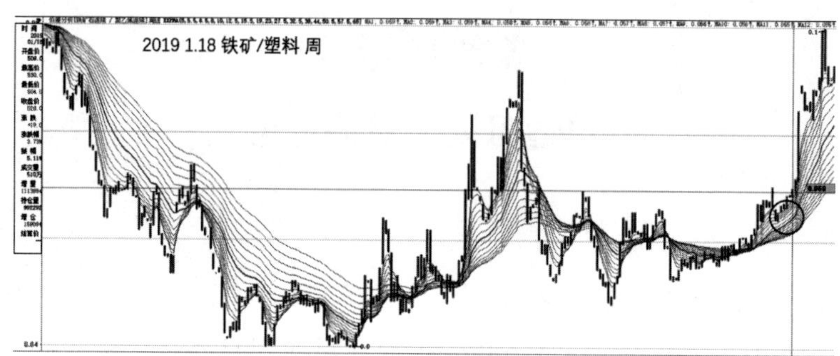

图 2-16-3 铁矿塑料

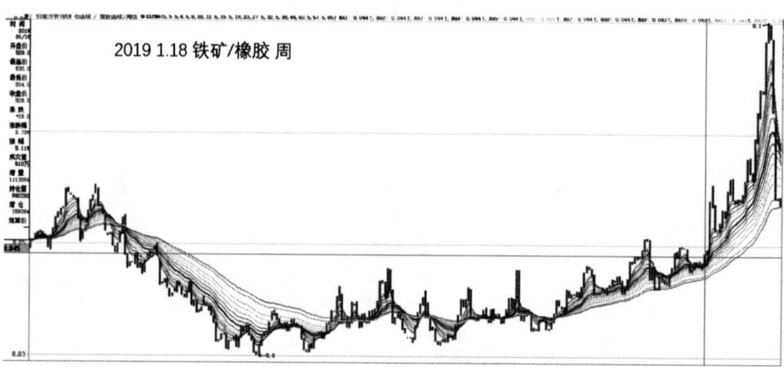

图 2-16-4 铁矿橡胶

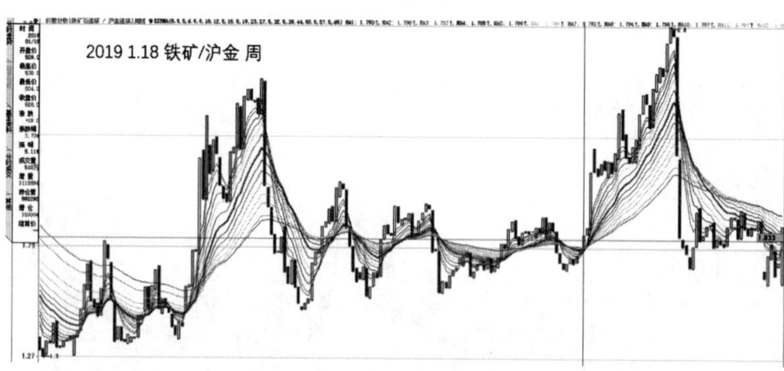

图 2-16-5 铁矿沪金

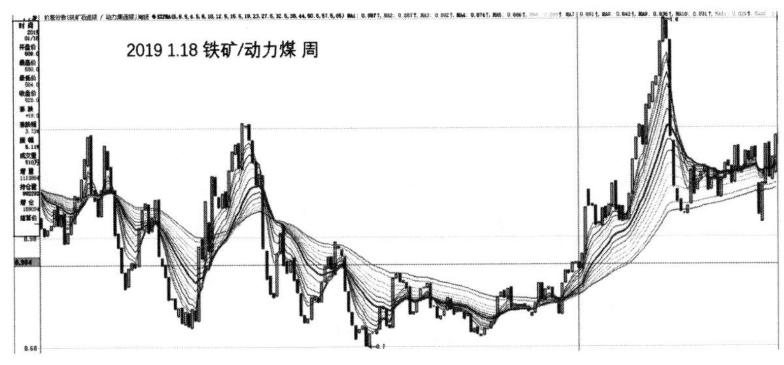

图 2-16-6 铁矿动力煤

如果你识别了一个单边形态，那么这个单边形态要么是“单边可见，对冲不见”，要么是“单边可见，对冲可见”，这个叫单边形态的叠加态。叠加态就像薛定谔的猫，是一只既死又活的猫。但如果开启对冲，我们将直接看到这个单边形态所在的那个“唯一情形”。所以说，对冲的作用是在揭示隐情的同时，消除叠加。

第 17 节 对冲而已，不攀道冲

在交易机会寡淡的年份，在构建了对冲之后，那些隐藏的交易机会就全部呈现出来。如果你不去构建对冲，就不可能看见这些机会，无论你多么聪明，无论你多么勤奋努力，无论你多么会写程序，也不起任何作用。

以往，当我看不透的时候，我总是觉得比别人笨，于是我满世界寻找智慧。就如同盲人找光，越找越慌。而此时此刻，我的思想开始发生了转变，我开始相信，如果有一件事情始终看不透，那就不要再白费力气了，在原来的方向上，再怎么使劲也是徒劳。我们要去寻求让“真相”直接呈现出来的方法。

而我这次凭借“开启对冲”揭示了“新机会”。国学大师曾仕强在解读《道德经》的时候也说过：所有的新鲜事物都是冲出来的。目前人类最前沿的高能物理研究主要采用对撞机来进行实验，物理学家寄希望于粒子对撞来窥探物质最深处的秘密。综上所述，我曾有一段时间偏执地认为“对冲”就是老子所说的那个终极的“道冲”。

于是，在那段时间中，我非常执着地去构建对冲形态，并期待能够发现“重大隐藏”。我在“对冲”中寻找了好几年，却并没有发现什么“重大隐藏”。我只能说“对冲”给我最大的帮助是——找对了方法。我凭借开启对冲，揭示了“新机会”。我还可以找到新的“开启”，这样就能揭示其他“新鲜事物”。

因此，对冲就是对冲而已，不要把“对冲”上升到“道冲”的高度。我们将在第 5 章中开启“尺缩”，揭示“发生”，从而解读“道冲”。

第 18 节

开启对冲，揭示隐情

在本章中，我们开启对冲，首先看到了更多的可以识别的形态。深入探讨下去，我们发现，凭借“开启对冲”，我们看见了单边形态的各种情形：

1. 单边可链，对冲可见。
2. 单边可见，对冲不见。
3. 单边可见，对冲可见。

所以，当我们发现一个单边形态时，要马上想到：凡有一形，必有一情。这一章，我们凭借“开启对冲”，发现了“之前看不见的情形”，简称“揭示隐情”。下一章我们将讲“揭示结构”。届时，大家将会知道，隐情是结构的表象，结构是隐情的本体。

我从2018年开始沉迷于对冲形态，构建了大量的对冲形态，我舍不得放弃任何一个看起来还不错的形态。我总觉得我打开了另一片天地，总觉得我比平常人看到的更多，总觉得我可以在交易机会寡淡的年份而做出稳定的资金曲线。

我花了很多的精力去构建对冲形态。我一个人的精力是完全不够用的，团队的研究员、交易员每天也要花很多精力帮我构建对冲形态，这种情形断断续续地持续了好几年，这是一个无比漫长的过程。我也不知道那漫长的几年是如何度过的，我想囊括一切，却又不知道从何处入手。我想寻求《道德经》的指引，却又不知道自己理解得对不对。

凭借开启对冲我们看到了通常情况下看不见的形态，也就是说对冲给我带来了很多的交易机会。但机会多了，也会带来混乱。我也曾经一度认为，有舍才有得，学会舍才能断离混乱。于是我开始遇见新的问题——盲目取舍。

学完下一章，大家会发现，混沌世界“越多越少”，所以越多越清晰。混沌世界，根本无须取舍。

第3章

揭示结构

第 19 节

混沌分形，始于对照

在混沌领域，一谈到结构，便绕不开“分形”。什么是分形？我上网搜索了一下，以下这段文字是有关混沌和分形的大致描述：

混沌内部结构呈现出跨尺度的自相似性，即分形特征。分形理论已经成为当今非线性科学的主要内容之一。它的研究对象的共同特点之一，就是具有一种自相似性，无限自相似性就是分形的精髓。分形理论经过 20 多年的发展，已逐步形成了自己的研究方法，以揭示无规则现象的内部所隐藏的规律性、层次性和确定性。分形与混沌构成了当今非线性科学的主要内容。

从这段文字中，我们得到的信息是：分形是自相似、是跨尺度、是非线性；分形可以用于揭示无规则现象的内部所隐藏的规律性、层次性和确定性。

网络上还有一句话：分形是混沌在空间上的描述，混沌是分形在时间上的体现。综上所述，我们貌似可以用分形去描述混沌空间，但如何入手呢？我们先来看看这样的情形。

当我发现螺纹钢的形态是密集共振时，我会发现和螺纹钢非常接近的品种，比如热轧卷板也会呈现出非常相似的形态；我还会发现和螺纹钢比较接近的品种（如焦炭）可能会呈现出比较相似的形态。我们通过形态之间的简单对照，就可以发现品种关系越近，形态越相似。

分形的关键词是自相似、是跨尺度、是非线性。起初，我们通过对照形态，发现了“相似性”这个显而易见的特征。下面，我们将从“相似性”出发，看看所谓的“跨尺度”是何种情形，看看所谓的“非线性”是何种情形。我们最终的目的是什么？我们的最终目的是看看分形是如何在空间上描述混沌的。

第 20 节 既有占满，必有大同

2016 年 10 月，当我发现化工指数呈现出了一个标准的绕转共振形态时，我们从“相似性”出发，看看会出现怎样的情形（见图 3-20-1 至图 3-20-5）。

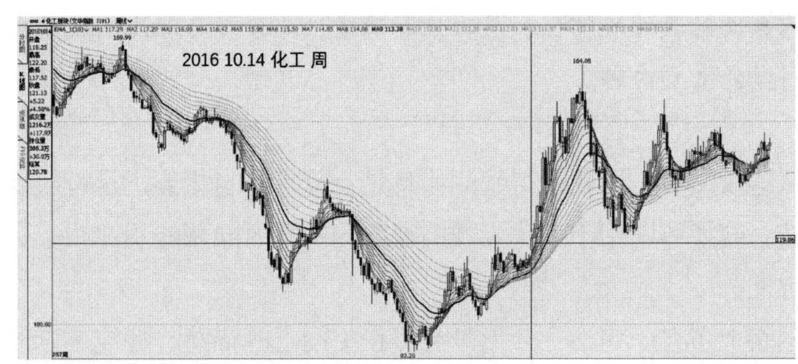

图 3-20-1　化工指数

我们首先看一看化工的上级指数，也就是工业指数，会不会呈现相似的形态；我们再去看一看化工指数的同级指数，也就是钢铁板块（在 2016 年的时候，文华财经还没有钢铁板块，我们在 2016 年的时候看的是黑链指数）、有色指数、煤炭板块，会不会呈现相似的形态；我们最后看一看，化工指数中，在 2016 年时权重排名前 4 的成分品种，也就是橡胶、PTA、PVC、甲醇，会不会呈现相似的形态（见图 3-20-6 至图 3-20-9）。

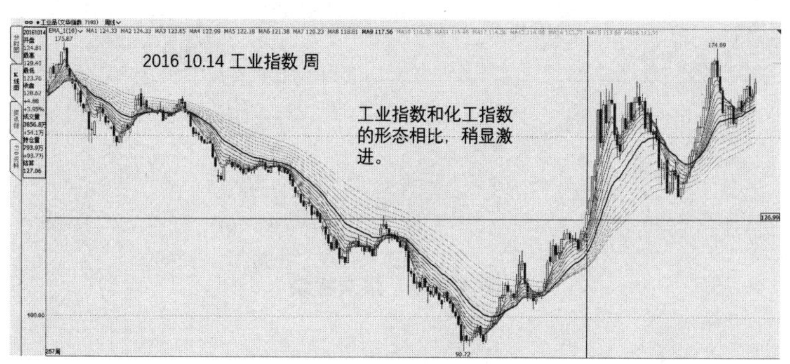

图 3-20-2　工业指数

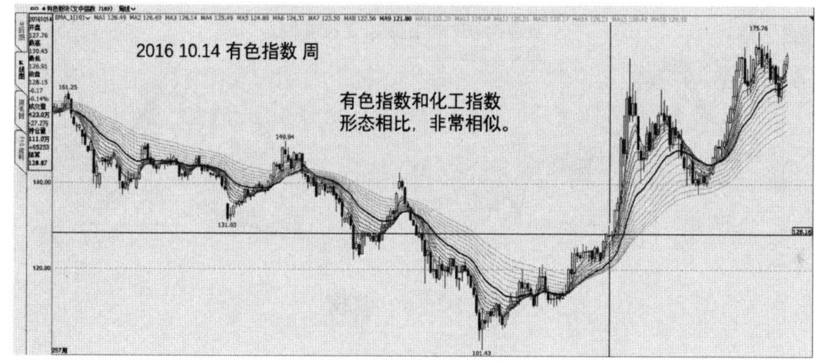

图 3-20-3　有色指数

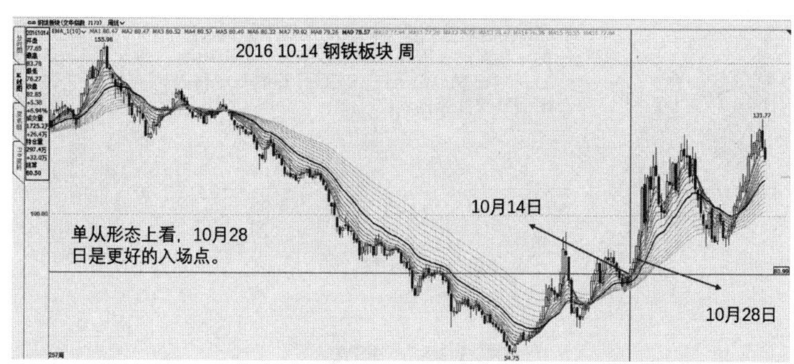

图 3-20-4　钢铁板块

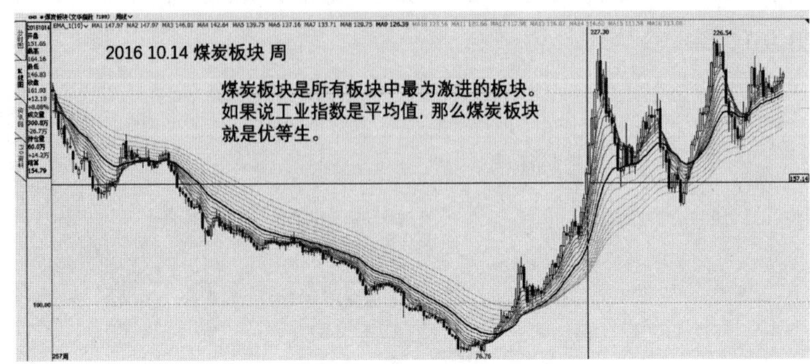

图 3-20-5 煤炭板块

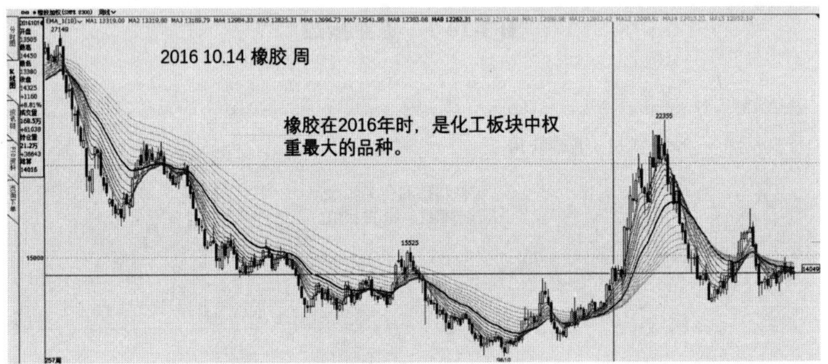

图 3-20-6 橡胶

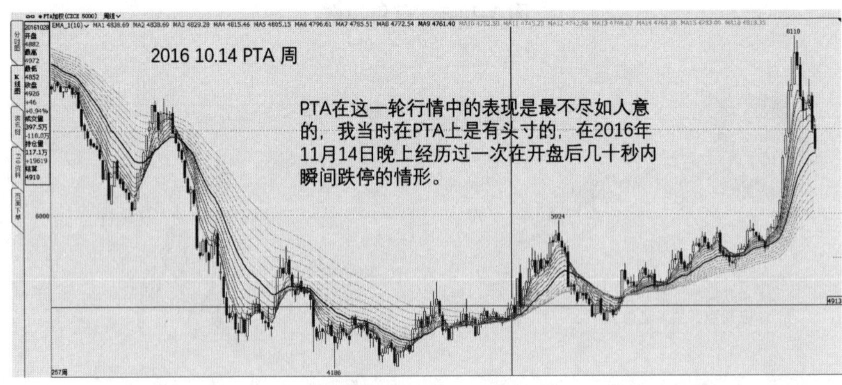

图 3-20-7 PTA

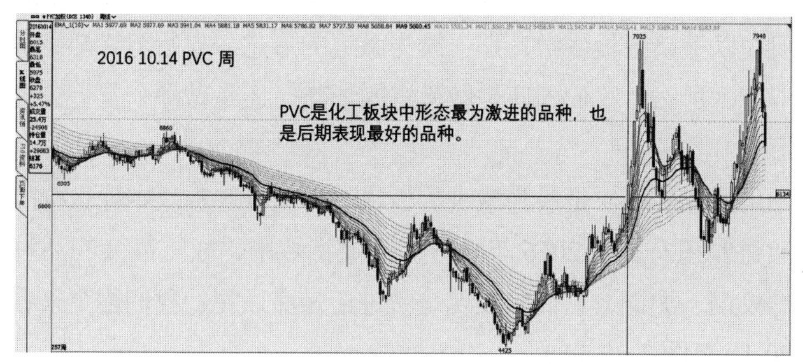

图 3-20-8　PVC

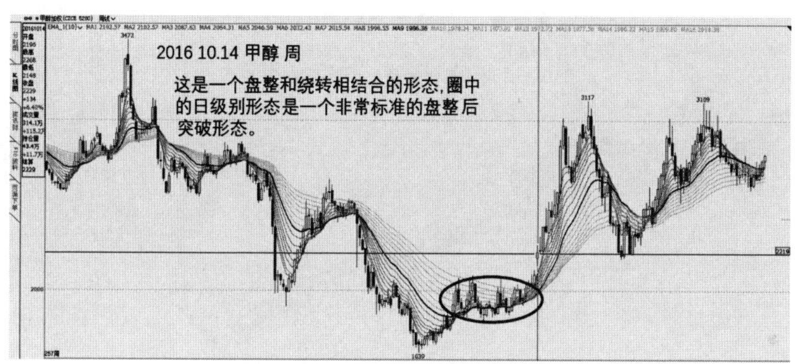

图 3-20-9　甲醇

通过以上形态，我获得了以下三点经验：

首先，令人欣喜的是，我们获得了大量的相似形态，有的形态比较滞后，有的形态比较激进，有的形态非常相似，有的形态看上去大致相似。

其次，虽然化工指数是一个标准的绕转共振形态，但工业指数和化工指数的形态相比，稍显激进。也就是说，虽然我们识别了化工指数，但化工指数的整体表现是低于行业平均水平的，即那个比较容易识别的共振形态，可能不是最好的选择。

最后，煤炭板块的形态最为激进，在此之前，我不太喜欢激进的形态，我可能天生“恐高”，但后来发现大部分交易者也不喜欢激进的形态。但在以上诸多板块中，那个最为激进的形态，自始至终都是表现最好的形态，那么，我们到底是做激进的形态，还是做那个看上去更加平庸的形态？

如果说煤炭板块是最为激进的板块，那么煤炭板块中什么样的品种更为激进？还有，在2016年时，在工业指数中，权重最大的品种是铁矿、螺纹钢、沪铜，它们的表现是激进还是滞后呢？我们逐个来看（见图3-20-10至图3-20-14）。

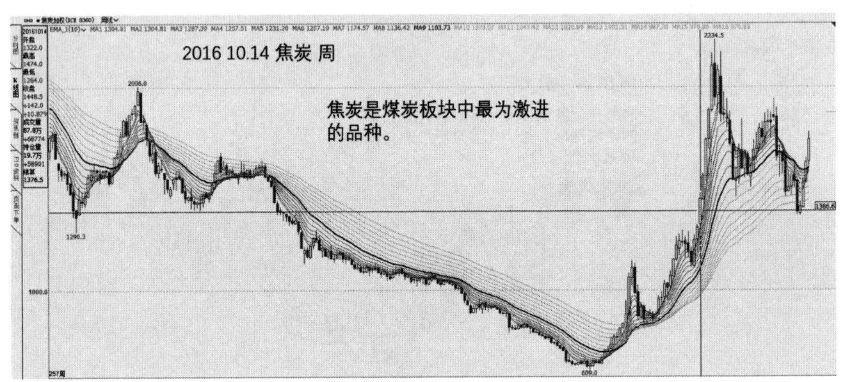

图3-20-10　焦炭

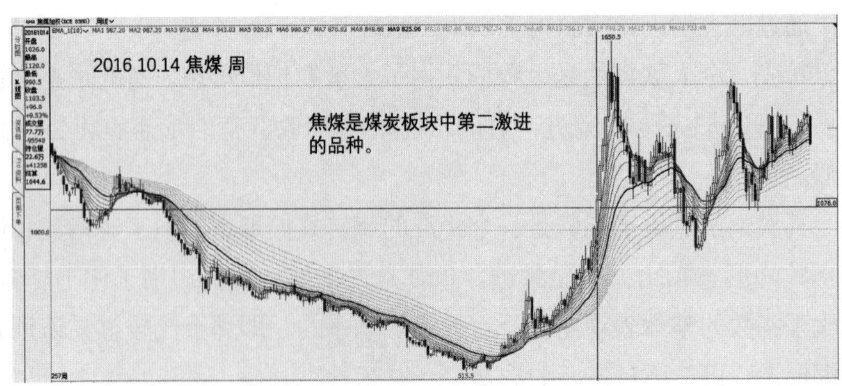

图3-20-11　焦煤

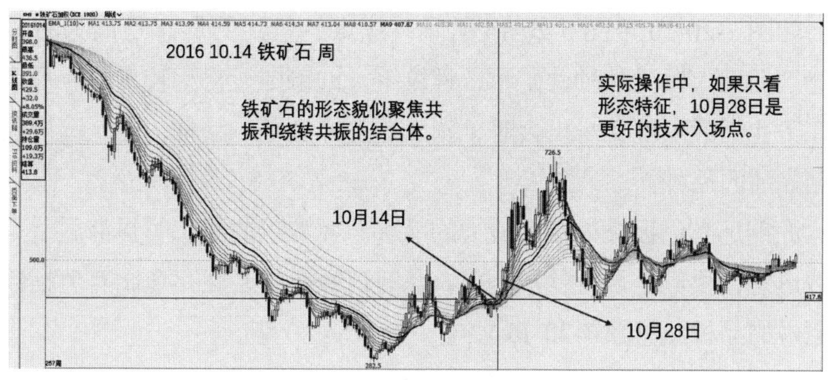

图 3-20-12　铁矿石

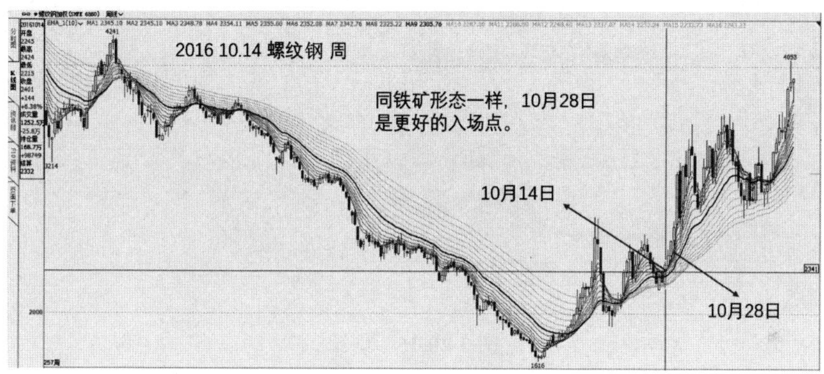

图 3-20-13　螺纹钢

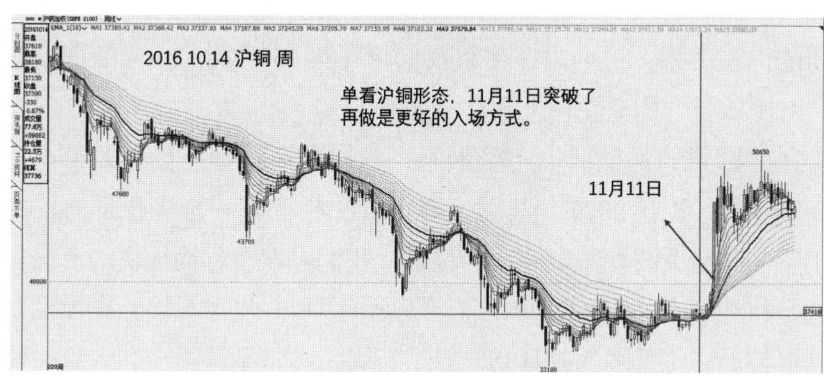

图 3-20-14　沪铜

如图 3-20-10 至图 3-20-14 所示，焦煤、焦炭的形态是最为激进的形态，而三大权重品种铁矿石、螺纹钢、沪铜则显得比较滞后。那么我们在工业指数出现交易机会时，到底是选择激进的品种，还是选择权重排名靠前的品种?

沪铜是有色板块中权重最大的品种，而沪铜的形态明显滞后于有色指数形态，我们是否可以推测出，在有色板块中必然存在比有色指数还要激进的品种（见图 3-20-15）？

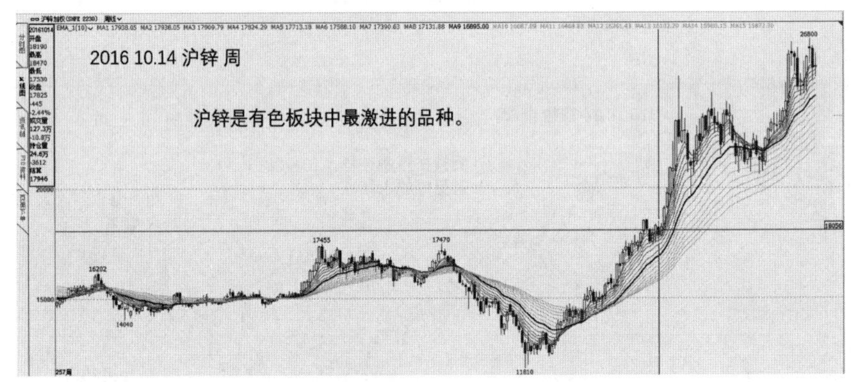

图 3-20-15　沪锌

不难看出，沪铜的形态是底部反转，沪锌的形态则是倾斜加速。所以说一旦我们确认了行业形态，那么成分权重品种之间似乎存在着可以推断的内在关系，这个内在关系我们将在第 25 节探讨，本节把精力放在“对照”与“相似性”上面。

之前看到的都是低位上涨形态，我们再来看看高位下跌形态（见图 3-20-16）。我在 2023 年 3 月发现了谷物板块是一个高位形态，并且识别了一个向下波动密集共振的位置，我们再看看谷物板块的上级农业指数是何种形态（见图 3-20-17），以及同级别的权重板块，比如油脂板块是何种形态（见图 3-20-18），谷物板块的成分品种玉米和大豆是何种形态（见图 3-20-19、图 3-20-20）。

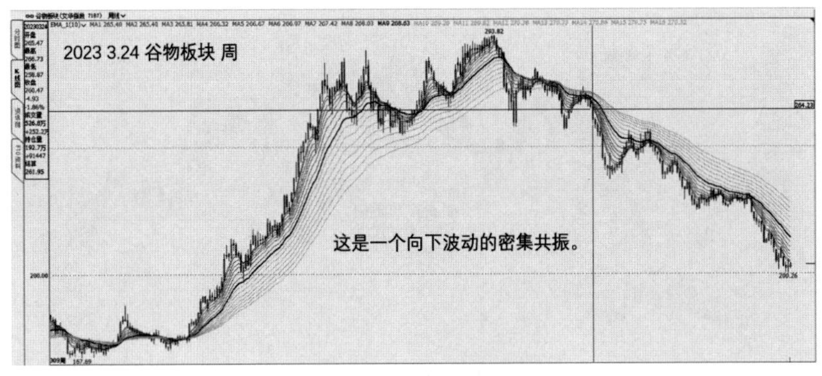

图 3-20-16　谷物板块

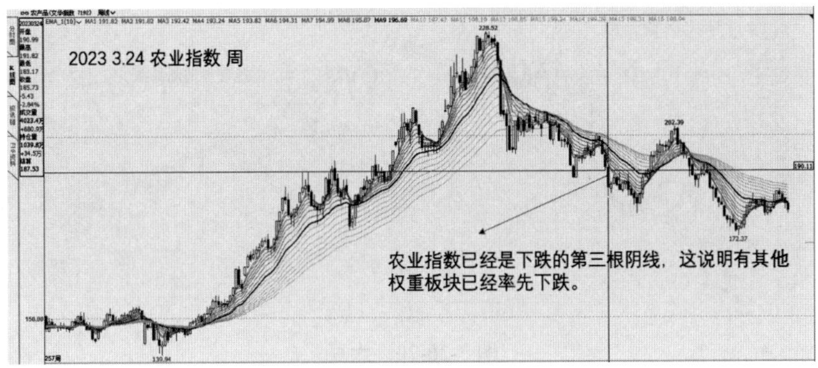

图 3-20-17　农业指数

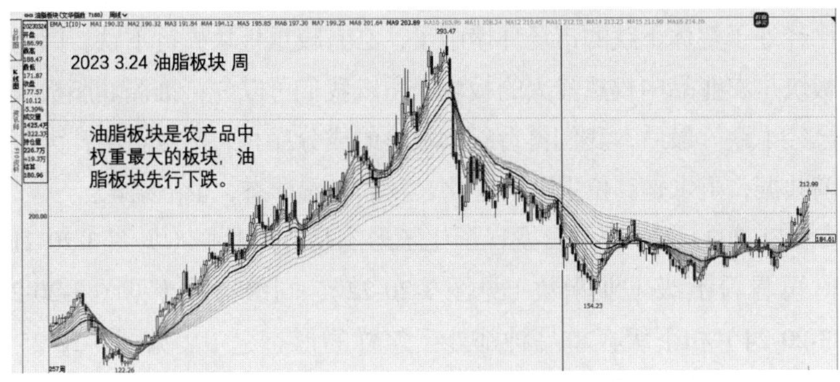

图 3-20-18　油脂板块

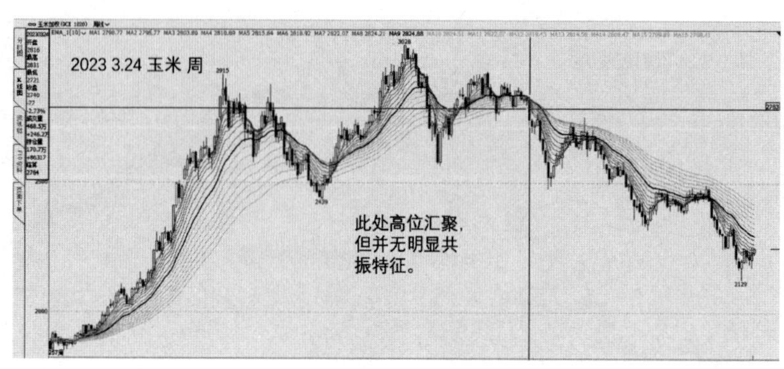

图 3-20-19　玉米

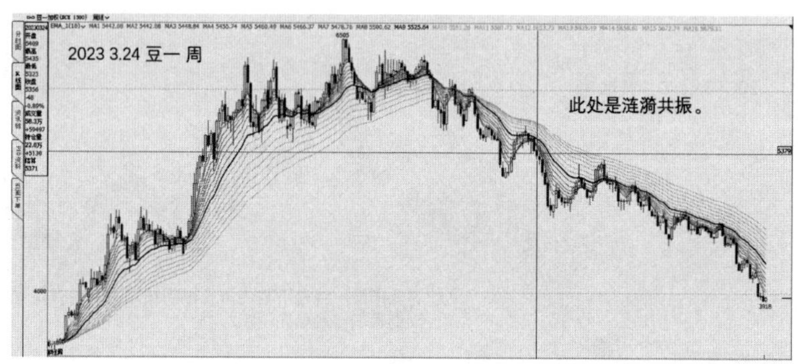

图 3-20-20　大豆

我们看到，农业指数已经处在下跌的第三根阴线中，说明此时农产品已经处于整体下跌的市场环境中了，必有权重板块先行下跌。因为油脂板块是农业品中权重最大的板块，所以我们可以先行推测油脂板块或许已经下跌。最后，我们再看谷物板块的成分品种，不难看出，大豆是涟漪共振，玉米是高位下跌。在此，我们多看形态，少下结论。

我在 2023 年 4 月 7 日发现了化工形态是涟漪共振（见图 3-20-21），此时再看看上级工业指数（见图 3-20-22）、同级行业（见图 3-20-23、图 3-20-24）和下级权重品种都处于怎样的形态之中（见图 3-20-25 和图 3-20-26）。限于篇幅，我们只在每一个级别展示两张具有识别代表性或近似的形态，剩下的形态大家可以自行对照。

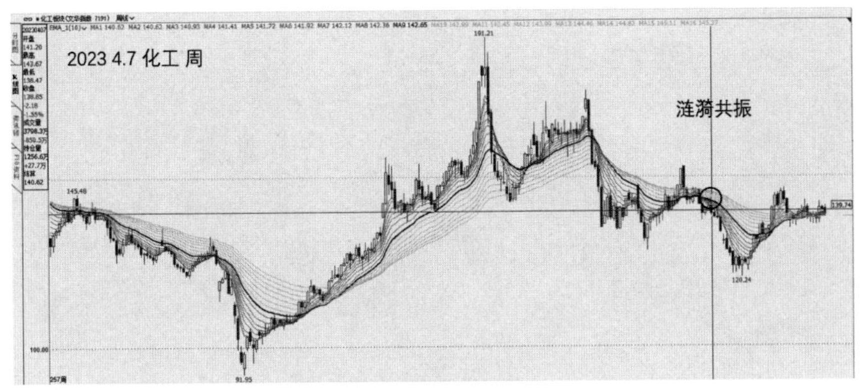

图 3-20-21　化工

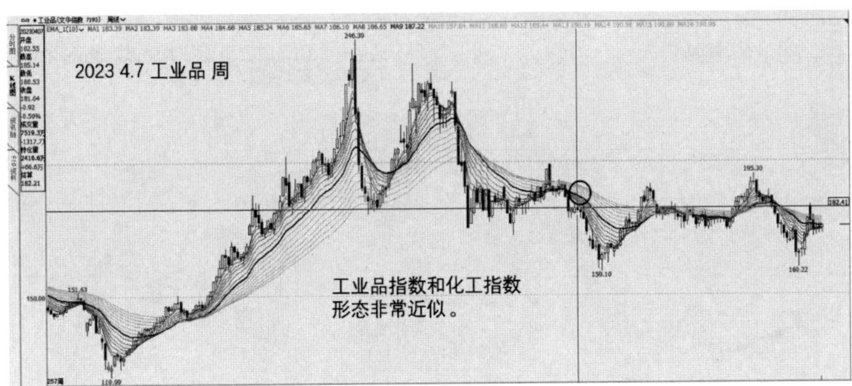

图 3-20-22　工业品

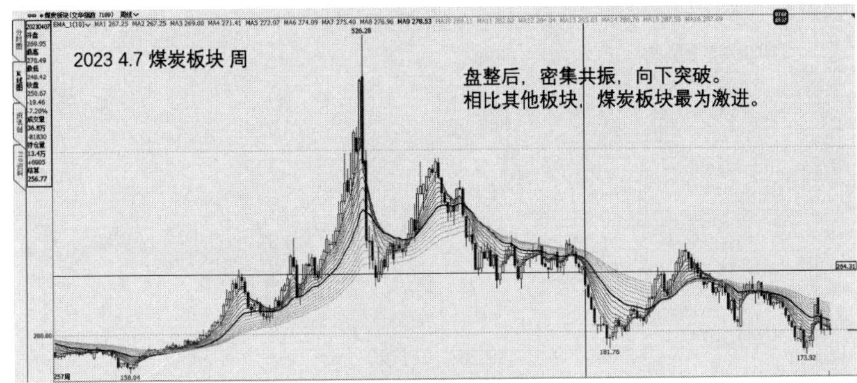

图 3-20-23　煤炭板块

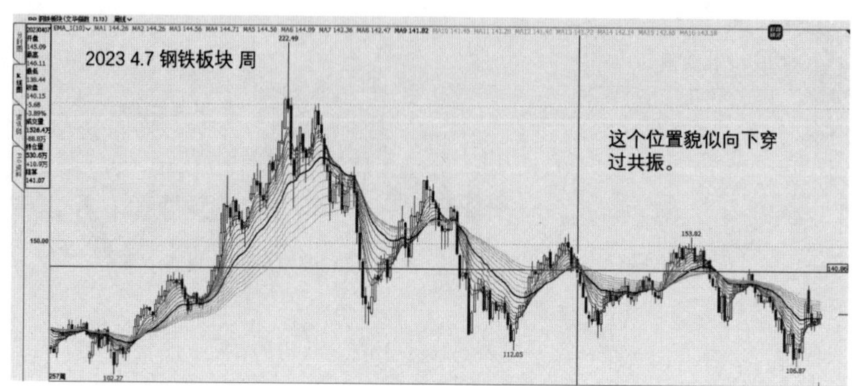

图 3-20-24　钢铁板块

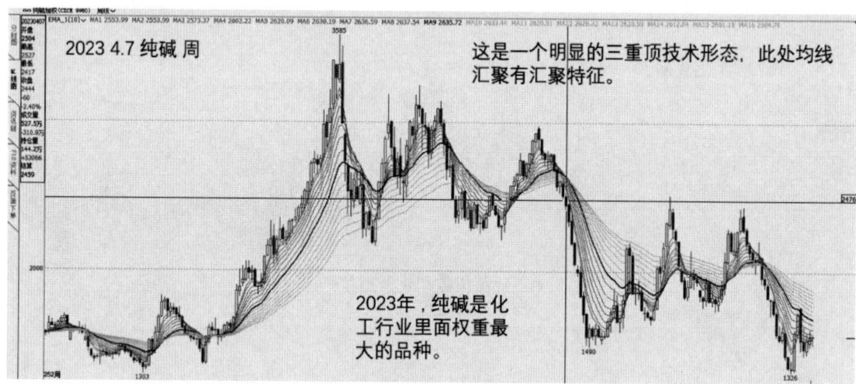

图 3-20-25　纯碱

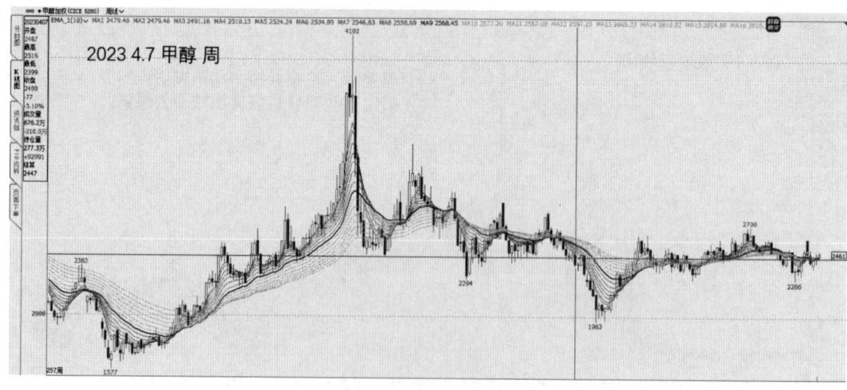

图 3-20-26　甲醇

本书中的所有形态都可以在电脑软件中找到，然后反复对照，对照的次数多了，自然而然会觉察到权重品种形态之间存在某种内在关系，比如纯碱作为化工品种中权重最大的品种，除了其形态特征之外，你还能觉察到什么？我们在第25节揭晓答案。

我们下面来看一个工业指数均线汇聚但共振特征不明显的形态（见图3-20-27）。

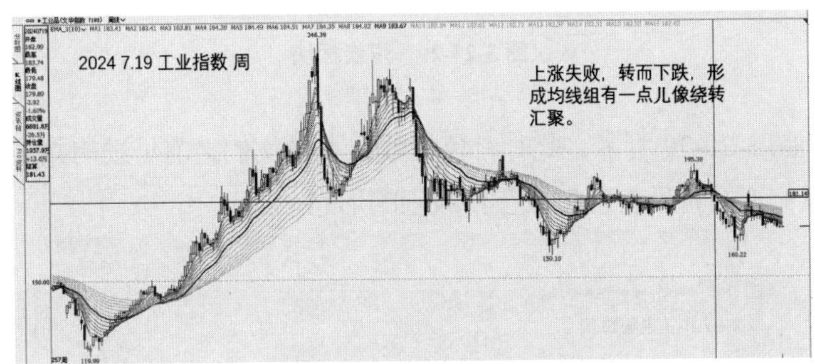

图3-20-27　工业指数

2024年7月中旬，工业指数由于前期上涨失败，转而下跌，形成了均线组有一点儿像绕转汇聚。我们看看此时几个主要行业指数的形态特征。

如图3-20-28和图3-20-29所示，钢铁板块和煤炭板块都是周级别的密集共振。这两个板块共同组成了黑链指数，所以我们就不再看黑链指数了。

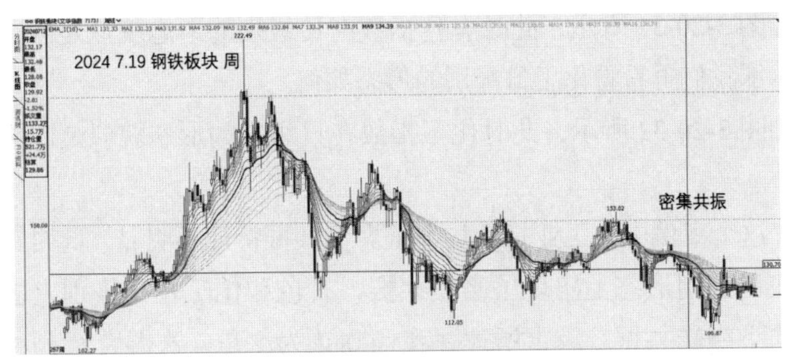

图3-20-28　钢铁板块

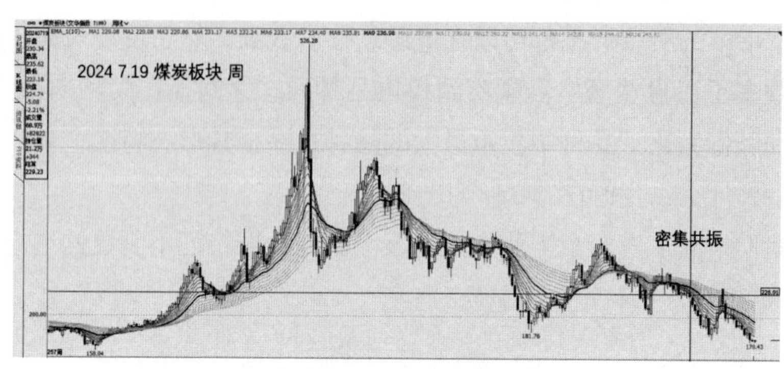

图 3-20-29　煤炭板块

如图 3-20-30 所示，此时有色指数并不是我们之前见过的共振形态，那么我们不妨看看有色指数在日级别的形态。

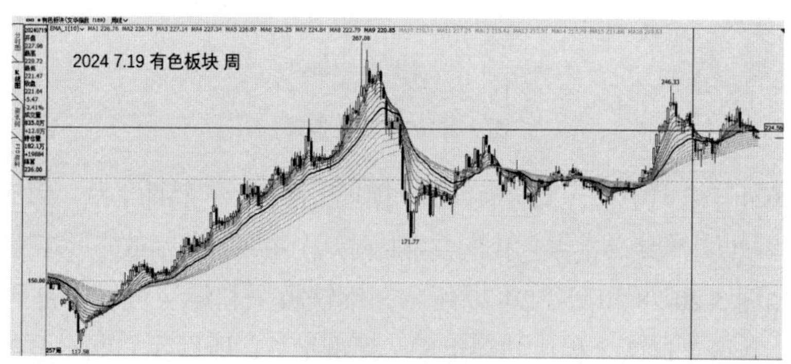

图 3-20-30　有色

如图 3-20-31 所示，此时有色指数在日级别的形态貌似是向下绕转共振。那我们再看看化工日级别的形态如何。

如图 3-20-32 所示，此时化工指数在日级别的形态貌似是向下绕转共振。

在这个案例中，工业指数均线汇聚但共振特征不明显，此时钢铁和煤炭在周级别形态上出现了密集共振，有色和化工在日级别上貌似出现了向下绕转共振。综上所述，我倾向认为这是一次混合级别相似的案例。

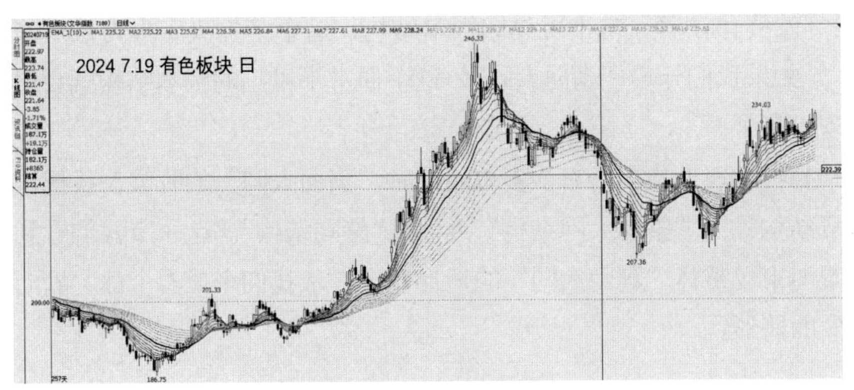

图 3-20-31　有色日级别

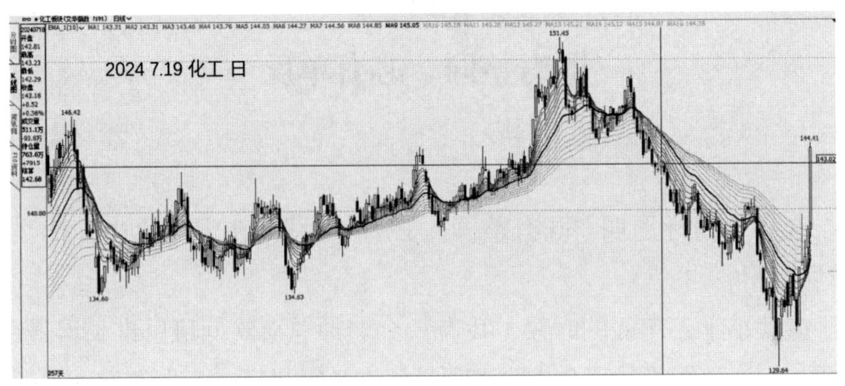

图 3-20-32　化工日级别

在本节中，我们看到了大量的形态，这些形态有激进的，有滞后的；有非常相似的，有大略相似的。虽然看到这么多形态，但我并不觉得扰乱，因为这些形态的走势是大同小异的。所以不要害怕多，多才能充满整个混沌，这个叫“占满则大同”。

更确切地说，越是占满，越是大同，以下简称“满而大同”。然后，你便可以发现，越多就是越少。所以，不要怕多。不要怕层峦叠嶂，你可以看到山舞银蛇；不要怕支流密布，你可以看到汇流成河。所以说，我们首先要开启“满而大同”，才能看见“多”与“少”的交织。

西方学者认为，混沌发展特征三个原则（见第 1 节）中的第二条是："始终存在着通常不可见的根本结构，这个结构决定阻力最小的途径。"如果我们开启"满而大同"，这个通常不可见的根本结构就会逐渐呈现出来了。

当我发现期货市场有很多单边品种"满而大同"的时候，我把这种市场结构称为"整体大同结构"，简称"整同结构"。这一节我们看到的是混沌市场整体"满而大同"的情形，下一节我们来看看个体"满而大同"的情形。

第 21 节

既有整同，必有单反

这一节的标题叫"既有整同，必有单反"。在混沌之中，什么叫"单反"？

在读小学二年级的时候，我有一个老师总喜欢问班里谁长得最白，小朋友们一起回答是那个谁。老师又问谁长得最黑，小朋友们一起回答是那个谁。

我出国留学时，在语言学校，我们的老师就会说：咱们班同学的肤色是"五颜六色"的，有白色的、有棕色的、有黑色的，还有一个来自中国的同学是黄色的。

作为一个黄种人，我们的本来特征就是黄色。当你生活在黄种人的环境中，这个本来特征反而不存在了；当你脱离了黄种人的环境，这个本来特征才会被反衬出来。

在第 2 章第 16 节中，铁矿对冲大部分主要品种，都出现了"单边可见，对冲可见"的情形。这就说明，铁矿此时的特征是铁矿特有的特征。铁矿的特征是这个市场阶段的个体特征，这个特征可以通过很多品种的对冲来识别。

若铁矿出现了单边可见的形态（见图 3-21-1），并且工业指数的形态和铁矿背道而驰（见图 3-21-2），这就是说有可能出现了铁矿的个体行情。我们将通过铁矿和大部分品种的对冲来反衬出铁矿的这个个体特征（第 2 章第 16 节所有对冲形态）。

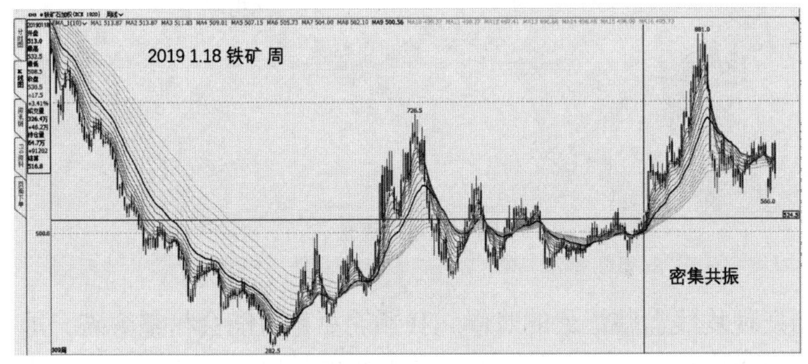

图 3-21-1　铁矿

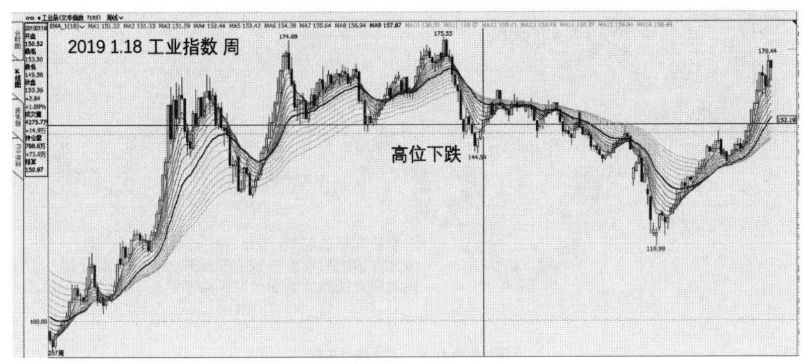

图 3-21-2　工业指数

从结构的角度来讲，上一节，我们看到了各个单边共振形态大致相同，这就是“整同结构”。这一节，我们将看到指定单个品种和各个品种对冲后的共振形态，各个对冲后的形态大致相同，这个就是“单品种反衬结构”，简称“单反结构”。

我们回看上一章的案例，看一看除了铁矿之外，还有哪些案例也是“单反结构”。我们再来看看 2018 年 2 月豆粕的形态（见图 3-21-3）。

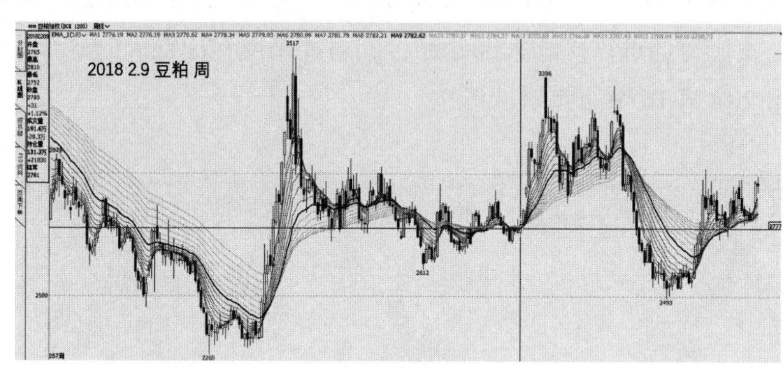

图 3-21-3 豆粕

当发现均线盘整汇聚的时候，我预期豆粕可能会盘整突破，那么接下来，我们首先想到的是什么？看看农业指数是何种形态。

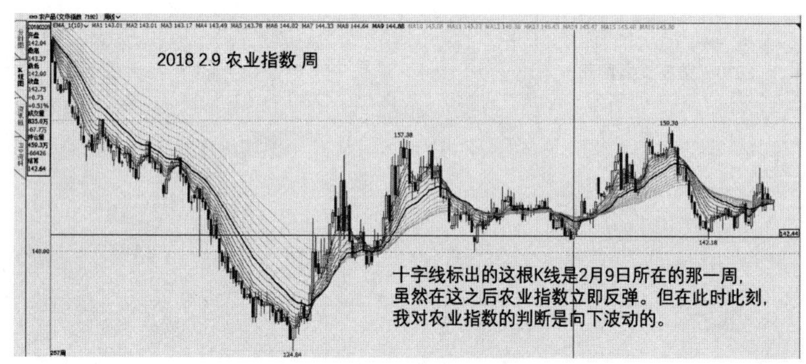

图 3-21-4 农业指数

如图 3-21-4 所示，在 2018 年 2 月 9 日所在的那一周，我对农业指数的判断是整体向下波动的，这样就出现了豆粕和农业指数背驰的情形。我可以预判，当豆粕和大部分农业品种对冲之后，可能会出现大量可以识别的共振形态，此时，你不需要列出所有共振形态，而是优先观察和农业权重品种对冲的共振形态。

农业权重品种比工业权重品种要少一些，所以对于农业品种来讲，只需要找出三个和农业权重品种对冲的共振形态即可。在农业品种中，豆油、棕榈油、菜油权重大，且三者形态相似，我们只需要和其中一个品种构建对冲即可（见图 3-21-5、图 3-21-6）。

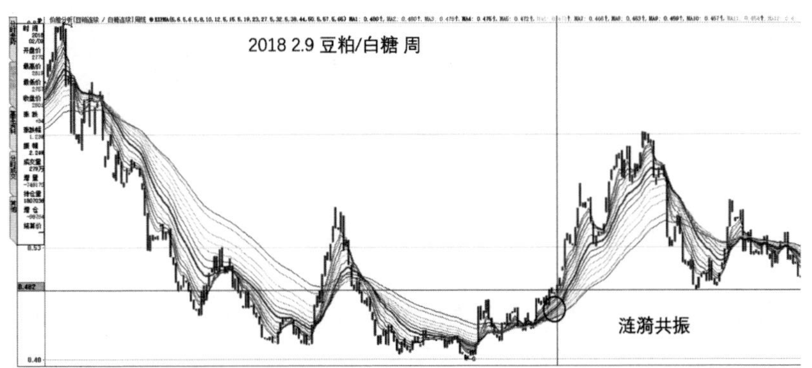

图 3-21-5　豆粕白糖

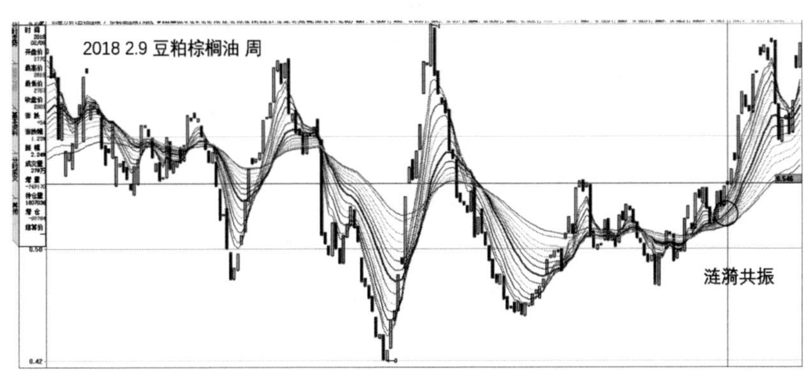

图 3-21-6　豆粕棕榈油

当你看见了豆粕棕榈油的对冲形态时，其实豆粕豆油、豆粕菜油也都处于差不多的形态当中。

我们再来回看一下第 11 节出现过的沪镍案例，分析一下沪镍的“单反结构”（见图 3-21-7）。

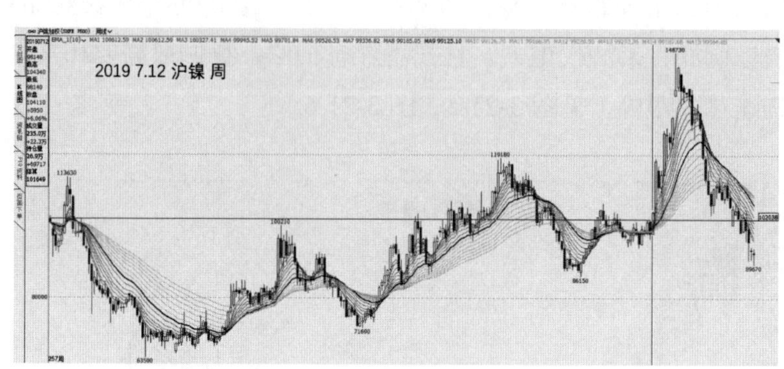

图 3-21-7　沪镍

我们首先想到的是此时的工业指数是怎样的形态（见图 3-21-8）。

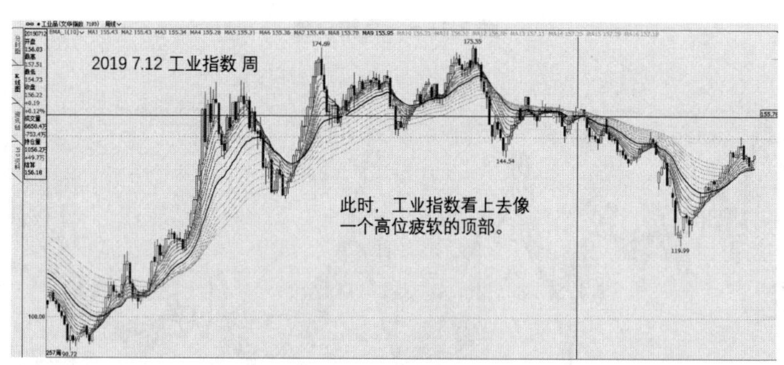

图 3-21-8　工业指数

此时的工业指数形态看上去是高位形态，沪镍和工业指数从整体上看，大致是背驰的。此时，我突然发现沪镍和有色板块背驰也较为明显（见图 3-21-9）。因为沪镍是有色板块的成分品种，如果沪镍和有色板块明显背驰，说明沪镍和其他有色品种必然更加分化。

有色板块整体是向下波动的，和沪镍背驰明显。我们来看看沪镍和沪铜、沪铝、沪锌对冲之后的形态（见图 3-21-10 至图 3-21-12）。

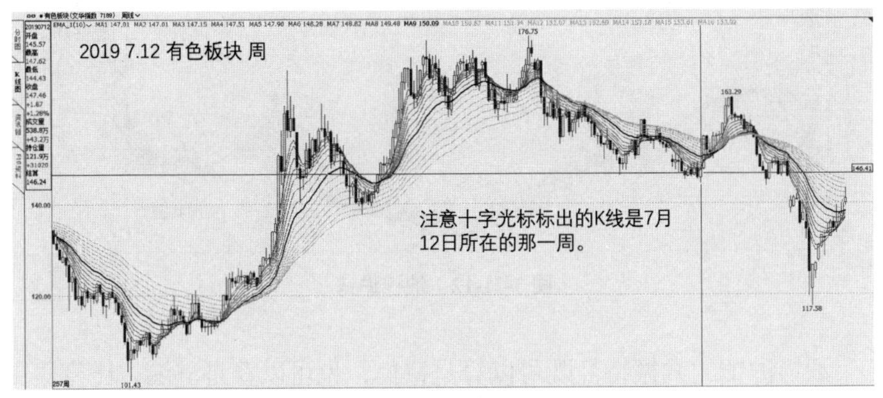

图 3-21-9　有色板块

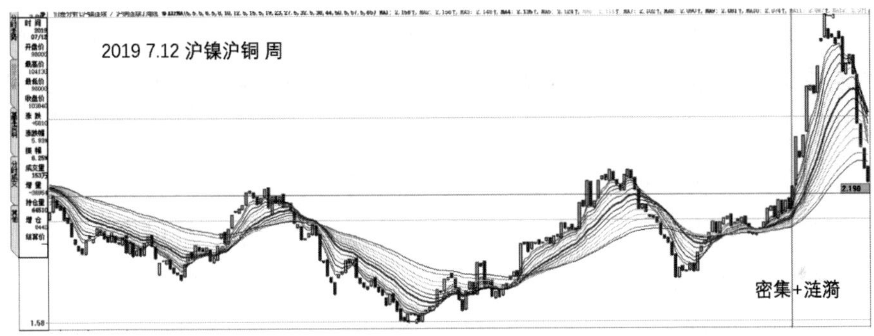

图 3-21-10　沪镍沪铜

图 3-21-11　沪镍沪铝

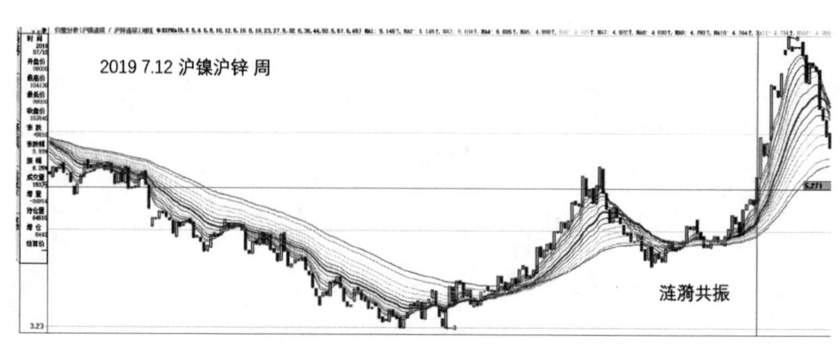

图 3-21-12　沪镍沪锌

沪镍沪铜的共振特征既可以算是密集，也可以算是涟漪，比密集更松散一些，比涟漪更紧凑一些。如图 3-21-10 至图 3-21-12 所示，沪镍沪铜、沪镍沪铝、沪镍沪锌的共振特征都比较明显。

时刻记住，我们看图的流程是先看单边形态，再去构建对冲形态。如果单边形态没有任何均线汇聚，或者说没有任何貌似共振的特征，那么就没有必要去主动构建对冲。

当我们发现铁矿是“单边可见，对冲可见”的情形时，我们可以通过和工业指数的比对来判断是否背驰，如果背驰明显，可以判断，此时是铁矿的“单反结构”。

当我们发现沪镍是“单边可链，对冲可见”的情形时，此时沪镍和工业指数和有色板块背驰明显，可以判断，此时是沪镍的“单反结构”。

到目前为止，本书的很多案例都来自 2018 年和 2019 年，这是因为 2018 年和 2019 年是交易机会寡淡的年份。如果我们在这两年中能够发现一些额外的交易机会，那么在交易机会比较充足的年份，我们自然能够发现更多的交易机会。

从操作的角度上来讲，在交易“单反结构”时，没有必要把所有对冲一一罗列，我们需要做的只有三步：

1. 发现“单边可链”（见图 3-21-13，此形态上一章讨论过）。

2. 对照工业指数，确定是背驰（见图 3-21-14）。

3. 找几个背驰最明显的单边（见图 3-21-15、图 3-21-16），看看对冲后的形态是否出现共振特征（见图 3-21-17、图 3-21-18）。

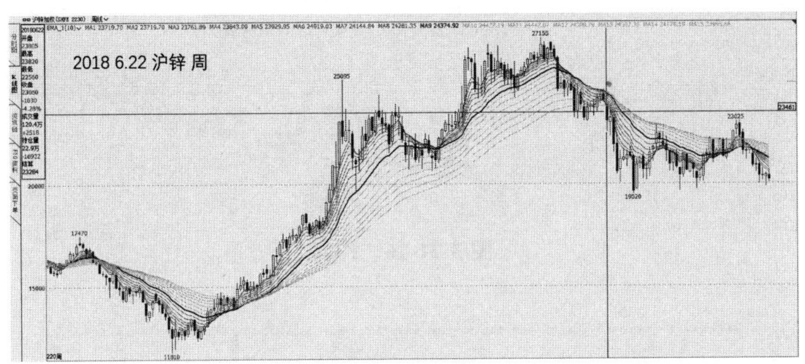

图 3-21-13　沪锌

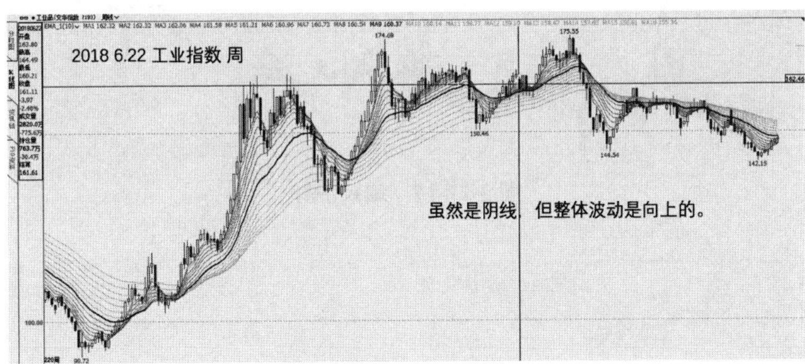

图 3-21-14　工业指数

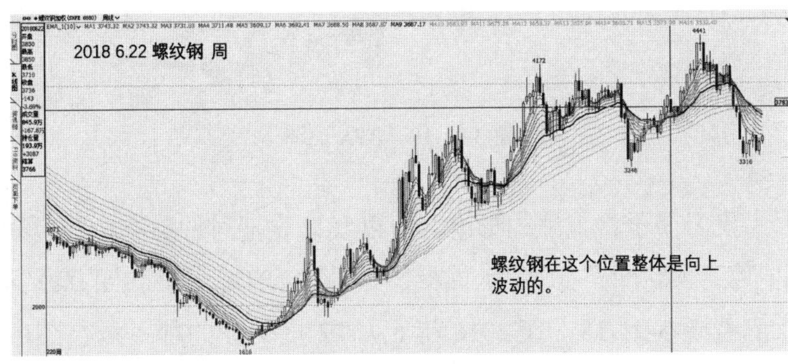

图 3-21-15　螺纹钢

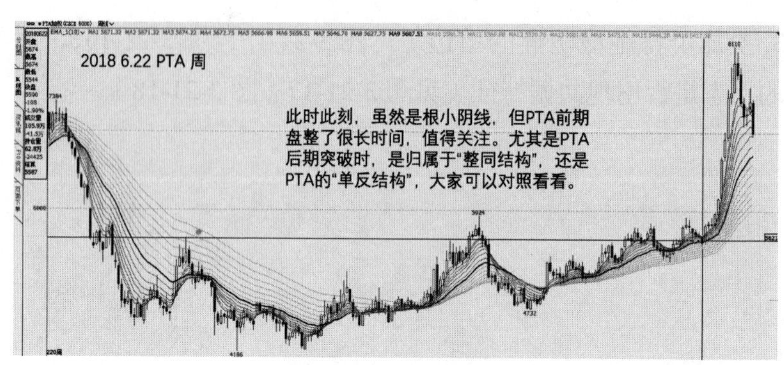

图 3-21-16　PTA

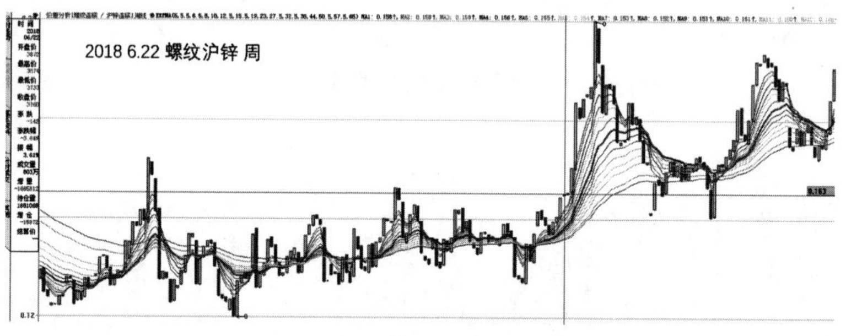

图 3-21-17　螺纹沪锌

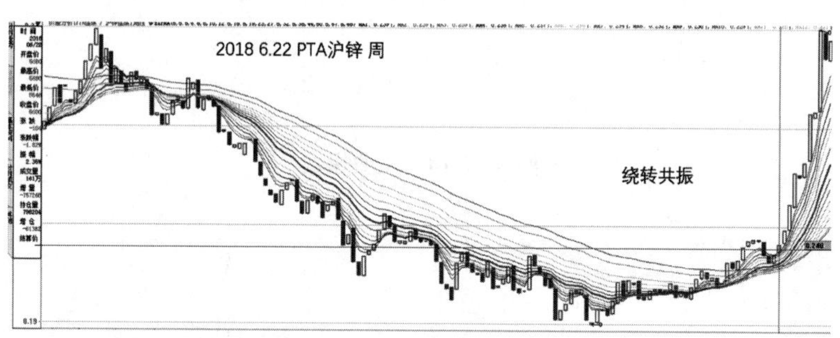

图 3-21-18　PTA 沪锌

因为我习惯于看上涨的形态，所以我喜欢把对冲形态构建成螺纹沪锌（业内将“螺纹钢”简称为“螺纹”）、螺纹 PTA，其对冲的意义不变。

我们看图 3-21-18，在 2018 年 6 月 22 日所在的那一周，图中十字线标出的是回调后的第二根阳线，下一根阳线，也就是回调后的第三根阳线，从技术上看是更好的入场点。对比一下“PTA 沪锌”和“螺纹沪锌”的形态，你又会做出怎么样的入场选择？

学完本节，别忘了加强一下对“满而大同”的理解。在本节中，我们开启了“单反”的“满而大同”，然后揭示了混沌市场的“单反结构”。

第 22 节 既有两端，必有分化

通过以上两节，我们了解了“既有整体，必有个体”；从结构上看，“既有整同，必有单反”。整同结构是大多数形态相似，单反结构是和目标品种对冲后大多数形态相似。简单地说，一是同，二是反，那三是什么？

有人讲三是中立，中立就是不表态，也就是什么都观察不到。但是我能观察到以下这样的情形：一大波品种和另一大波品种开始向相反的方向发展。所以说，三不是中立，三是分化。这种一大波品种和另一大波品种开始向相反方向发展的结构，可以称之为“分化结构”。

分化结构的最先着眼处是行业指数，当你发现两个行业指数出现背驰迹象时，就可以看到一大波品种和另一大波品种开始向相反的方向发展。我们接下来直接看案例，从案例中体会一下什么是两个行业指数的背驰迹象，什么是一大波品种和另一大波品种开始向相反的方向发展。

2024 年 3 月 8 日，我首先发现黑链指数是密集共振向下发展（见图 3-22-1），其次又发现此时有色板块 K 线正逐步汇聚（见图 3-22-2）。

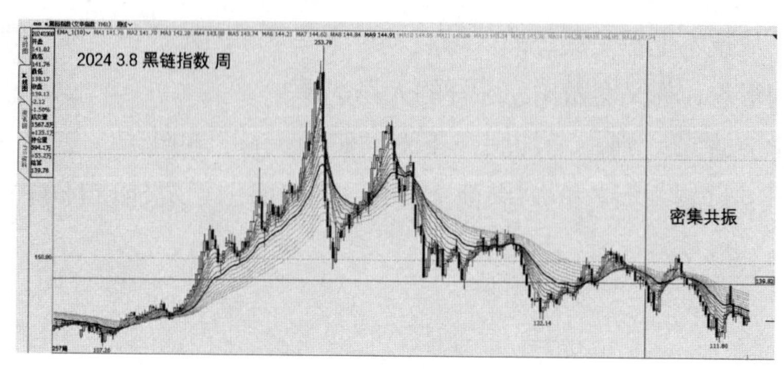

图 3-22-1　黑链指数

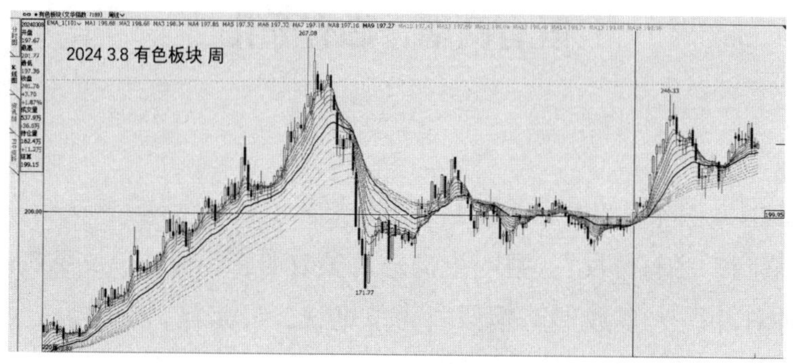

图 3-22-2　有色板块

在 2024 年 3 月 8 日所在的这一周，我发现有色板块有上涨迹象，我们可以深入地看一看有色板块的最大权重品种沪铜和较大权重品种沪铝，看看两者处于什么样的形态（见图 3-22-3、图 3-22-4）。

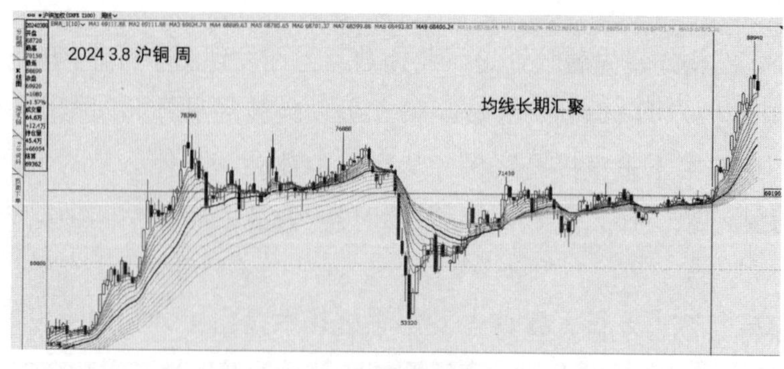

图 3-22-3　沪铜

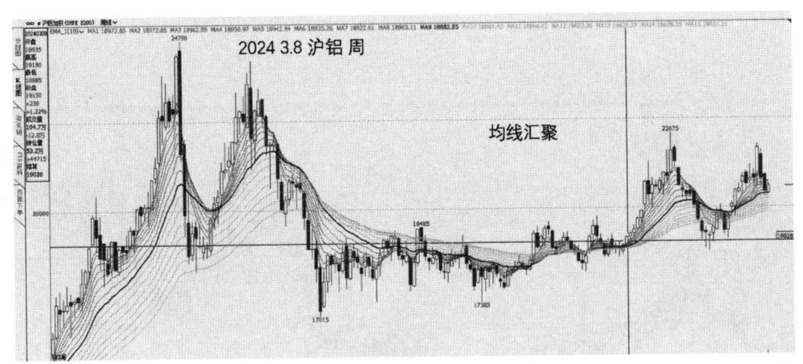

图 3-22-4　沪铝

此时沪铜和沪铝都处于均线汇聚的形态，尤其是沪铜的均线组已经汇聚了很长一段时间。对于沪铜这个品种来讲，我有可能已经提前判定其是“单反结构”，所以此时既是沪铜的“单反结构”，也是有色和黑链的“分化结构”，两个结构叠加发展。

我们在大智慧软件中没办法直接设置行业和行业的对冲形态，只可以设置品种和品种的对冲形态。付费软件文化财经 7 可以设置行业和行业的对冲形态。我在刚开始接触对冲的时候，是用文华财经 7 去构建对冲形态的。当厘清各种结构的特征之后，我觉得只用大智慧软件就足够了。

下面，我们罗列出几个权重较大的有色品种和黑链品种的对冲形态，看看是不是符合我们预见（见图 3-22-5 至图 3-22-9）。

图 3-22-5　沪铜螺纹

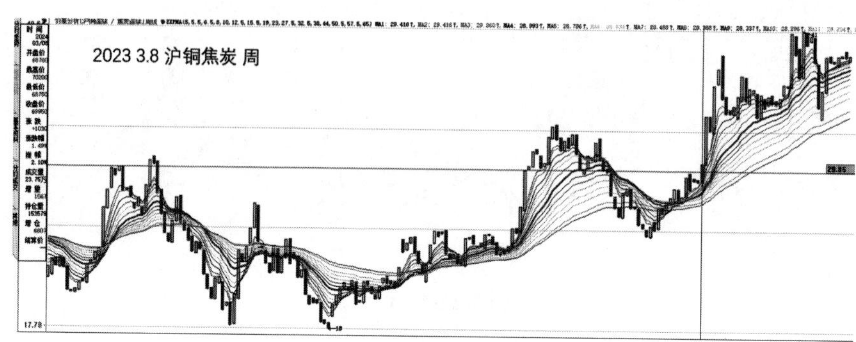

图 3-22-6　沪铜焦炭

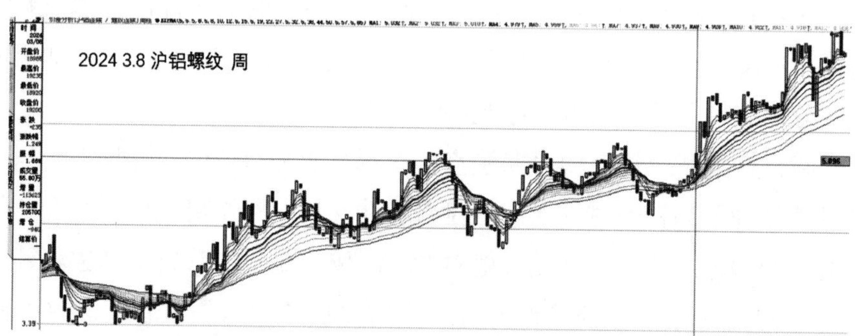

图 3-22-7　沪铝螺纹

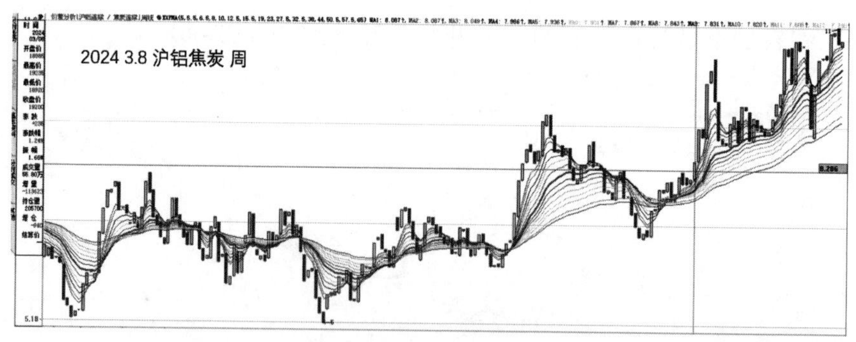

图 3-22-8　沪铝焦炭

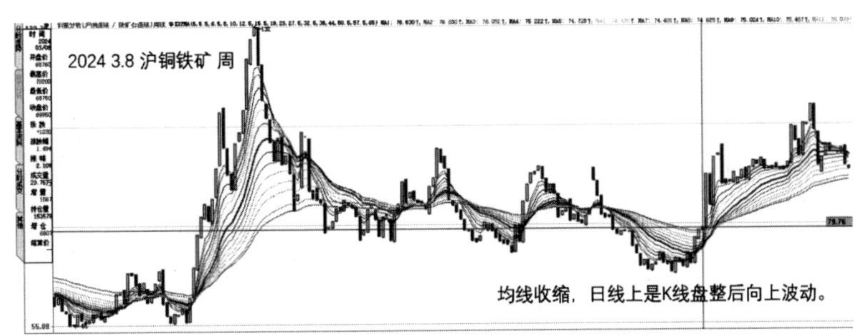

图 3-22-9　沪铜铁矿

这几个形态，除了沪铜铁矿之外，都有显而易见的共振特征。沪铜铁矿均线收缩汇聚，在日线上看是盘整后向上突破的形态。所以通过有色和黑链权重品种的比对，我们很容易得出结论，此时是混沌市场的分化结构。

在这个分化结构中，黑链指数的形态是看空的“单边可见”，有色很多品种是看多的“单边可见”，但最终是有色品种贡献了更多的走势。黑链指数在向下突破不久后，反而迎来了较大力度的反转。

接下来，我们再回到 2018 年这个交易机会寡淡的年份。我在 2018 年 7 月 27 日发现了黑链指数“单边可链”（见图 3-22-10）。

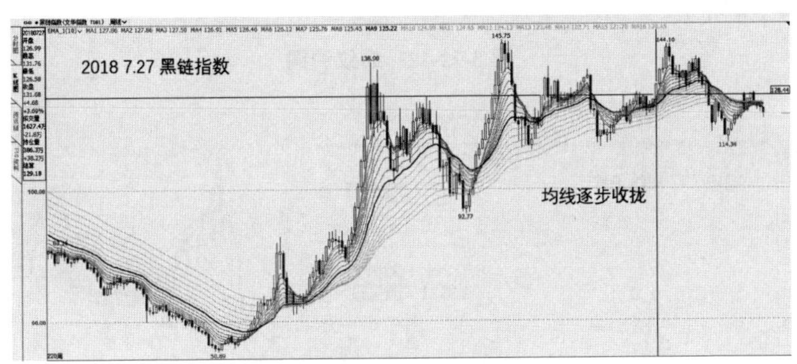

图 3-22-10　黑链指数

此时，有色板块均线组在高位反转并开始收拢（见图 3-22-11）。黑链指数对照有色指数，有背驰迹象。

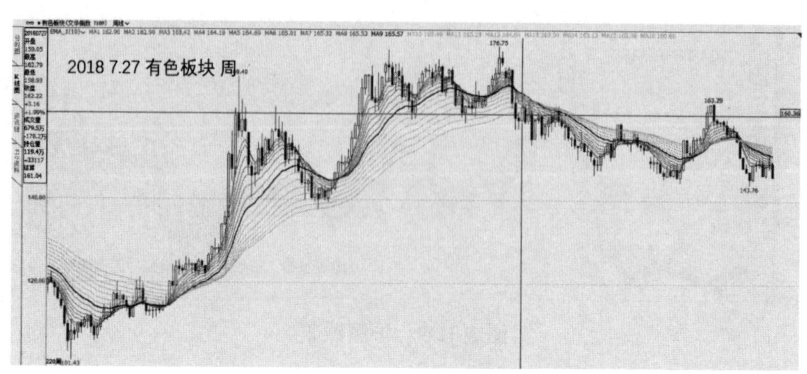

图 3-22-11　有色板块

在构建对冲之后，我挑出了 4 个行业内部权重品种对冲的图形，我们来进行一下对比分析（见图 3-22-12 至图 3-22-15）。

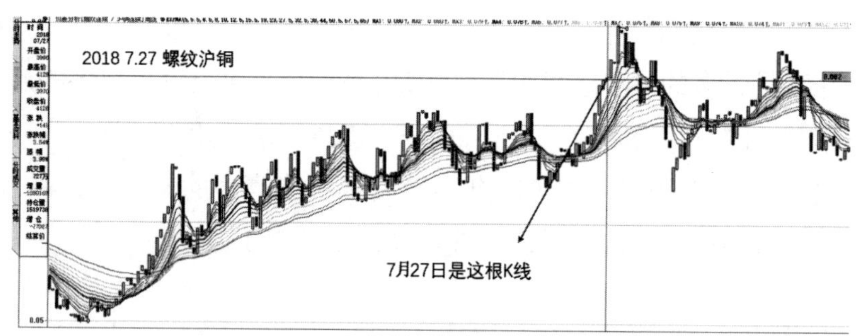

图 3-22-12　螺纹沪铜

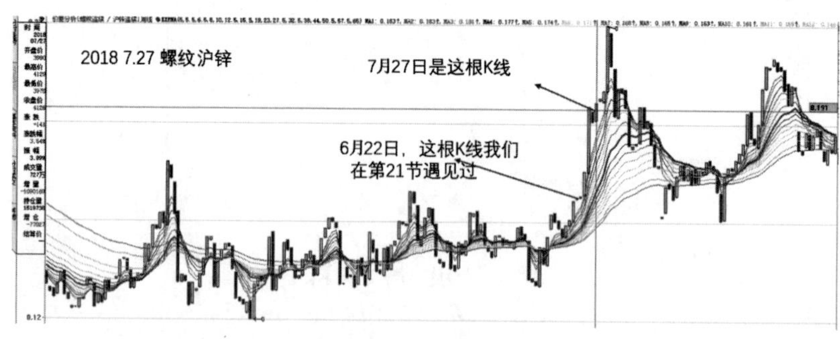

图 3-22-13　螺纹沪锌

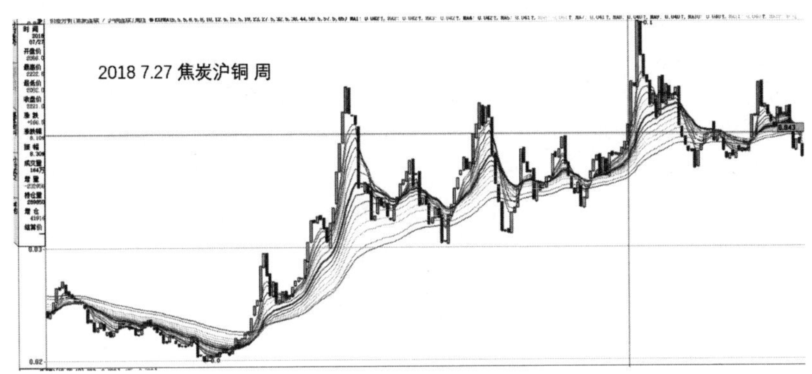

图 3-22-14　焦炭沪铜

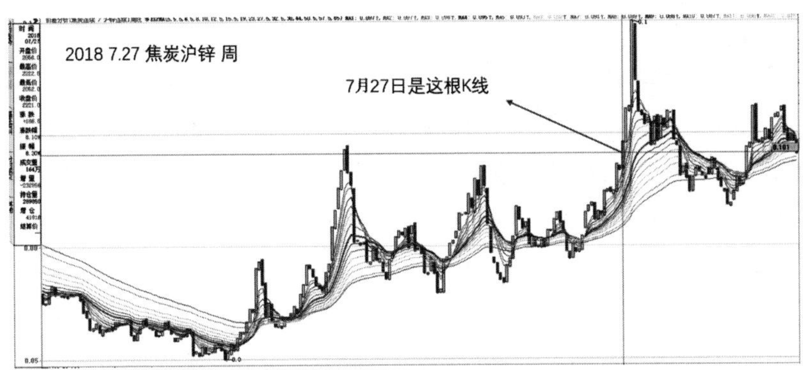

图 3-22-15　焦炭沪锌

以上四张图中，在 2018 年 7 月 27 日前后是焦炭沪铜最为合适的入场位置，其他三个形态在 7 月 27 日时，已经走出了一段距离，尤其是螺纹沪锌的行情基本上已经走完。这说明了什么问题？我们回看上一节最后一个案例，可以得知，其中沪锌在 6 月 22 日时出现了“单反结构”，所以这也是一次“单反结构”和“分化结构”存在叠加部分的情形。

我们再看看在 7 月 27 日沪铜的形态（见图 3-22-16）。

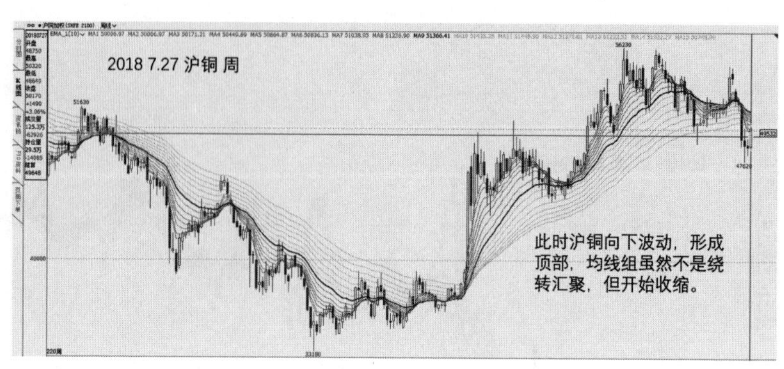

图 3-22-16　沪铜

此时，沪铜 K 线整体向下波动，形成顶部，均线组虽然不是绕转汇聚，但已经收拢。在 2018 年 7 月的这次“分化结构”中，很多对冲形态早已突破，在 7 月 27 日所在的这一周，刚开始突破的对冲形态反而是少数。

大家对比这两次“分化结构”，仔细体会一下。从软件中找到此节出现过的所有形态，在软件中构建此节出现过的所有对冲。看看这两次“分化结构”有什么共性。你会发现，分化结构都是从双边的均线汇聚中（有的是“单边可链”，有的是比较清晰的共振特征）分化出来的。

我们未来会不会遇到并非从均线汇聚中分化出来的情形，比如一边行业指数是看涨的涟漪共振，另一边行业指数是看跌的下跌趋势，你要想一想，这是不是说明这个分化早已经发生了，或者说这种情形是“过度分化”。

目前，我还没有发现在工业板块中出现过权重行业过度分化的情形，因为混沌是浑然一体的，就算出现过度分化的情形，那也不可能长期过度分化，长期的过度分化就不是“一体”了。

也许工业板块和农业板块可能出现长期过度分化；也许工业板块和贵金属板块可能出现长期过度分化；也许农业板块中关联性极低的行业，比如软商板块和谷物板块会出现过度分化。但通常情况下，工业板块中权重行业一般不会出现过度分化。

至此，当你发现了 2018 年 7 月 27 日（见图 3-22-10）黑链均线汇聚（“单边可链”）的上涨形态时，你还会只是做多吗？当你发现了 2024

年3月8日（见图3-22-1）黑链均线汇聚（“单边可链”）的下跌形态时，你还会只是做空吗？

记得在2018年8月，焦炭突破上涨，同时基本面利好消息频出，多家机构重仓介入。结果如何呢？如果你知道此时的市场结构是分化结构，那你又该如何操作呢？

第23节 既有结构，必有它构

在这本书的第1节，我提到：我不能讲清楚什么时候阻力很小，但价格快速移动的时候一定阻力很小。而价格快速移动往往发生在“盘整突破”和“趋势加速”时。

我们目前看到的所有案例都是基于“盘整突破”而展开的，而市场中还有一种价格移动更加快速的方式，那就是“趋势加速”。我们先来看看各个板块趋势加速的情形，并和工业指数在同一时间段进行对照（见图3-23-1至图3-23-10）。

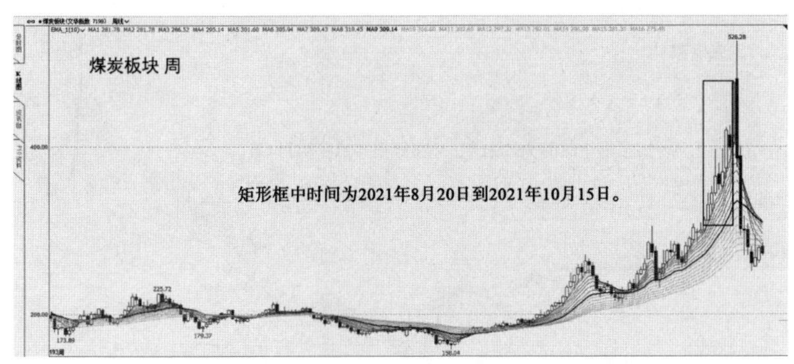

图3-23-1　煤炭板块

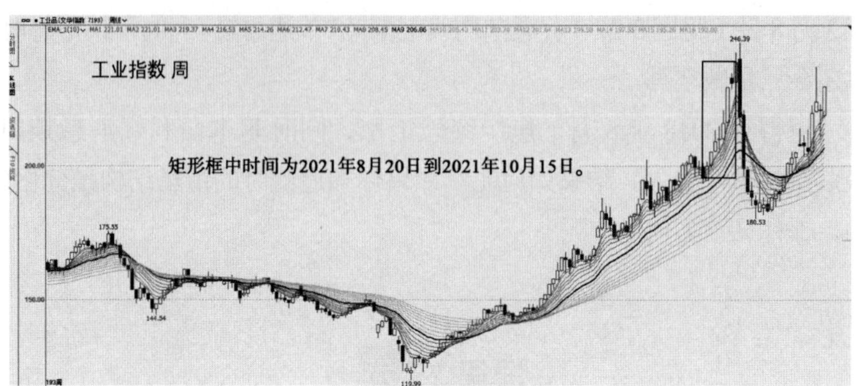

图 3-23-2　工业指数

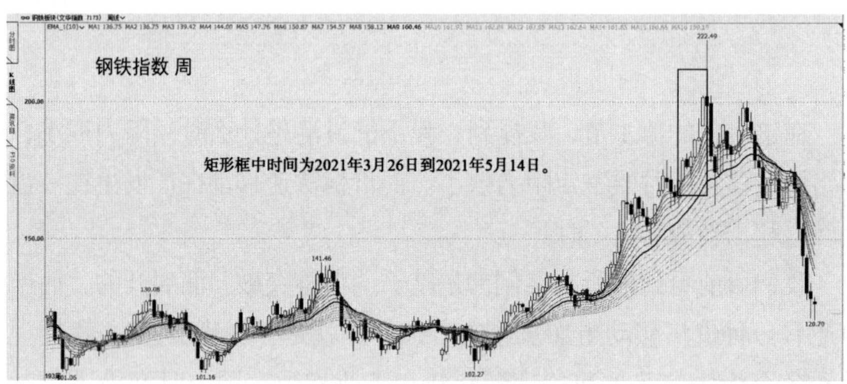

图 3-23-3　钢铁指数

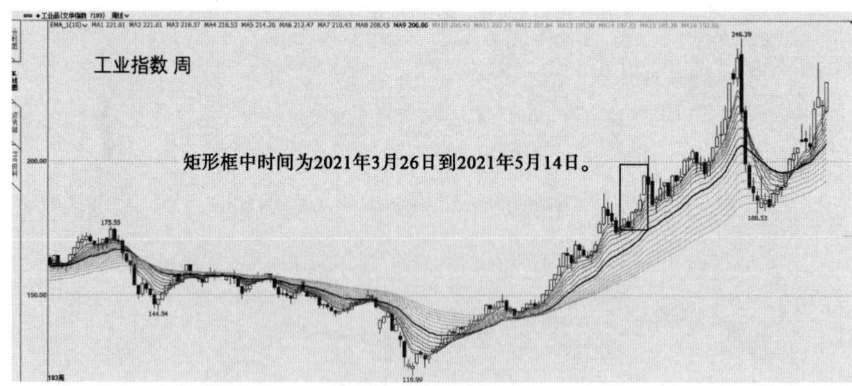

图 3-23-4　工业指数

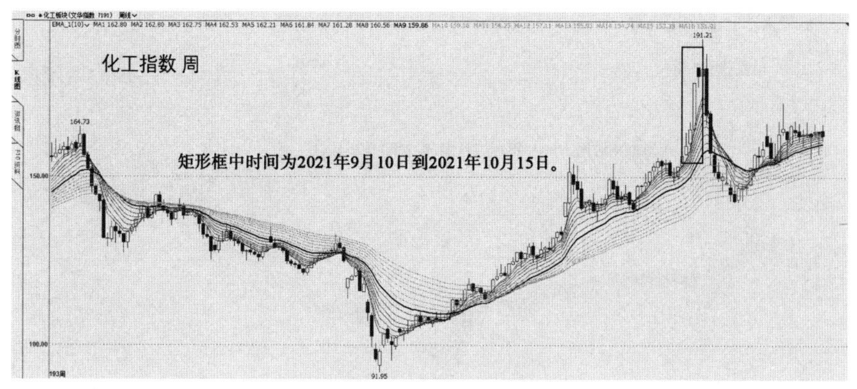

图 3-23-5　化工指数

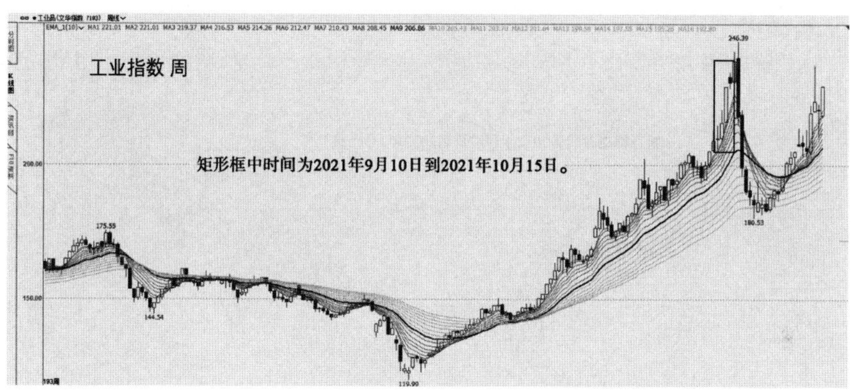

图 3-23-6　工业指数

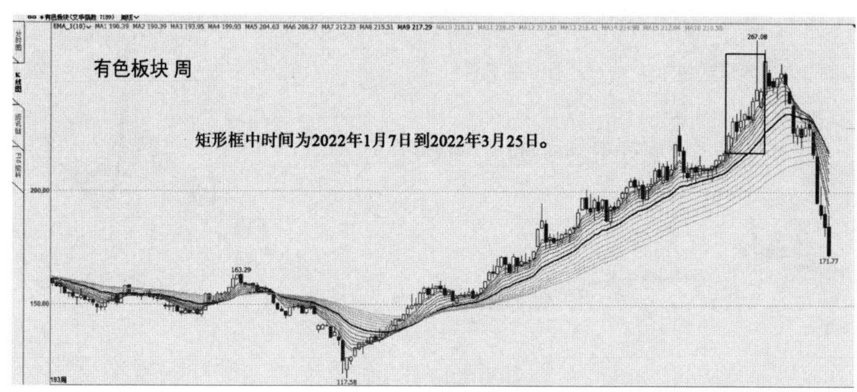

图 3-23-7　有色板块

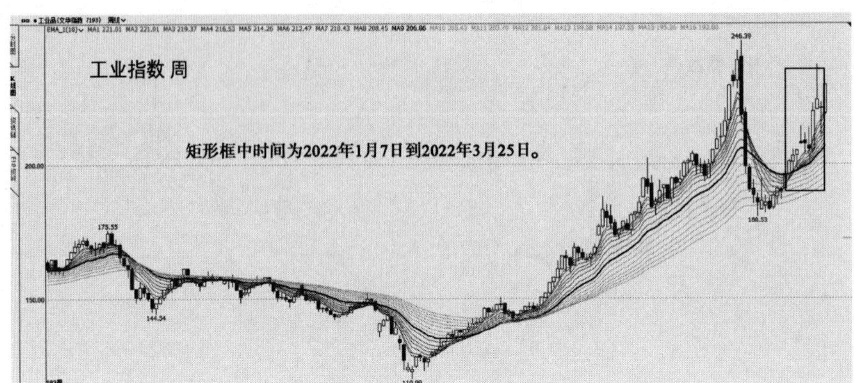

图 3-23-8　工业指数

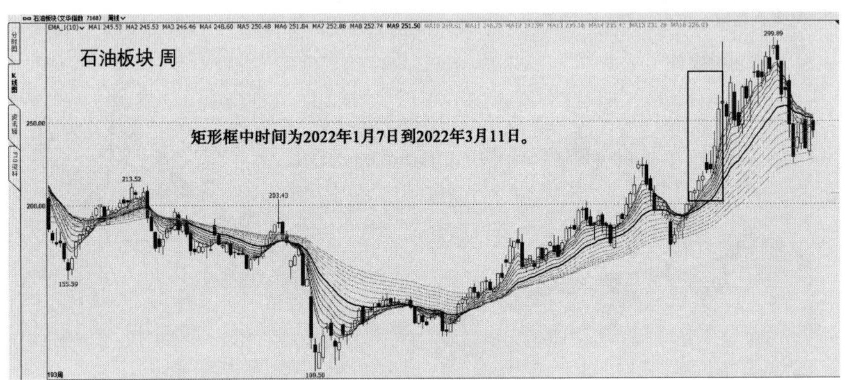

图 3-23-9　石油板块

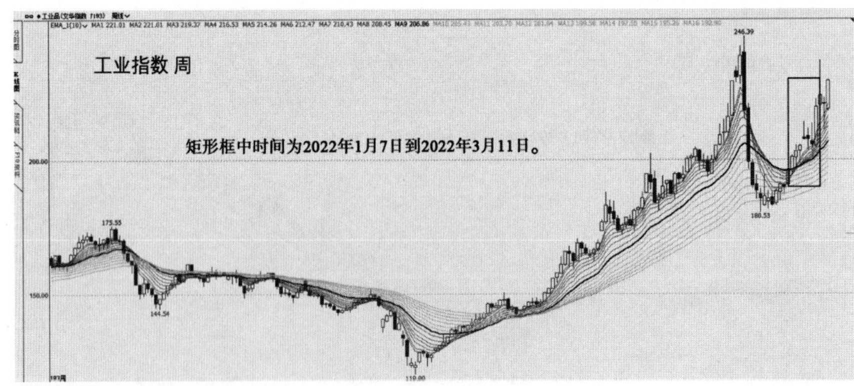

图 3-23-10　工业指数

我们从以上的形态中看到了什么特征？

1. 自 2021 年 3 月至 2022 年 3 月，几个主要板块陆续轮动，这几个主要板块在这一年之中，无一例外都出现过一次比较大的趋势加速。为什么工业指数会形成趋势？在这个案例中，我们看到的是所有行业在 1 年时间上的连续轮动推进，并最终维持了工业指数趋势的持续发展。

2. 我们再看 2021 年 8 月、9 月、10 月，这 3 个月是工业指数上涨幅度最大的阶段。这 3 个月是煤炭和化工板块同时上涨，尤其是煤炭板块的大幅度上涨带动了工业指数上涨。根据“相似性”特性，我们可以推理出：是行业内权重品种一同加速推动了行业板块加速，并推动了工业指数的发展（我们将在第 49 节给出形态说明）。

3. 2021 年底工业指数下跌，2022 年初回调上涨，工业指数的趋势有中断的迹象。石油指数的中断迹象不太明显，有色指数的趋势在整体上是持续的。此时的有色指数和工业指数并不相似，石油指数和工业指数略有相似。那此时，我们到底倾向于选择哪个行业？（我们将在第 49 节给出答案）

我们从以上的特征中发现了什么？煤炭权重品种一同加速推动了煤炭板块加速，并推动了工业指数的发展，这个叫“合纵”；在一年时间中，板块连续轮动推进，并最终维持了工业指数趋势的持续发展，这个叫“连横”。在这个案例中，我们看到了“合纵连横”。

在第 20 节、21 节、22 节，我们就是围绕“共振”特征而发现了混沌的三种结构，这三种结构也存在一个共性，就是“满而大同”。共振特征是均线形态的聚焦，是形态的“结点”，围绕“结点”而搭建起来的认知，才能叫结构化认知。

而在趋势中，均线是发散的，这个发散又有很多种情形。有的时候是发散很慢、稍有倾斜，有的时候是一边发散、一边倾斜，有的时候是快速发散、较大倾斜。这些情况都可以叫趋势，在趋势行进的过程中我很难找到“结点”。

趋势形态是没有结点，那么是不是说市场在趋势阶段是没有结构的？但作为一个中国人，我知道，我们的文化最擅长于解读“没有”。我们常听说“有为之为”和“无为而为”。同理，既然有“有结之构”，那么是不是一定存在“无结之构”？

我们已经看到了三种有结之构，分别是“整同”有结之构、“分化”有结之构、“单反”有结之构，这三种有结之构的共同的混沌特征是“满而大同”。

我们这一节看到的是“整同”的“无结之构”的情形。这个“整同”无结之构的混沌特征是什么？是“合纵连横”。有人要问了，有没有“单反”的无结之构？有没有“分化”的无结之构？

首先，通常情况下，是没有“分化”的无结之构的，你很难想象一边是钢铁板块上涨趋势、一边是有色板块下跌趋势的情形。这违背了“浑然一体”的“一体”，这个道理在第22节阐述过。其次，“单反”的“无结之构”的混沌特征是什么呢？这个我们在第50节会详细介绍。

广义上的结构，包含了“有结之构”和“无结之构”。我们这一节先初识一下“无结之构”，目的是先看一遍混沌结构的全貌。我们将在第5章和第6章讲解如何应对“无结之构”，也就是说如何在趋势中赚到钱。

第24节

既有两构，必有混合

我们回顾一下第3章第20节的内容，熟悉一下2016年10月14日的“整同结构”所涉及的所有形态，注意其中焦煤（图3-20-10）、焦炭（图3-20-11）的K线在10月14日已经处于加速发展的过程之中，再看此时的均线组倾斜着发散开来，整个过程之中，均线组没有出现共振特征，因此没有“结点”。

只要均线组过于倾斜，那就说明均线组中的“近线”（均线参数比较小的线，比如 5 日平均线）和“远线”（均线参数比较大的线，比如 45 日平均线）所对应的价格差较大，如果价格差过大，那就不是共振。诸如 2016 年 10 月 14 日焦煤焦炭这类形态，虽然不是常见的趋势形态，但都属于“倾斜加速”，也都没有“结点”。

我们再来回顾第 3 章第 20 节中的这段话：

“如图 3-20-10 至图 3-20-14 所示，焦煤、焦炭的形态是最为激进的形态，而三大权重品种铁矿石、螺纹钢、沪铜则显得比较滞后。那么我们在工业指数出现交易机会时，到底是选择激进的品种，还是选择权重排名靠前的品种？”

由于 2016 年 10 月 14 日的工业指数是绕转共振，因此我们可以认为此次市场结构是以“整同”为主。而煤炭板块在 10 月 14 日时，已经处于“倾斜加速”的过程之中，因此我们可以认为此次的“整同”中既有“有结”也有“无结”，“无结”的激进程度大于“有结”，这种情形的市场结构是“整同混合结构”。

我们再来看一下 2020 年 2 月 7 日的“整同混合结构”（见图 3-24-1 至图 3-24-4）。

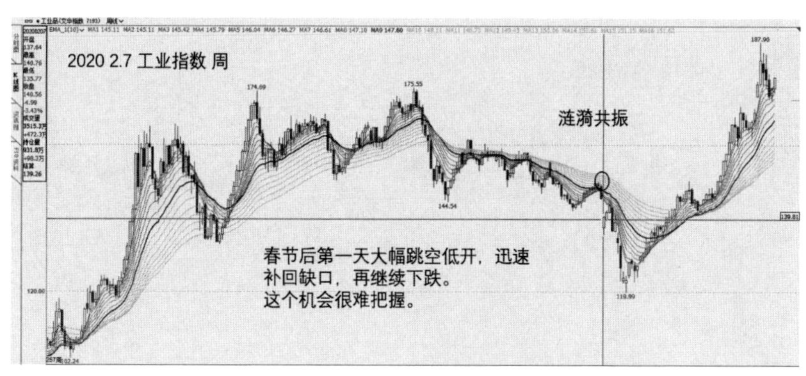

图 3-24-1　工业指数

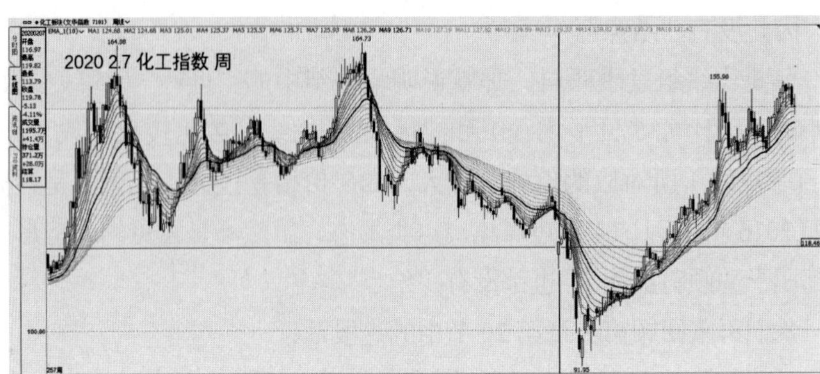

图 3-24-2　化工

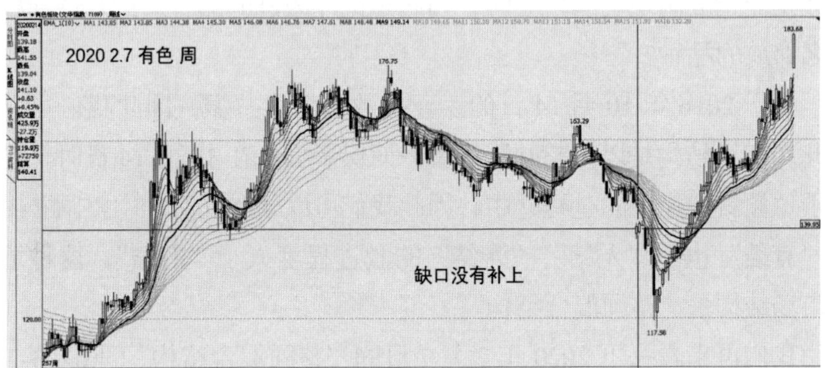

图 3-24-3　有色

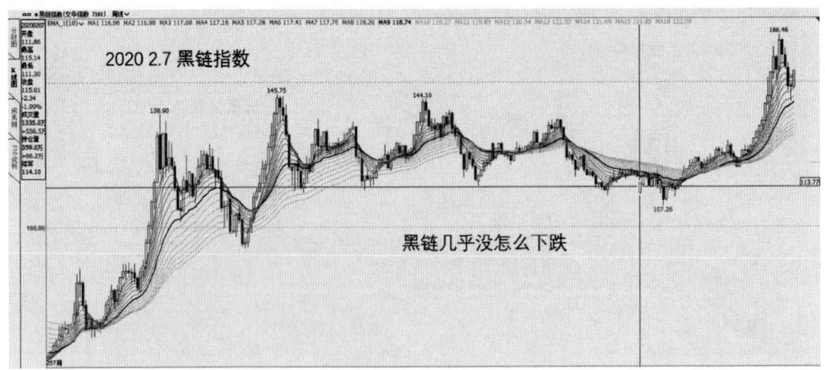

图 3-24-4　黑链

通过图 3-24-1 至图 3-21-4，我们看到：

• 工业指数是下跌的，化工板块最为激进，黑链指数几乎没有下跌。

• 有色板块的缺口没有补回，而其他板块多多少少有些补回。如果你打算等着缺口补回再去做空，那可能会失去这次交易机会。

面对如此巨大的跳空，我当时也不知道该如何是好。做还是不做，真的很难选择。我在那个阶段，还沉迷于构建对冲，我当时发现了容易识别的对冲形态，也通过对冲交易赚到了一些钱。我当时还没有能力构建结构化思维，就算在对冲的行情中赚到了小钱，也会在市场的单边行情中，因为沉迷于对冲而亏钱。

在“整同混合结构”中，一定会同时出现激进和滞后的行业。我可以在化工或有色中找到最为激进的品种，我也可以在黑链中找到最为滞后的品种，我们来看看构建对冲之后的情形（见图 3-24-5 至图 3-24-7）。

图 3-24-5　螺纹 PTA

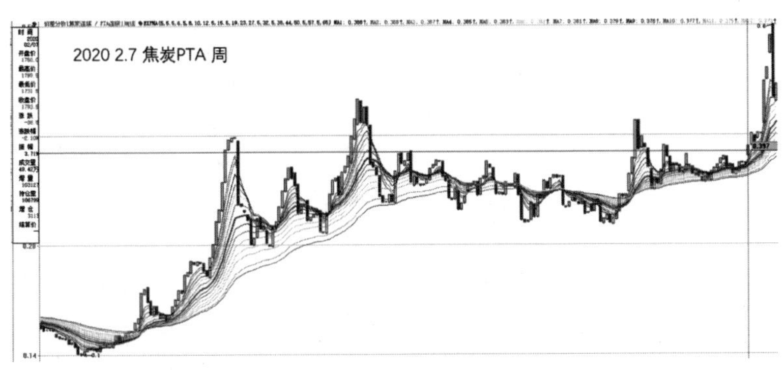

图 3-24-6　焦炭 PTA

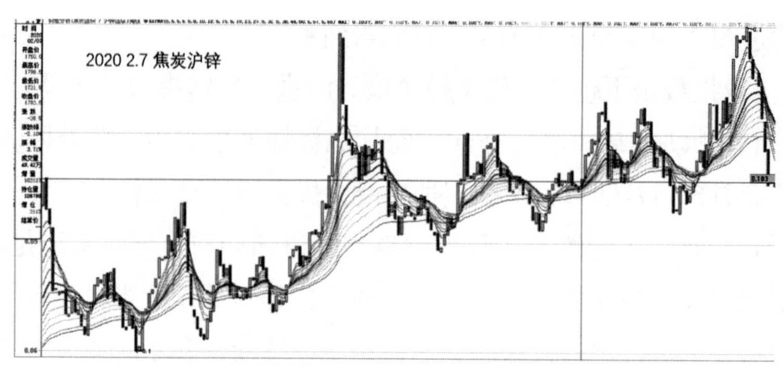

图 3-24-7 焦炭沪锌

图 3-24-5 至图 3-24-7 所示，对冲之后，并无跳空。那么以后我们遇到“整同混合结构”时，到底是做单边，还是对冲呢？

你首先要明确，此时不是“分化结构”，“分化结构”的两边是分化的。一腿向上，另一腿向下，是“分化结构”；一腿向上，另一腿滞后向上，虽能构建对冲，但却是“整同混合结构”。

现在，我们再把 2016 年 10 月 14 日的“整同混合结构”中的焦炭和其他形态做一下对冲，看看结果如何（见图 3-24-8 和图 3-24-9）。

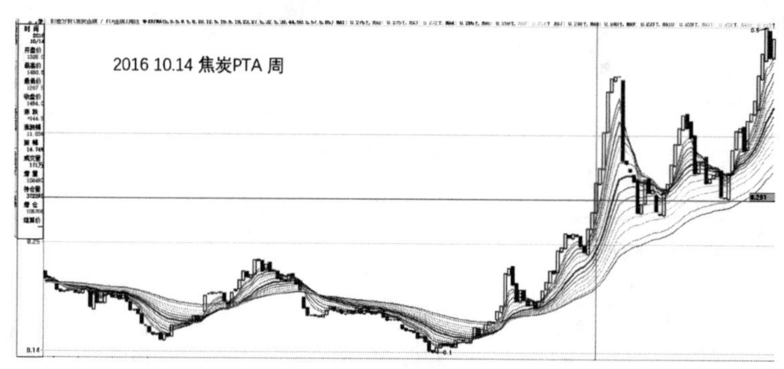

图 3-24-8 焦炭 PTA

从图中可以看出，焦炭和其他品种对冲后，仍然呈现出非常激进的形态，这些形态中没有“结点”。那么我们此时到底是做单边，还是对冲呢？

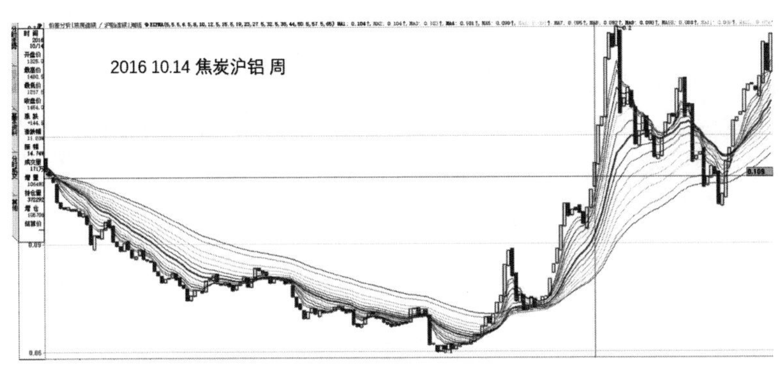

图 3-24-9 焦炭沪铝

在这一节，我们梳理了一些问题，我先不去回答这些个问题。在我的交易生涯中，有很多当时没有办法解答的问题，后来我发现，当我的认知上升一个维度以后，有些问题就迎刃而解了，更确切地说，我就不屑于去解决较低维度的问题了。

第 25 节 既有及第，必有倒逼

我们可以把行业成分品种权重排名前三的品种称为“行业及第”。行业及第在相当长的一段时间中是变化不大的。所以，当我们发现一个“整同有结之构”的时候，我们可以舍去行业前三中形态不好的一到两个品种，那么剩下的那一到两个品种将上演“被迫成长”的好戏。

我们再来看看第 20 节遇到过的案例（见图 3-25-1 至图 3-25-4）。

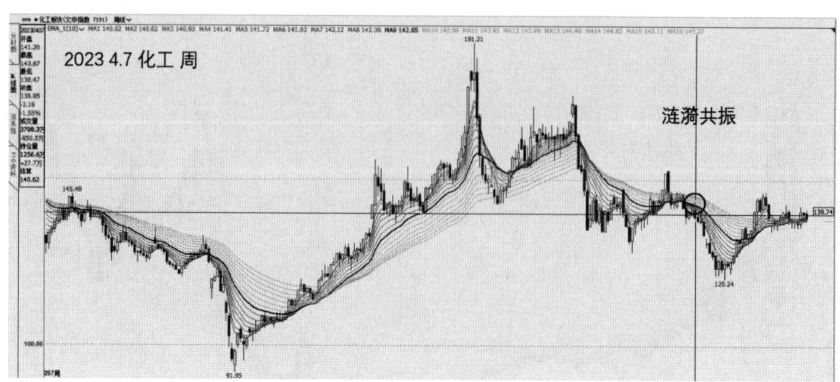

图 3-25-1　化工

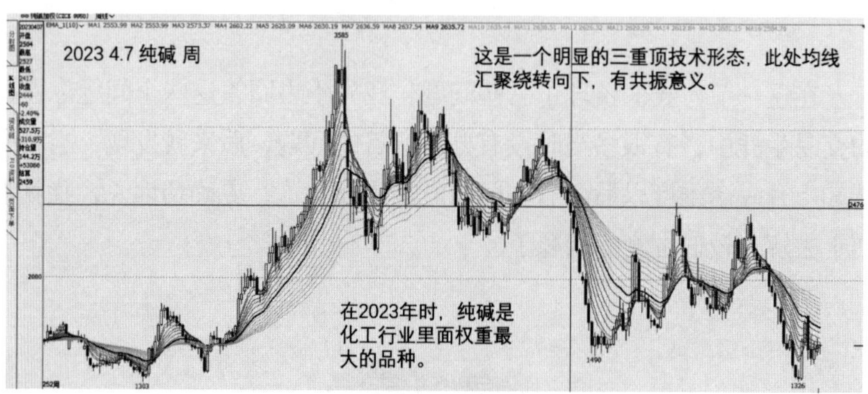

图 3-25-2　纯碱

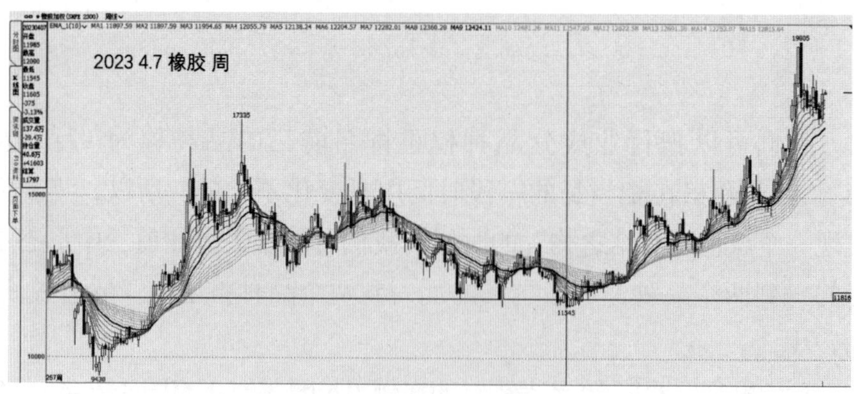

图 3-25-3　橡胶

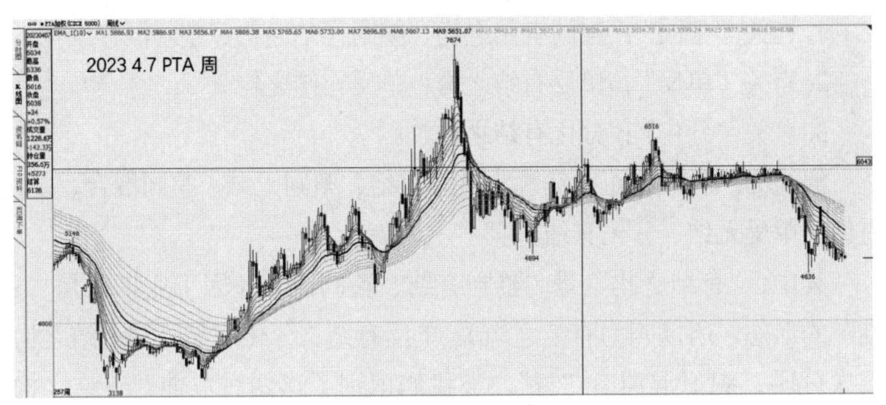

图 3-25-4　PTA

在化工板块中，行业及第依次为纯碱、橡胶、PTA。那么你会舍去谁，又会留下谁？是留一个，还是留两个？注意，我们只在“整同有结之构”中去观察“及第”和“倒逼”，而不在“整同无结之构”中做倒逼。

在第 19 节，我提到了“分形可以用于揭示无规则现象的内部所隐藏的规律性、层次性和确定性。此时此刻，你能概括出混沌内部所隐藏的规律性、层次性和确定性吗？大致概括如下：

- 规律性：满而大同、合纵连横。
- 层次性：层层相似。
- 确定性：既有……必有……

第 26 节
身不由己，情非得已

我们在第 1 章第 6 节介绍了“共振可见，身不由己”。这一章我们学习了混沌的结构，我们在以上的章节中，分别阐述了六种结构：

1. 有关“整同”：整同有结之构、整同无结之构、整同混合结构。

2. 有关“单反”：单反有结之构、单反无结之构。

3. 有关“分化”：分化有结之构。

混沌的六种结构可以简称为整同有结、整同无结、整同混合、单反有结、单反无结、分化有结。

其中，“有结之构”是“整同有结、整同混合（因工业指数是“有结”的形态，所以归为有结之构）、单反有结、分化有结”。“有结之构”层次分明，貌似混沌有“身”，当我们识别了这四种混沌“有结之构”的时候，就是混沌即将“身不由己”的时刻（见第6节有关于“即见，即离”的阐述）。至此，我们可以把对“波动离见”的理解上升到“混沌离见”的高度。

其中“无结之构”是“整同无结、单反无结”。

总结一下：

- 当我们遇到“有结之构”的时候，就是混沌“身不由己”的时候。
- 当我们遇到“无结之构”的时候，就是混沌“情非得已”的时候。

什么是行情？情非得已才是行情。我们将在第6章讨论混沌的情非得已。

第27节

开启满同，揭示结构

在本章中，我们通过形态之间的对照，发现了混沌市场内部跨尺度的“相似性”，并通过“既有……必有……”的方式，推理出了混沌市场的六种结构，其中四种“有结之构”的共同特征是“满而大同”，简称“满同”。

我们再回顾一下西方混沌理论所阐述的混沌发展的三个原则：

1. 能量永远会遵循阻力最小的途径。

2. 始终存在着通常不可见的根本结构，这个结构决定阻力最小的途径。

3. 这种始终存在而通常不可见的根本结构，不仅可以被发现，而且可以被改变。

学完这一章后，我们对以上第二个和第三个原则是不是产生了更加清晰的认知？

学完这一章，你再去看这个市场，这个市场还是原来的那个市场吗？是市场改变了，还是你的认知改变了？有一个词叫见微知著，在混沌之中，见形态是“见微”，知结构是“知著”。

既有“见微”，必有“满同”。普通人认为好东西要隐藏，藏起来的东西才是好东西，所以有些所谓的专业人士反而会迎合这种认知，制造“隐藏”。比如什么内部消息、内部分享、内部参数、内部分析、内部因子等。现在你可知道了，混沌之中，“若有必满”，分形所在，无所遁形。

第4章

揭示强弱

第 28 节

混沌有结，先行后知

我本身是学金融的，所以我早些年做交易的时候，还是会习惯性地去做一些基本面的分析。我习惯于事前写计划，事后写总结。当我写了 5 年的计划和总结，混沌市场中的一些特征就逐步显现出来了，虽然这些特征都不是我原本期待的特征，但这些特征是我认知体系中不可或缺的部分。

基本面分析到底有没有用？有用。但不是大家通常认为的那种有用。通常大部分人认为，基本面才是市场的“第一因”，只有分析好了基本面，找到了市场的根本逻辑，才能赚到钱。我可以明确地告诉大家，我认为的混沌市场的第一因是“身不由己，情非得已”。那么，既然在我的认知构架中，基本面不是市场的“第一因”，那么基本面分析的作用是什么？

这个问题需要接下来的三个小节来回答，我们先看一些案例（见图 4-28-1）。

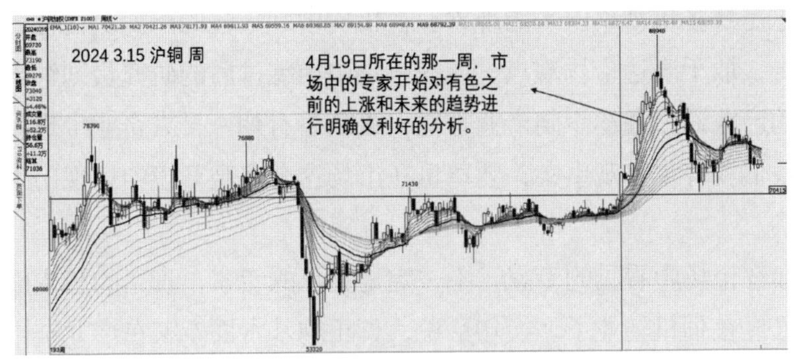

图 4-28-1　沪铜

在 2024 年 3 月初，我们对沪铜的判断是“单反结构”。在 3 月 15 日行情突破的那一周，我开始询问多家机构有色研究员：“你们是如何看待沪铜和有色行业的？”

但是，没有人可以明确地回复我此时的市场是看多还是看空，大家的回复都是模棱两可的，都在避重就轻。接下来，市场开始突破，直到 4 月 19 日所在的那个周，机构开始对有色行情给出了比较明确的看多观点。此时此刻，行情还没有结束，还在持续突破的过程中。

通过这个案例，我是想向大家说明，在“混沌有结”中，基本面分析的特征是“事前不知，先行后知”。

很多人讲，“后知”是马后炮，是没有意义的。很多人认为，只有“事前可知”才是有意义的，如果“事前不知”，那就说明我们的研究还没有做到位，我们还要再深入研究基本面，还要再深度挖掘数据，还要再深入分析产业链。很多专家认为，只有这样做，才有可能达到“事前可知”，才能把握行情。那么，真实的情况是这样的吗？

这个叫“过分深入”，过分深入就会更加接近产业，而脱离了金融市场。很多研究员多年坚持深入研究，并参加各种研究交流活动，结识产业相关人员，然后就发现其人际关系在不知不觉中转变成了产业链上的关系。长此以往，终有一天，这个研究员就会被介绍到企业里面做采购或库存调度。你的努力终究不会白费，只是事与愿违。

这是我多年观察出来的现象。在机构中，年轻的研究员往往名校文凭傍身，敢于表达市场观点。而在市场中历练过后的研究员则忙于构建自己的产业圈，并逐步向产业靠拢，谋划着有朝一日去企业上班。所以说，我们要尊重客观事实，要尊重在市场这个客观环境中呈现出来的客观事实。

你在市场中看见的专家，不一定是真正的专家，真正的基本面专家可能已经在伺机转业了。换句话说，真正的基本面专家在产业链中，不在金融市场中。但我们接下来还是按照传统认知，把金融机构中高学历、高智商的研究人员称为“基本面专家”。

我们再来看一个之前没有遇到过的案例（见图 4-28-2）。这个是 2018 年 5 月的棉花形态，实际上是棉花的“单反结构”，大家可以自己尝试去构建一下棉花在 2018 年 5 月的对冲形态，我就不在书中演示了。在图中“事中可知”所在的那一周中，我本来预期市场中的专家们会给出明确看多的观点，但这次的情形和以往又有所不同。

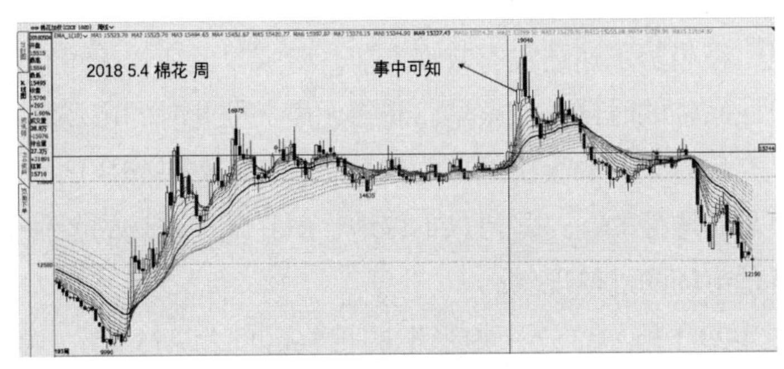

图 4-28-2　棉花

专家一致认为，此时棉花基本面较差，呼吁交易者逢高可以平仓，不要追高。这是一次很有意思的认知体验，虽然市场行情还在持续向多头发展，但专家们在此时却一致形成了看空的观点。如此看来，我们不能把“先行后知”认定为马后炮，“后知”可以支持正在持续的行情，也可以不支持正在持续的行情。

我们看完了“混沌有结，先行后知”，那么“混沌无结”呢？又会出现什么样的客观情形？

第 29 节

混沌无结，行而不知

我们之前看过了很多“混沌无结”的案例，也看到了“混沌无结”

一般发生在趋势加速的阶段。对于一个基本面研究员来讲，他需要逻辑来支持他的分析。但价格一旦形成趋势，那就说明此时的价格很有可能已经脱离了产业的基本面逻辑。

此时的新手研究员或许早已经发现，不断创新高的市场价格在一次次地冲击着他辛辛苦苦搭建起来的基本面分析框架，更让他烦恼的是，这个趋势还有加速发展的倾向。

所以，在趋势加速还没有来临之前，专家早已变得无可奈何。当趋势加速阶段来临的时候，专家早已鸦雀无声，但此时的市场并不是空洞的，而是充斥着大量的吸引眼球的信息。这些信息是碎片化的、具象化的，甚至是诱导性的，这些信息不停地、疯狂地在市场的各种渠道中传播，这就是市场的过热现象。

如图 4-29-1 所示，这个矩形框的价格区间为 475.4 元 / 吨至 762.0 元 / 吨，在这个价格区间中，你会看到大量的研究报告、产业分析、套利策略。

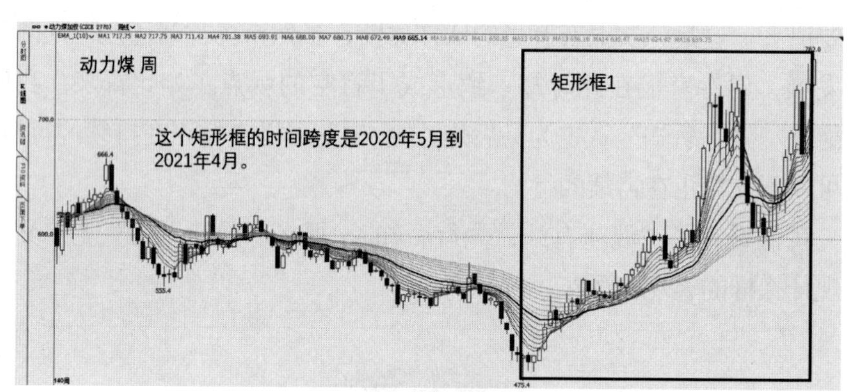

图 4-29-1　动力煤（1）

如图 4-29-2 所示，市场一波一波地上涨，价格屡创新高，在矩形框 2 的时间段，你也会看到一些研究报告，但基本上都在指出此时价格已经虚高，此时的价格已经脱离了产业逻辑。

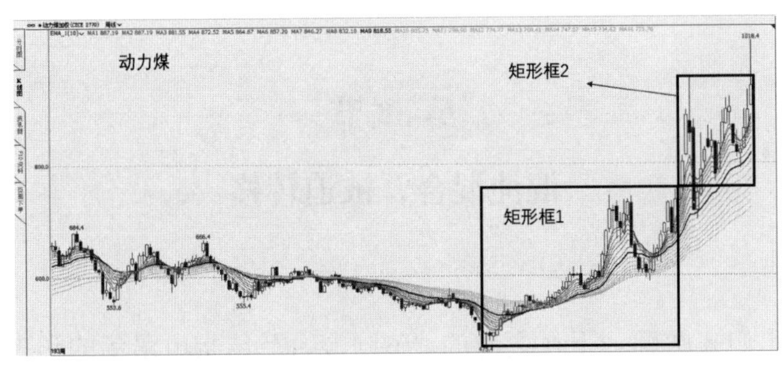

图 4-29-2　动力煤（2）

如图 4-29-3 所示，市场最终迎来了加速阶段，在矩形框 3 所示的时间段，大部分专业人士早已成了哑巴。市场充斥着大量碎片化的、具象化的，甚至是诱导性的信息。一般在这个时候，我也不忍心去问市场中的专家，大家都心知肚明，又何必让人下不来台。

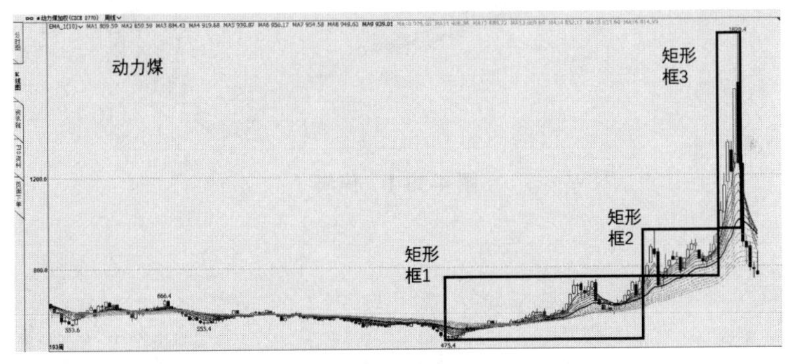

图 4-29-3　动力煤（3）

对于大部分热衷于研究基本面逻辑的专家来讲，大趋势就是基本面分析模型的对立面。他们往往对趋势避而不谈，那是因为他们真的不知道该怎么谈。至此，我们已经了解到了基本面分析的两种特征：

- 混沌有结，先行后知。
- 混沌无结，行而不知。

下面，我们来看看最后一种情形，也就是"混合结构"的情形。

第 30 节

混沌混合，被迫转移

我们来回顾一下在之前的“整同混合”结构中遇到的形态（见图 4-30-1 至图 4-30-3）。

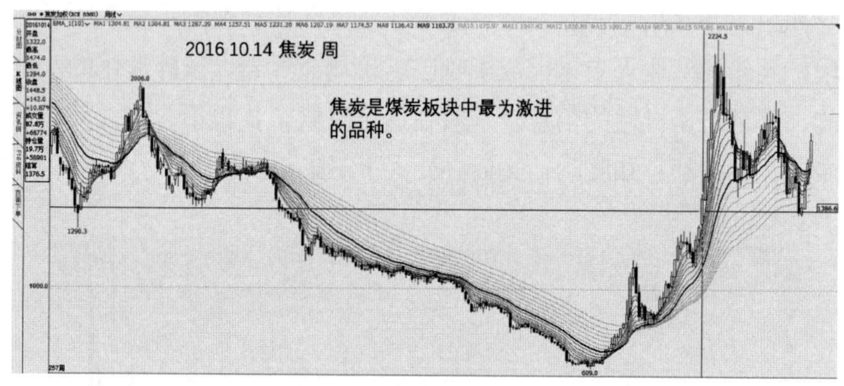

图 4-30-1　焦炭

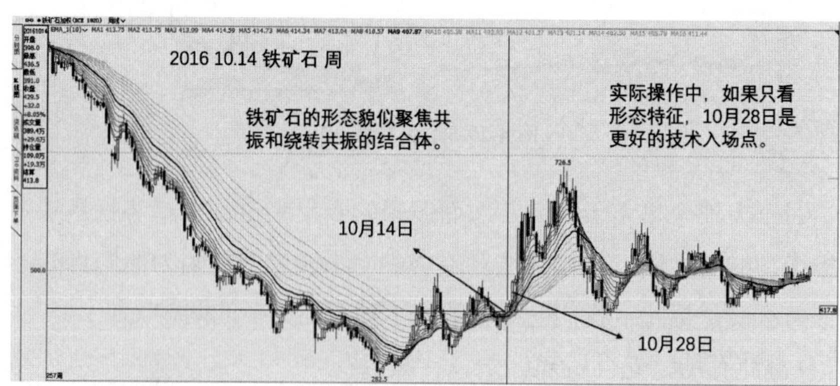

图 4-30-2　铁矿

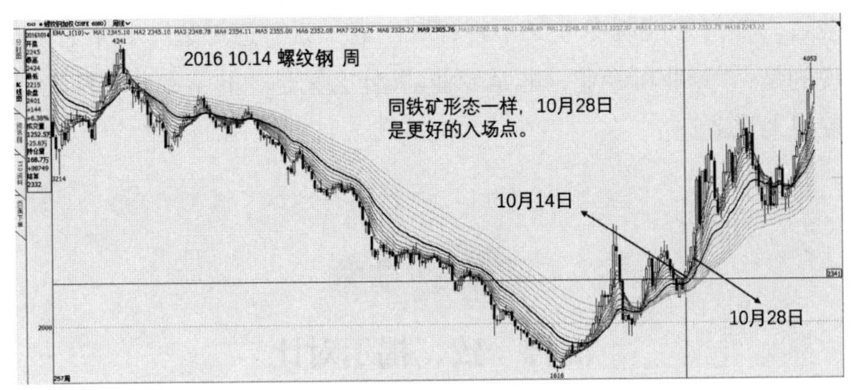

图 4-30-3　螺纹钢

对于焦炭来讲，2016 年 10 月 14 日之后的行情是“行而不知”，我现在还清楚地记得当时公司的黑色研究员是这样对我们解读行情的：“焦煤、焦炭目前已经虚高，脱离了产业逻辑，我们还是把关注点放在铁矿和螺纹钢上吧。”

所以在混合结构中，对于基本面专家来讲，他们的关注点会迫不得已地转移到那些发展比较滞后的品种上去。只要这些品种还在合理的价格区间波动，那么这些品种就会被迫成为研究分析的对象。基本面专家不会告诉你为什么焦炭价格这么高了还在冲高，但是他们会明确地告诉你，焦炭是用来炼钢的，焦炭价格如此之高，一定会增加炼钢成本，所以螺纹钢价格会看涨。

我把这个“基本面专家迫不得已地转移到那些价格上涨比较滞后的品种上去”的情形称为“被迫转移”。每当我觉察到迫不得已的情形时，我都会激动不已，因为我知道这个迫不得已之中隐藏着我想要的道理。我想在这个地方多停留一会儿，多观察一会儿，多思考一会儿。

这个过程，有一点点奇幻，一旦你变得专业，你就会转移，转移到可以进行专业分析的那个品种上去。转移的终极形式是：一劳永逸地转移到产业链中。你最终会发现，是你的认知决定了你的世界，而你的世界是一个“迫不得已”的世界。如果你还没发生过转移，很可能你从未专业过。如何才能既专业又不转移呢？老子说“道可道，非常道”，我想说的是：“专业可专业，非常专业。”什么又是“非常专业”？先留给大家思考思考吧。

第31节 混合一致，揭示对比

什么叫对比法？网络上解释说是一种分析的方法，是通过比较来揭示两者之间差异的分析方法。这种方法常用于经济活动的分析，来揭示经济活动的成绩和问题。

我们在金融市场中，也时时刻刻使用着对比分析的方法。我以往总喜欢在不同的时间段和不同的空间环境中去寻找同一种共振类别，来揭示共振形态的成绩和问题，在这个过程中，我逐步构建了对混沌市场的结构性认知。

实际上，还有一种对比方法，就是在同一个时间阶段和同一个空间环境中，如果出现了不同类别的形态，这也是一种可以使用对比法的情形。在混沌市场的“混合结构”中，在时间和空间一致的时候，我们看见了“有结”和“无结”的混合，所以说，“混合一致”是一个可以通过对比法来揭示金融市场成绩和问题的场所。

我们再看看上一节的图4-30-1至图4-30-3。2016年10月14日之后，从形态上看，铁矿和螺纹钢是“有结”形态，而焦煤和焦炭是“无结”形态。我们通过对比可以直接看到，“无结”品种的走势远远强于“有结”品种的走势。

上一节中，我也阐述了，在“混合一致”的情形中，当我关注铁矿和螺纹钢的时候，基本面专家还在持续不断地发表专业的研究报告。

当我关注焦煤焦炭的时候，我看到的是焦煤和焦炭市场充斥着大量的情绪。

也就是说，在“有结”品种形态里面有基本面逻辑，而在“无结”品种形态里面有市场情绪。从结果上看，“无结”品种的走势远远强于“有结”品种的走势，所以我们可以揭示一个客观事实：对于市场走势来讲，情绪强于逻辑。我们是在同一时空中的对比中，揭示了这个客观事实。我们接下来将基于这个客观事实，看看能否有进一步的揭示。

第32节 鸿蒙初辟，揭示强弱

基本面的主要参与群体是什么？就是通常情况下的基本面专家。他们的共同特征是在金融领域学历很高，可以搭建高深的基本面分析模型；他们在金融领域关系很深，可以构建行业壁垒，可以互通最前端的基本面数据和信息。

在“混合一致”的市场环境中，基本面专家们被迫转移到那些发展比较滞后的品种上去了。这个“被迫转移”的结果就是“两头分明”：一头是发展比较滞后的品种；另一头是发展比较激进的品种。一头是高学历高智商的基本面专家；另一头是普通的参与群体。我们在“混合结构”中看到了“被迫转移，两头分明”的情形，简称“分辟”。

经过了“被迫转移，两头分明”，我们可以发现“情绪品种”的主要参与者是普通群体。那么他们有什么共同特征呢？他们不太能够自主地构建基本面分析模型，更多的是依靠技术面中最简单的方式来判断市场行情，更多的是理解市场中的碎片化信息，或者是像羊群一样跟随。

综上所述，你能感觉到，情绪的载体是弱势群体，但从K线的涨幅对比来看，明显情绪强于逻辑。最终，我们得出一个道理，在混沌市场中——弱者反强。老子讲：反者道之动，弱者道之用。看来我们找对了方向。

盘古为什么要开天辟地？因为他在混沌中待得太久了，这种永久的混沌世界让他感到厌倦和不安，他迫不得已想要寻求光明，所以才会去开天辟地。天和地分开后，盘古怕它们会合在一起，便头顶天，脚蹬地，每天长高一丈，直到完全稳定。

看来盘古不是中国神话的开始，盘古的迫不得已才是中国神话的开始。在真实的混沌世界中，没有盘古，只有迫不得已，迫不得已才是第一因。我在 40 岁之前总是感到厌倦和不安，原来是我身体中的“盘古”在蠢蠢欲动。原来每个人的身体里都有一个“盘古”，只是大部分人的“盘古”还在“大鸡蛋”中。

当你在“混合结构”中看到了“分辟”的情形时，你就可以联想到——盘古不安，开天辟地。至此，我们终于迎来了“盘古”，在“分辟”之后，我们看到了“弱者反强”。由此看来，“迫不得已”才是第一因，“弱者反强”才是中华文明的源头。

第 33 节

混合一致，再度揭示

我在第 1 章第 1 节写过这样一段话：

虽然上文我提到了一些古籍经典，但我们并不需要过多了解。在这本书的第 4 章，我会少量涉及一些《道德经》中的文字作为指引，仅此而已。我们的目的是通过这本书的学习来成为混沌交易者，并最终赚到钱。通俗地讲，如果你赚到钱了，你自然会重新审视经典；如果你不能赚到钱，那么多说经典也与你无益。

我们怎么读《道德经》？实际上你不需要全部都读。也许我们早就听过这句话："道生一,一生二,二生三,三生万物，万物负阴而抱阳，冲气以为和。"

这段话很难理解，但又非常重要。一般来讲,《道德经》中那些很难理解但又非常重要的句子，基本上都是在描述"无为而为"的情形，也就是"混沌无结"的情形。此时我们再来理解这句话，看看会不会有更进一步的揭示：

1. 道生一。在"混合结构"中，"混合一致"就是最大的特征，我们此时可以把"一"看成"一个一致"。请注意，此时，我们是把"道生一"代入"混合结构"中去揭示，那么此时的"一"才可以看成"一个一致"。

2. 一生二。在"混合一致"中，我们发现了"一个对比"。

3. 二生三。在"一个对比"中，我们揭示了"弱—反—强"，所以"三"就是"一个反比"。

我们把"道生一"代入"混合结构"中去揭示，我们揭示了"一个一致，一个对比，一个反比"。由此可知，三生万物，万物也是"一个什么"，是"一个"什么呢?《道德经》中还有一句话叫：万物并作。那么我先可以猜测三生万物中的"万物"有可能是"一个一并"。

至此，我们通过"混合一致"揭示并猜测了"一个一致，一个对比，一个反比，一个一并"。自始至终，我们并没有离开过"一"，每个阶段都是"一"的变幻，所以，在混沌之中，"一外无物"。我们如果还想寻求，那么只能反观内求，是迫不得已地反观内求。

接下来便是，"万物负阴而抱阳，冲气以为和"。这句话中提到了"冲"，也许"冲"就是趋势中的加速。通过这句话，我们也了解到"冲"和"万物"不无关系。

自 27 岁以来，我便是通过《道德经》的指引来理解波动，而又通过波动反过来理解《道德经》，在一开始的时候，两者结合得比较牵强，而经过十几年的融合，我颇有心得。我们接下来要做的事情就是从关键字上找联系，先把这些关联逐步呈现出来，然后，我们在第 5 章中去一一融合。

第 34 节 若求指引，规避陷阱

只要是中国人，基本上都知道“大道至简”。我们在第 32 节中揭示了“弱者反强”。那么如何发现“弱者”，如何量化“弱者”呢？“弱者”和“至简”是什么关系呢？

在交易生涯早期，我曾一度偏执地认为，简单到极致就是大道。比如在市场中，我曾认为一根均线就是大道，我曾认为供求关系就是大道，我曾认为顿感力就是大道。我翻阅了很多书籍来求证，不少专家也是这样认为的。于是，我在“大道至简”中滞留了很久很久。

我在那么久的时间里从来没有怀疑过“大道至简”，我只是怀疑我还没有达到那个境界。有一天我心血来潮，就想看看老子他老人家是在何种语境之中阐述“大道至简”的。我搜索了一遍《道德经》，居然没有找到“大道至简”这四个字，我又读了几遍《道德经》，也没有发现类似的话语。

道德经中有“大盈若冲”“大象无形”“大成若缺”“大器免成”。老子说的是“大和若”“大和无”“大和免”的对应关系，也就是说：越大越虚无，越大越不能说有。那么在《道德经》中，老子也明确阐述了“大道”和“虚无”的关系，叫“道隐无名”。

有过这样的经历，我变得谨慎起来。我才开始重视庄子提及过的一句话："圣人不死，大盗不止。"这里的"圣人"指被人为标榜、推崇的道德标准或观念，"大盗"则指利用这些道德标准或观念欺世盗名、为非作歹的人。原来从"道"这里就开始"大盗不止"了，只要是有了"道"，就会有"盗"，道即是盗，无道不盗，替天行道。"大道至简"就是最原始的那个"偷换概念"。

有过这样的经历，再读《道德经》时，我不但要找到核心概念，还要回归那个核心概念所在的语境，这样就能防止偷换概念。由此看来，我不能把"弱者"理解成"至简"。我们再来看看在《道德经》中又有何相关指引。

"道常无名，朴虽小，天下莫能臣也。"

此句中，先说"道常无名"，再说"朴小"，最后说"朴强于天下"，也就是说：朴小反强。那么可以推测，这个"朴"也许就是"弱"。在老子哲学思想中，"朴"是一个核心概念，老子说"见素抱朴"。我们看看"朴"在其他语境之中是如何表达的。

"镇之以无名之朴，夫亦将无欲。"

"朴"再次和"无名"紧密相关，那么"无名"又做如何解释？

老子曰："无名，天地之始，有名，万物之母。"

我的直觉告诉我，不要去直接解读"无名"，既然叫"无名"，那么本就无法直接解读。如果"无名"难以解读，那么"有名"呢？既然叫"有名"，那么就应该可以解读。如果我们解读了"有名"，那么是不是可以借用解读"有名"的方式去解读"无名"呢？我认为这是唯一可行的办法。

在以上的指引中，我还看到了"大盈若冲"，这样，因为"冲"和"万物"相关（第33节推理了"冲"和"万物"不无关系），那么"大盈"和"万物"就关联了起来。这样，我们的思路就清晰了：我们先解读"有名"，再借"有名"而解读"无名"，并在解读"无名"的过程中，把"朴、万物、大盈、冲"等一并解读出来。

第 35 节 绝学无忧，本自具足

老子说“见素抱朴，少私寡欲，绝学无忧”。由此可见，老子对待“绝学”的态度是：无忧。孟子曰：“人之所不学而能者，其良能也；所不虑而知者，其良知也。”孟子对“良知”的态度是：不虑。六祖说“本自具足，不假外求”。

至少在本章，我们可以发现：在行情最强的地方，早早就寻不见专家了。专家不能解读行情，能解读行情的学问，是绝学、是良知、是不求。这个绝学是什么呢？难道是碎片化信息？难道是“羊群效应”？

学完了这章，我们可以了解到：

1. 绝学在哪里？绝学就在弱者中。

2. 我们要知道绝学表面上看是碎片化信息，是“羊群效应”等简单的东西，我们还需要进一步去思考绝学的根本内容。

3. 你不用把自己培养成专业人士了。因为你依靠自己与生俱来的认知就足够了。

第 36 节 开启分辟，揭示强弱

回顾第 32 节最后一段话：

当你在“混合结构”中看到了“分辟”的情形时，你就可以联想到——盘古不安，开天辟地。至此，我们终于迎来了“盘古”，在“分辟”之后，我们看到了“弱者反强”。由此看来，“迫不得已”才是第一因，“弱者反强”才是中华文明的源头。

我们这一章并没有涉及多少形态和案例，而是凭借“混合一致”的情形，凭借“开启分辟”，从而揭示了混沌市场“弱者反强”的特征，进而引导大家去了解绝学无忧。

这一章，是“鸿蒙初辟”，揭示了“弱者反强”。所以，你下面要开始关注“弱者”了，你首先要心系“弱者”，然后再看这个混沌世界会呈现出什么样的特性。老子心系“弱者”，他发现了“弱者道之用”；六祖心系“弱者”，他发现了“本自具足”。我们接下来要做的就是心系“弱者”，再看看这个混沌市场又会呈现出怎样的特性。

接下来的路，是东方特色的混沌主义道路。我们接下来看第 5 章。

第5章

揭示发生

第37节

先求有名，再求无名

上一章我们了解到，“朴”也许就是“弱者”，什么是朴？老子说“无名之朴”，那么什么是无名？老子说：无名，天地之始，有名，万物之母。

我们在第34节的末尾给出了解读“无名”的方式方法：

我的直觉告诉我，不要去直接解读“无名”，既然叫“无名”，那么有可能无法直接解读。如果“无名”难以解读，那么“有名”呢？既然叫“有名”，那么就应该有可以解读的方法。如果解读了“有名”，那么是不是可以借用解读“有名”的方式去解读“无名”呢？我认为这是唯一的办法。

在以上的指引中，我还看到了“大盈若冲”，因为“冲”和“万物”相关，那么“大盈”和“万物”就关联了起来。这样，我们的思路就清晰了：我们先解读“有名”，再借“有名”而解读“无名”，并在解读“无名”的过程中，把“朴、万物、大盈、冲”等一并解读出来。

所以，这一节，我们就来看看如何解读“有名”，看看这个“有名”有什么特征，也来了解一下，为什么“有名”叫“万物之母”。

我和我爱人在新西兰生活过很多年，有一次我爱人被选中成为陪审团成员，那是我第一次听闻陪审团机制。后来我看过一个视频，是郎咸平在清华大学2005年12月21日演讲的一个视频，其中郎教授对陪审团制度的见解非常生动。

郎教授认为，在英美两国的法院，真正做出判案决断的不是法官，而是陪审团。整个社会的公平标准，不是由社会精英所决定的，而是由普通老百姓所决定的，也就是说要由社会大众组成陪审团。陪审团就要找那些不看报也不看书，每天浑浑噩噩的人。这些人脑袋里所想的，他们的价值判断标准，是他们从小到大由这个社会灌输的，包括电视、收音机、邻居、朋友、老师、同学所灌输的观念。他们的想法，是整个社会价值判断的浓缩，因此他会判案。陪审团不需要懂法律，也不需要看法条。他们根本就不需要法学知识，也不需要学习。他们只要凭一个简单、普通的概念，就能够判断你是否有罪。这样一种判刑方法，是把全社会老百姓所认知的价值标准，当成一个社会的公平标准。

大家看完这段文字有什么感触？什么是偏执？什么是公平？什么是价值标准？

你可能对这些问题产生了新的见解，但你也不要排斥原有的认知。我曾经问过一些法学专家，普通法系有普通法系的优点，也自然有普通法系的缺点；大陆法系有大陆法系的缺点，也自然有大陆法系的优点。所以，我们不能因为今天看了一篇文章，因为得到了新的启示，就排斥之前的认知。在某些特定的环境中，精英就是价值标准；在某些特定的环境中，老百姓就是价值标准。

我们再来看看陪审团制度是如何定罪的。世界各地陪审团定罪的方式也有所不同。我们不是这个领域的专家，只是大致了解一下陪审团定罪的原理。陪审团 12 人中有 9 票以上通过就可以定罪，谋杀案要全数通过才能定罪。我们就暂且认为 9 票通过即可裁定。

不知道我这样理解对不对，陪审团成员 12 人代表了全社会，9 票代表了这个社会中的大部分人，9 票通过即完成陪审团裁定。那么陪审团机制中法官存在的意义是什么？陪审团做出的裁决需要经过法官的法律指示后才能形成最终的判决。如果陪审团的裁决不符合法律指示，法官可以推翻这一裁决，重新进行审理或做出判决。

首先，陪审团制度是什么？陪审团制度是一种审判方式，这种审判方式可以裁定所有案件，所以我们可以说陪审团制度是“审判之母”。在这种制度下，不只是上万个案件，是所有案件都可以这样裁定。

其次，陪审团制度是一个审判模型，里面有参数，12 人、9 票。所以这个模型是“有名”。这个参数指代的对象是“无名”：全社会、大部分人。

最后，陪审团制度中的参与者是普通大众，普通大众代表了“整个社会的价值”。普通大众是“弱小”，但“整个社会的价值”是“天下莫能臣也”，这个就是“朴”。

所以陪审团制度是什么？是“有名之朴”，是“万物之母”。那么我们如何解读“无名之朴”呢？

• 在“有名”这个框架中，我们说 12 人、9 票、即可裁定。
• 在“无名”这个框架中，我们说“万物、大盈、万物并作”。

我们应该首先知道这个世界的运作原理，也就是“无名，万物之始”，再根据这个原理来设计“有名，万物之母”。

老子言：化而欲作，吾将镇之以无名之朴。镇之以无名之朴，夫将不欲。不欲以静，天下将自定。

陪审团制度就是“有名”，是“裁定之母”，无案不断，天下自定。

什么是“案件”？案件是纠纷、是不好。用陪审团制度来断案，就是协助混沌的特性来镇住“不好”。

原来这个世界上有两种“不好”：一种是专家认为的“不好”；另一种是普通大众认为的“不好”。那么这个世界上也应该有两种“利好”：一种是专家认为的“利好”；另一种是普通大众认为的“利好”。老子也说得很清楚：天下皆知善之为善，斯不善矣。

在这一节，我们看到了混沌是如何“镇恶”的，下一节我们看看混沌如何“扬善”？

第38节

天下皆知，善之为善

2012年，我还生活在新西兰，我当时和一个朋友经常去离城市不远的海边去抓鲍鱼。在新西兰，除了咱们中国人爱吃鲍鱼以外，当地的毛利人也非常爱吃鲍鱼。为了防止滥捕滥抓，新西兰渔业管理局规定，鲍鱼必须长到12.5厘米以上，并且每个人每次只可以带走10只鲍鱼。

渔业管理局规定，想要抓鲍鱼的人需要到相关部门领取12.5厘米的标准卡尺。我也理解这个规定，因为鲍鱼必须要长到12.5厘米以上才可以判定这个鲍鱼不再繁殖，所以说，这个12.5厘米就是保护生态的标准，就是专业的“善”的标准。

我曾经遇到过一位渔业管理局的工作人员，他让我当着他的面，把已经拿上岸的鲍鱼和卡尺比对一下。这位工作人员还提醒我，如果比对不合格，将面临重罚。在通常情况下，我花了很大力气抓上来的鲍鱼，基本上都在11厘米到12.5厘米之间。但为了不违反规定，我也不得不把大部分鲍鱼扔回海里。

有一段时间，我每一周都会去抓，渐渐认识了几位毛利人，时间长了，大家也就热络起来。有一天，一位毛利朋友给了我一个卡尺，这个卡尺在外观看上去和政府发放的卡尺一模一样，但仔细一看，这个卡尺标着12.5厘米的刻度，但实际上只有11.5厘米的长度，我体验到了什么叫“尺之缩尺”。

刻度不变，实际缩短，这也许就是“尺之为尺”，然后，我们就可以“利己”了。老子说“损之又损”中的“损”，是不是其中皆有“缩”意？什么叫“善之为善”？你能否洞察其中的“缩”意。我们没办法让鲍鱼立马长到 12.5 厘米，如果想要带走它，你只能在尺度上想办法。你成功了，自然会方便亲友；亲友还有亲友，就传开了，不然我这个外国人怎么会知道这个方法呢？到我这个外国人知道这个方法的时候，离“天下皆知”也就不远了。

又过了一年，我拿着 11.5 厘米的尺子去抓鲍鱼，在靠近城市的海域已经很难找到 11.5 厘米的鲍鱼了，11.5 厘米以上的鲍鱼也被迅速消耗了。什么叫“天下皆知善之为善，斯不善矣”？也就是在人口较多的海滨城市，如果大家都知道“尺之缩尺”，那就可能会迅速消耗掉周边 11.5 厘米的鲍鱼。迅速就意味着“冲”，大家体会一下。

尺度就是标准，“尺之缩尺”意味着这个标准“缩化”了。11.5 厘米也是为了欺瞒管制而使用的一种伎俩。如果不加管制，大众认为的可以吃的鲍鱼可能是远小于 11.5 厘米的，也许是 8 厘米，也许是 6 厘米。这就是“缩之又缩”。

我把“大众普遍认为可以吃的标准”称为“大众标准”，把“渔业管理局规定的标准”称为“专业标准”。由此可见，“大众标准”和“专业标准”是极其偏离的，这就是“大众偏见”。索罗斯说，投资者偏见是市场的根本动力。

人是群居性动物，你看见周围你认为不如你的人炒股都赚钱了，你受不了他们每天都在赚钱，每天都在炫耀，你开始心理不平衡了，你开始起心动念了，然后你想买入股票。这个想要买入股票的念头和“大众标准”有着更深层次的关系。我们进一步分析。

这个想要买入股票的念头，和股票的价值分析没有关系，和最简单的均线指标没有直接关系，和最简单的公司盈利也没有直接关系。是你先动了买入股票的念头，而你需要找出一个买入股票的理由来说服你的大脑，而那个最简单的理由最容易成为你念头的出口。

你看到有个最简单的技术指标在发出买入信号，你看到基本面分析师讲出了一个大家都能听得懂的逻辑。可这些理由貌似有些过于简单，所以你再一次给这些简单的理由披上“大道至简”的外衣。而实际上这个“大道至简”只是你念头的出口，在这个过程中，你没有觉察到，“迫不得已”的起心动念才是“大众标准”的本来面目。

从上一节中，我们得知，在混沌之中，也就是说在“无名”的情形下，万众并作，可以叫“大盈”。老子说“大盈若冲”，看来“冲”是大盈外在表象。我们接下来看看“冲”是什么样子的，有什么特征。

第 39 节 不冲不缩，有缩是冲

我们在上一章看过动力煤的案例，我把那个案例放到这里，大家这次只看形态即可（见图 5-39-1 至图 5-39-3）。

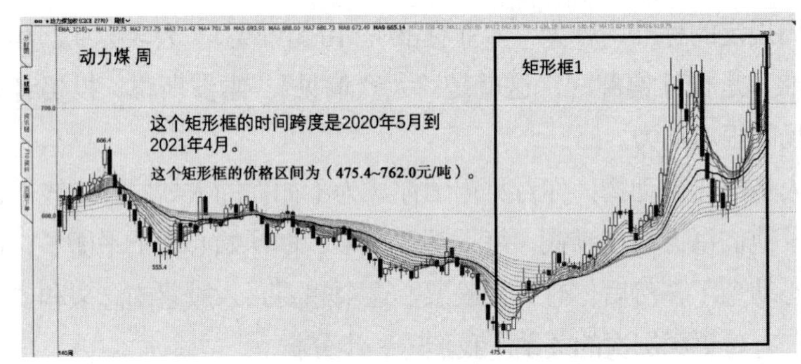

图 5-39-1　矩形框 1

我们看到了什么？矩形框 2 中 K 线的上涨压缩了矩形框 1，矩形框 3 中的 K 线的急剧上涨大大压缩了矩形框 1 和矩形框 2。

由此可见，矩形框 2 中 K 线的上涨叫“小冲”，矩形框 3 中 K 线的急剧上涨叫“大冲”。

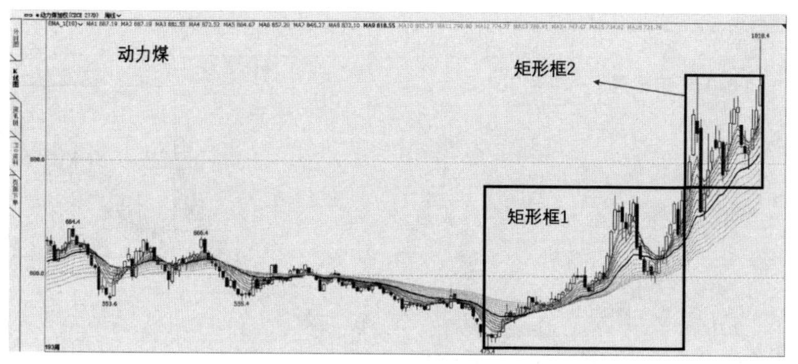

图 5-39-2　矩形框 2

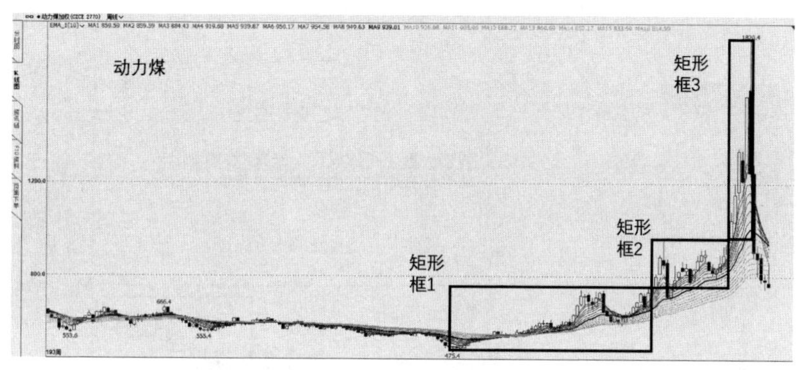

图 5-39-3　矩形框 3

我们可以用电脑软件打开这个品种的形态，并多次感受这个过程中全部 K 线的变化，当 K 线在屏幕的最右边屡创新高时，左边的全部 K 线形态却被整体压缩。所以说，“冲”不是单方面的增长，而是一旦增长，就会发生整体压缩，这个叫“一涨就缩”。

我们可以回顾之前遇见的全部形态，你去看一看，哪些形态是“只涨不缩”？实际上我这本书之前遇到的大部分形态，都并非“一涨就缩”的形态。所以，只有出现了 K 线“一涨就缩”的情形，才能称之为“冲”。

我们再来看看之前见过的案例（见图 5-39-4 和图 5-39-5）。

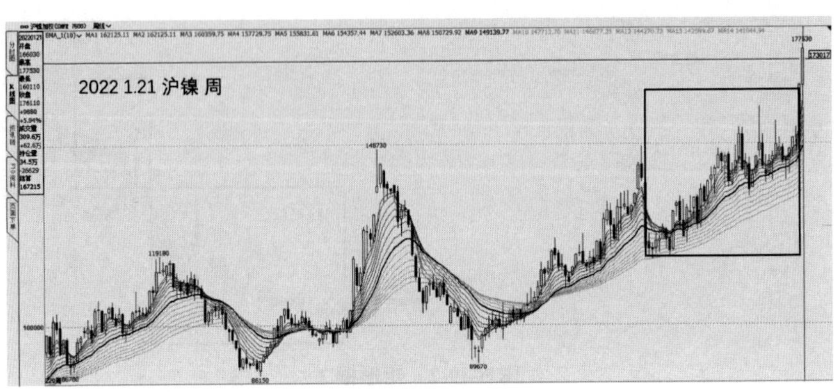

图 5-39-4　沪镍

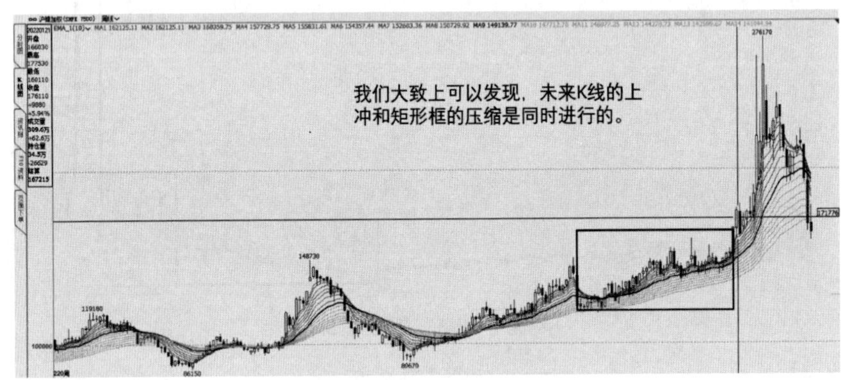

图 5-39-5　矩形框的压缩

我们可以看出，K 线的上冲和矩形框的压缩是同时进行的，其根本原因是，我们看图所使用的图形界面是“恒定不变”的。在一个恒定的界面中，K 线的突破不可能穿破到屏幕外面去，所以，伴随着 K 线的突破，就必然会出现矩形框的压缩。

值得注意的是，我们在反转形态中，要注意之前的持续下跌，之前的持续下跌，说明这是一个已经被压缩过的空间，那么我们是直接在这个空间上看反转，还是释放压缩空间后再看反转？先看看直接在这个压缩空间看反转的情形。如图 5-39-6 和图 5-39-7 所示。

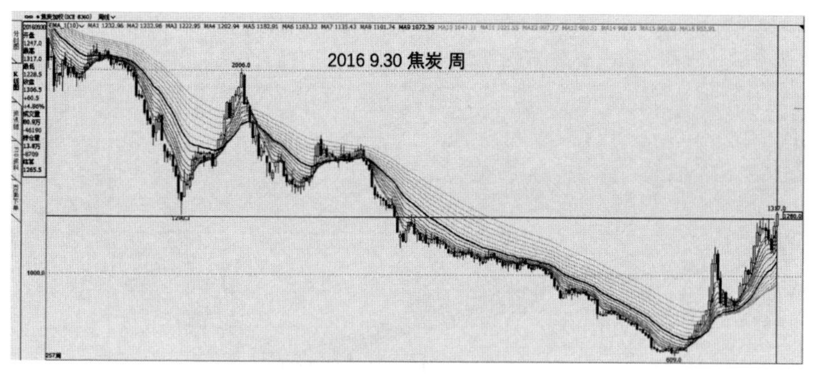

图 5-39-6　压缩空间看反转（1）

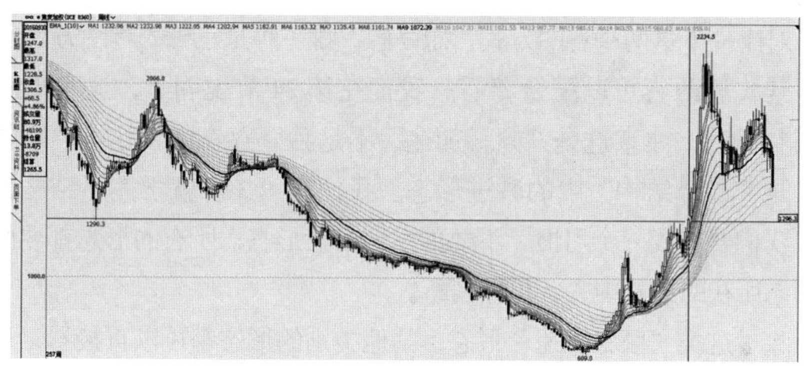

图 5-39-7　压缩空间看反转（2）

图 5-39-8 和图 5-39-9 是在释放后的空间中看反转的情形。

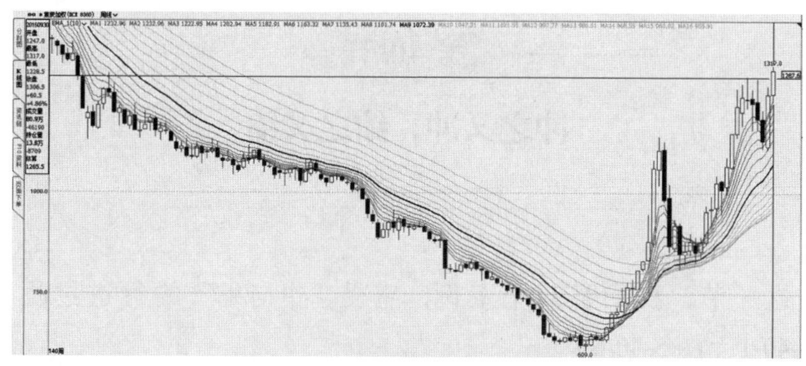

图 5-39-8　释放压缩后的空间

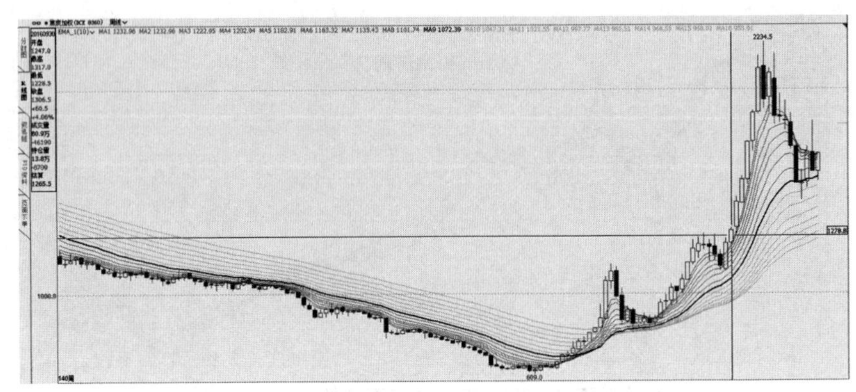

图 5-39-9　再压缩

对比一下这两种看图方式，想一想，哪一种是正确的看图方式?

其实这两者可以配合着看。我们在第 24 节说明了，这种形态是“倾斜加速”，注意这个“倾斜加速”不是独立存在的，这个“倾斜加速”是“混合结构”中的激进形态。我们在第 3 章就学完了结构，因此，我们要养成一个习惯，不要独立地去看形态，所有的形态都要回归到形态所在的结构中去，再做判断。

除了这类“倾斜加速”形态，其他类别的形态都可以直接看，也就是说不用再去释放压缩，而是直接看就可以。下一节，我们多看几个案例，来感受一下“冲与缩”的进行时。

第 40 节

冲之又冲，缩之又缩

这一节，我们看几个案例，感受“冲与缩”的行进过程（见图 5-40-1 至图 5-40-6）。

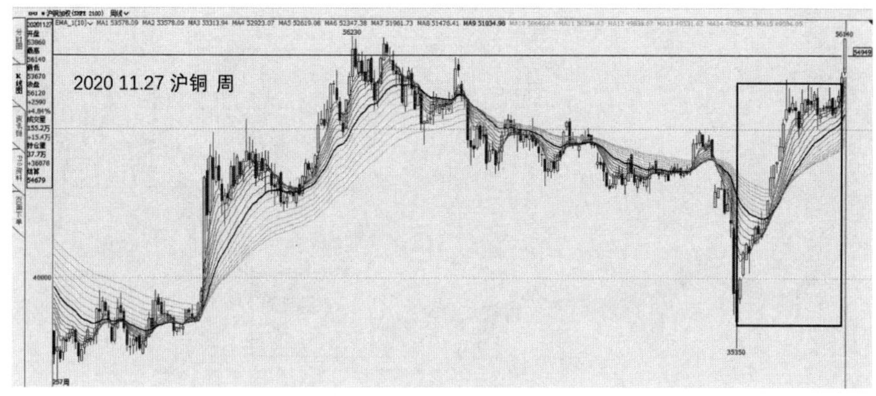

图 5-40-1　沪铜

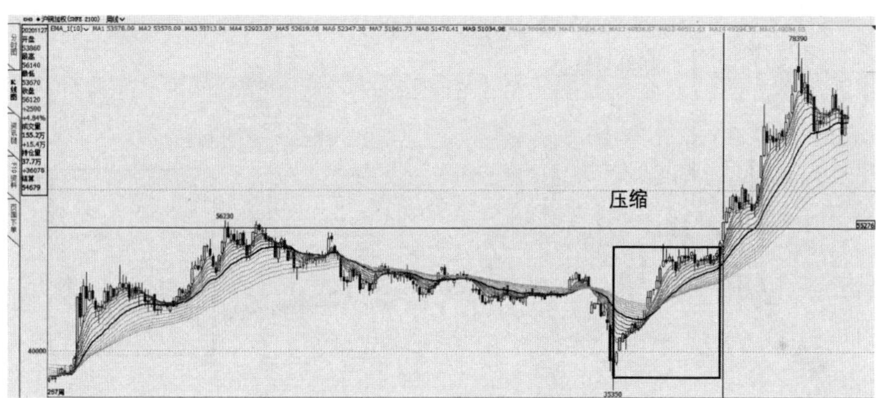

图 5-40-2　沪铜的压缩

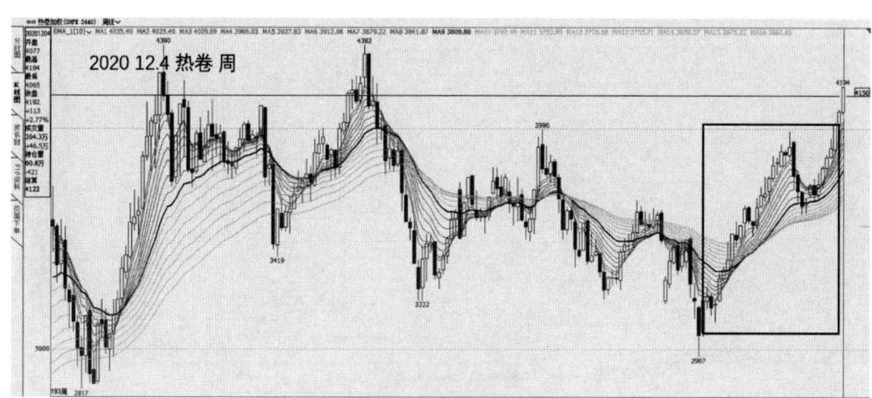

图 5-40-3　热卷

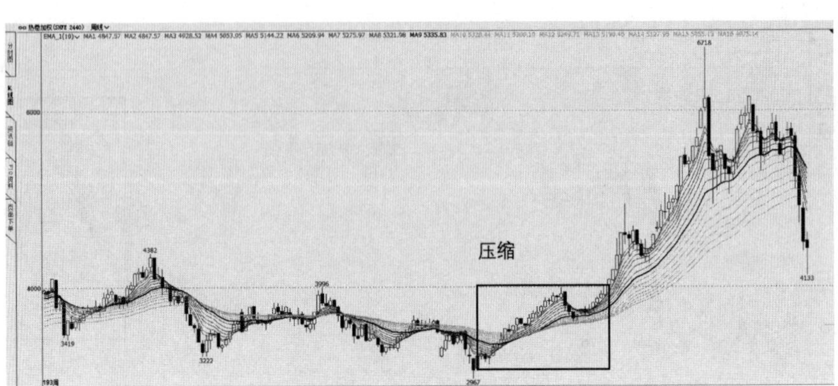

图 5-40-4　热卷的压缩

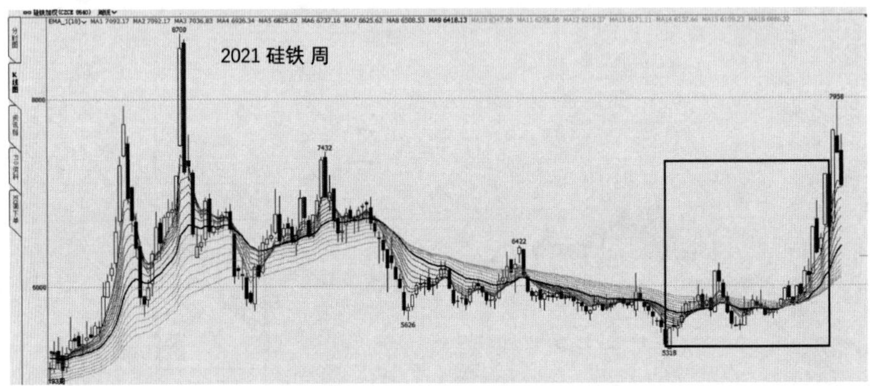

图 5-40-5　硅铁

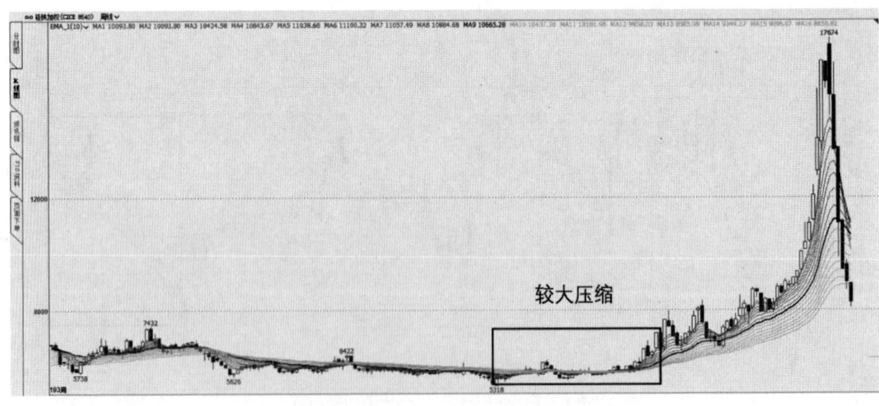

图 5-40-6　硅铁的压缩

大家也要在软件上拖动形态，真实地感受一下 K 线的“冲”与形态的“缩”。

老子言：为学日益，为道日损，损之又损，以至于无为。

注意老子所言“损之又损”，我们在此节先感受一下形态的“缩之又缩”。

第 41 节 先冲后识，反识为终

我们在之前的案例中看到了几次“较大压缩”。再回看一下之前遇到过的“较大压缩”，看看我们能否得到什么启示（见图 5-41-1 和图 5-41-2）。

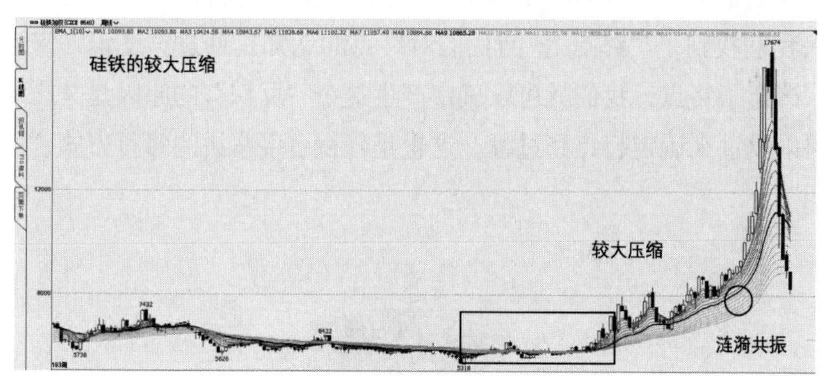

图 5-41-1 硅铁的较大压缩

我们在两次“较大压缩”的案例中看到了什么？我们重新识别了“涟漪共振”。我把这种情形称为“先冲后识”。当然，大部分人会讲，这是“事后”才看到的“涟漪共振”，所以意义不大。大部分人坚持认为只有挖掘逻辑才是最有意义的事情，所以大部分人“就此错过”。

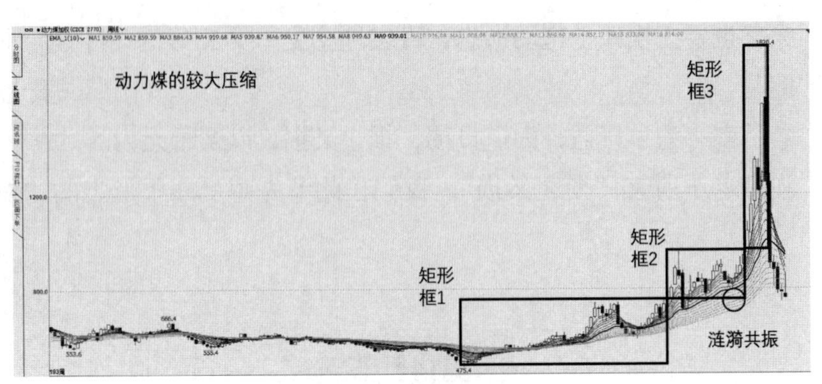

图 5-41-2　动力煤的较大压缩

我们在第 4 章讲过，逻辑分析的特征是“有结之构，先行后知；无结之构，行而不知”。我们在这一节看到了“无结之构，先冲后识”。

所以总结起来，我们可以讲，在混沌市场中，“先行后知，先冲后识”。佛家讲什么叫“识”，就是“六根攀缘六尘产生六识”。也就是说，你的眼睛盯着形态，关注着形态的持续“压缩”，最终就识别了“涟漪共振”。

我们最终产生了识别，所以产生识别就是我们的最终目的。我很高兴我们找到了“终点”，而我们对终点的认知是通过“反识”来达到的。确定了终点，我们就可以确定产生这个“反识”的原因是“压缩”，也可以反过来确定起点和过程。这也是修行者经常讲的修行方式“反观自照”。

第 42 节　反观自照，照见发生

我们上一节阐述了，“压缩”的开始就是我们看盘的开始，也可以认为是交易的开始。从图形上看，就是如图 5-40-1、图 5-40-3、

图 5-40-5 中的形态，此时就是“压缩”即将开始的时候。我们将在第 6 章重点研究“压缩”是如何开始的。

我们回顾第 35 节最后两段：

我的直觉告诉我，不要去直接解读“无名”，既然叫“无名”，那么本就无法直接解读。如果“无名”难以解读，那么“有名”呢？既然叫“有名”，那么就应该可以解读。如果我们解读了“有名”，那么是不是可以借用解读“有名”的方式去解读“无名”呢？我认为这是唯一可行的办法。

在以上的指引中，我还看到了“大盈若冲”，这样，因为“冲”和“万物”相关（第 33 节推理了“冲”和“万物”不无关系），那么“大盈”，和“万物”就关联了起来。这样，我们的思路就清晰了：我们先解读“有名”，再借“有名”而解读“无名”。并在解读“无名”的过程中，把“朴、万物、大盈、冲”等一并解读出来。

到目前为止，我们见证了，在混沌之中，“压缩”的开始，就是“冲”的开始。老子说“大盈若冲”，可以推测“压缩”的开始，就是“大盈”的开始。

在第 37 节我们推测了，“大盈”即是“无名”。那么“压缩”的开始也就是“无名”的开始，也就是“万物并作”的开始。

在混沌之中，我们不能直接指出“大盈”，不能直接指出“无名”，也不能直接指出“万物并作”，但我们可以直接指出“冲与缩”。“冲与缩”发生的地方，就是“无名”发生的地方；“冲与缩”发生的终了，就是“无名”发生的终了；“冲与缩”发生的开始，就是“无名”发生的开始。

我们借助“冲与缩”的发生，来指出“无名”的发生，这个叫“照见”。我们先照见“终了”，再照见“开始”，这个叫“反观自照”。

我们已经照见了“冲与缩”的终了和“冲与缩”的开始，下面，我们将在第 43 节照见“冲与缩”的过程。

第43节

大顿无挫，小顿有挫

我们回看第41节的两个案例，也就是“较大压缩”的形成过程。我们可以在第40节中回看硅铁的“较大压缩”，在第29节中回看动力煤的“较大压缩”。你有什么样的感知？

- 当前价格，骤然井喷。
- 过往形态，轰然坍缩。
- 一喷一缩，顿然觉起。
- 蓦然回首，识别涟漪。

大家在软件中找到这两个案例。拖拽这两个案例，感受一下：骤然、轰然、顿然、蓦然。

我们对比一下“有名”的情形，在“有名”中，凭借9票，即是决断。在“无名”中，你无法感知到票数，但你能否感知到决断，也就是“骤然、轰然、顿然、蓦然”？

在我们的文化中，有一个大家都熟知但又难以解释的词，叫“顿悟”。此时此刻，你对“顿悟”有没有产生具象化的认知？既有顿悟，必有渐悟，那么对于“渐”来讲，有没有具象化的呈现呢？我们来看一看下面的案例（图5-43-1至图5-43-3）。

在沪金上涨的过程中，截至2024年9月大致经历了三次“冲与缩”，形成了趋势形态。在这个过程中，第二次的“冲”是相对最大的，造成了一次中等程度的压缩；第一次和第三次的“冲”比较微弱，但依然造成了微弱的压缩。这样黄金的形态经过了多次的压缩，断断续续地形成了趋势。

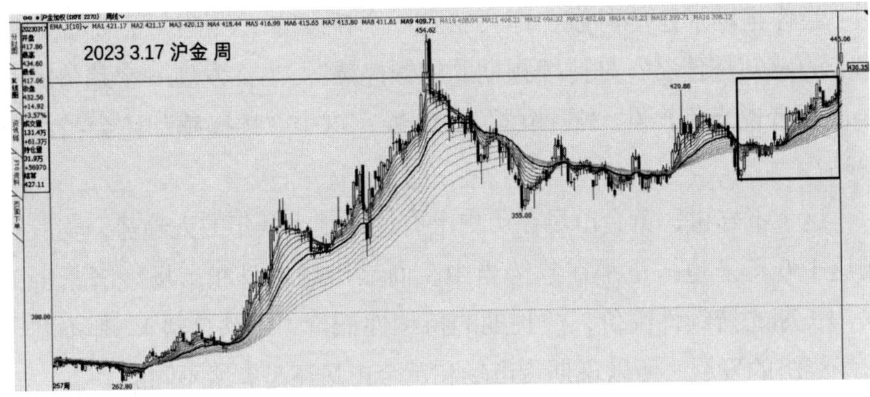

图 5-43-1　沪金 1

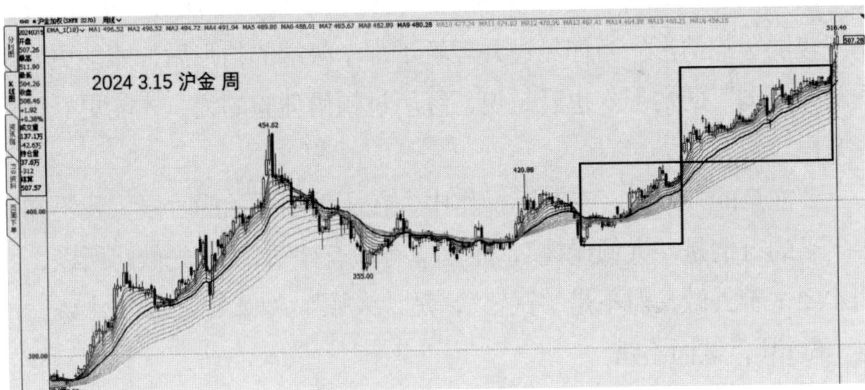

图 5-43-2　沪金 2

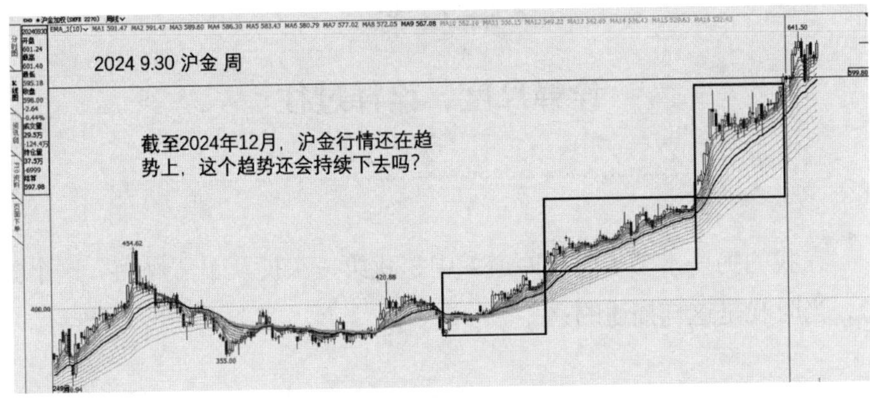

图 5-43-3　沪金 3

当你拖动形态的时候，你会感到一个持续的“顿挫感”，那么你对趋势的感知是什么？是持续预期的“顿挫感”。当你发现一个趋势的时候，或者说当你产生“顿挫感”的时候，这个“顿挫感”还会持续下去吗？

这个不好讲，黄金市场在历史上有过持续十几年的大趋势，美股市场这 100 年来也一直都在趋势当中。商品市场本身和市场经济紧密关联，长期的持续性高价，或长期的持续性低价（下跌趋势），都不利于市场经济的发展。所以说期货市场和黄金市场还是有所不同的。

这一节提到的硅铁、动力煤的行情是“大顿无挫”吗？“大顿无挫”是一瞬间，是一刹那，是彻头彻尾。相比较“大顿无挫”，“小顿有挫”是“较弱”的情形。当你见过并理解了那个极端的情形后，才能更好地理解“较弱”的情形。也就是说，经历过顿悟体验的人，才能更好地诠释渐悟。

要注意的一点是，在实际操作中，在压缩刚开始的时候，我不知道接下来的行情是“大顿无挫”，还是“有顿有挫”，所以先做。所以，我们才要试着去做，但不是“试错”，是“大顿”大赚，“小顿”小赚，没有“做错”，试而不错。

第 44 节

诠释尺度，诠释过往

在我的另一本书《股海闻道》中，我第一次提及了“尺缩”这个概念，当时我是这样描述的：

我错过了一个趋势，形态在快速上涨的同时，压缩了空间，它回过头来告诉我，之前的高位是低位，这是形态“尺缩”。你可以通过复盘拖拉形态去体验“尺缩”，或者通过看实盘的分钟图大涨来体验“尺缩”。伴随着右边K线的持续上涨，你感受到的是整体形态在持续“尺缩”。多拖拉几次这样的形态，感受形态的坍塌，感受价格历史轨迹的坍塌，深深记住这种坍塌感。

这里有一个恒定的东西，就是我们的屏幕，就是分辨率为1440×900或其他尺寸的观测窗口。因为这个观测窗口是恒定的，所以才有K线顶着边界，越是上涨越是“尺缩”的相对感知。爱因斯坦的伟大不在于发现了相对论，而在于提出光速恒定，所以才会有相对论这个必然结果，才能推理出“尺缩效应”。“光速恒定”与人的感知相去甚远，所以这就是神一样的发现。

形态“尺缩”是一个很普通的发现，它随处可见，但很多人视而不见，可我的认知观却因此而坍塌。一个形态没有发生过“尺缩”，就说明它还没有发生过大涨；当你发现了一个“尺缩”形态时，说明它已经发生了大涨。要么是选错，要么是错过，认知悖论“出现”了。由果及因，“尺缩因”才是“第一因”。我有一种无力感，无论我之前积累了多少知识，可能从今往后，全部坍塌。我脑袋空空，无力自救，瞬间感觉流离失所，和所有形态一同跌入了“尺缩空间”。

2017年我在私募公司做高管的时候，兼职交易风控。那个私募公司是以基本面分析来搭建交易策略的，当时我们有三个研究员，都是高智商、高学历的精英。我们在2017年至2018年进行了深入的基本面研究，并搭建了各种套利策略。我们在这期间深度挖掘了“提油套利”策略、钢厂利润套利、期权背对套利等。我们团队合作，各司其职，最终结果是不亏不赚。相比较同期的私募CTA策略，我们没有亏损，实际上就已经超过80%的CTA策略了。

后来市场在2020年至2021年大涨，大涨之后，我发现当时我们经历过的市场价格都被压缩成了很小一段，也就意味着我们之前团队合作时想要博取的利润在大行情面前就是个“沫子”，也许这个就叫“相濡以沫”。

下面，我们来看一个案例，再来诠释一下什么是基本面“尺度”，什么是基本面“尺缩”。我们回看一下之前遇到的案例（见图 5-44-1）。

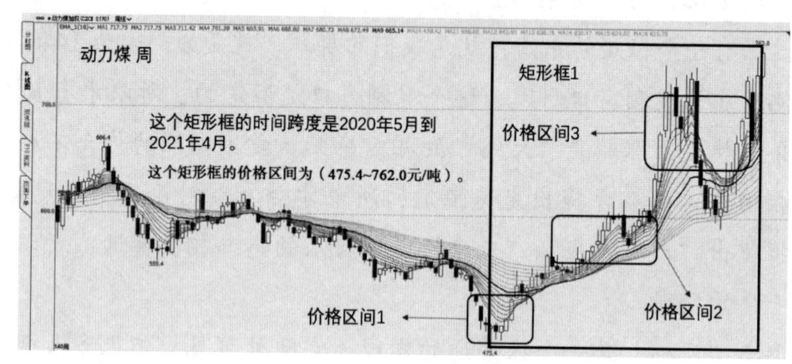

图 5-44-1　三个价格区间

我留心过动力煤“投研活动”的大致情形，所谓的“投研活动”，就是品种研讨、产业会议、客户交流等。我参加过不少“投研活动”，久而久之便发现了一些端倪，下面做出简单的阐述。

在价格区间 1 中，基本面专家积极发布市场观点，并普遍认为，动力煤价格偏低，已经形成价值边际，建议长期看多。在这个阶段，有不少个人投资者开始买入动力煤。之后，动力煤触底反弹，个人投资者在这波上涨行情中赚到了钱。

在价格区间 2 中，基本面专家认为虽然此时动力煤价格已经上升，但焦煤焦炭和铁矿的价格也全部上升，黑链品种处于整体上涨周期之中，而动力煤作为上游品种，价格依然存在上涨空间。在价格区间末尾，K 线开始连续上涨，这是一波在过去几年中少有的大幅上涨，在连续三根大阳线之后，有不少个人投资者翻倍了账户。

在价格区间 3 中，不只是动力煤这个品种上涨，所有黑链品种都在上涨，此时有一些个人投资者已经取得了几倍的收入。有人听闻身边的同事因为买入动力煤而轻易地赚了大钱，有人听闻身边的亲戚因为买入螺纹钢而一个月翻了好几倍，市场中的“赚钱效应”和“不均效应”开始发酵，越来越多的人“被”吸引而来。

此时此刻，很多期货公司应客户要求，举办了产业会议。可此时的基本面专家们却不太敢频繁发表观点了，因为专家们知道，现在市场开始变得“越来越热”，他们不敢再推荐大家做多又或者做空。但现场客户还在疯狂地提问：“老师，现在还能买入吗？现在还能加仓吗？”在这种情形下，专家一般也会被动回复，如果市场下跌，可以逢低买入。

此时热钱已经涌入，如果市场冲高回落会引起剧烈下跌，逢低买入也会引起大幅上涨。在这个位置，热钱开始逐步控场，基本面专家开始被动回复。

我们把基本面专家从“积极介入”到“被动回复”的过程称为“基本面分析阶段”。在此阶段，商品价格由低点涨至高点的距离就是“基本面尺度”。这个尺度大致就是矩形框 1 的高度。

我在图 5-44-1 中所画的矩形框 1 的“上边框”是“过高”的，因为这个高度是市场热钱和基本面分析共同作用的结果。我之所以画在了这个“过高”的价格位置上，是想表达矩形框 1 可以覆盖专业基本面的全部贡献。

下面，我们来看看“热钱”所对应的市场情形（见图 5-44-2）。

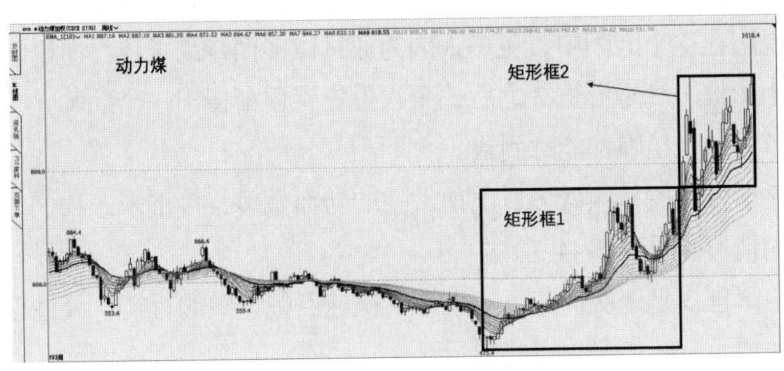

图 5-44-2　开始坍缩

在矩形框 1 的末尾，你会看到大跌之后是大涨；在矩形框 2 中，你再次看到了大涨之后有大跌，然后是宽幅震荡，市场整体向上震荡发展。此时，是市场热钱不断涌入的阶段，市场中的交易者期待期货公司持续举办行业和品种交流会。

我多次参加过这个阶段的行业交流会议，并发现了一些新的情况：

• 在某期货公司的研讨会上，台上是期货公司邀请的行业嘉宾，台下坐满了观众。两位行业嘉宾针锋相对：一个看多，一个看空。当看空的嘉宾据理力争时，有一半的观众在看手机；当看多的嘉宾表达观点时，全部观众都在认真听讲，并举起了手机录像，生怕错过某个可以支持看多的观点。

• 看多的嘉宾会说一些大家都能听得懂的道理。比如今年气象局预报是冷冬，所以动力煤的价格在这个基础上还要上涨；比如铁路运力受限，所以动力煤价格还要上涨。

• 看空的嘉宾会说："在以往运力最受限的年份，也没见过价格如此上涨；在以往最冷的冬天，也没见过动力煤价格如此上涨。"所以，他并不看好后市行情。

• 研讨会结束后，看空的嘉宾备受冷落，而看多的嘉宾受到追捧。你留意过这样的情形吗？你有什么样的感触？我将在第 48 节谈谈我的感触。

我们接着看看矩形框 2，矩形框 2 是一个宽幅震荡且逐步上移的箱体，说明在这个区间中，更多人因为通过做多而赚到了钱。所以，在经历了矩形框 1 和矩形框 2 之后，个人投资者逐渐得出一个经验，只要选择对了方向，早晚都能赚到钱。

之前做多的持续做多，之前做空的转而做多，接下来，我们将看到怎样的情形（见图 5-44-3）？

矩形框 3 是一次快速巨幅上涨又快速巨幅下跌的行情。经过三个矩形框的展示，我们得到哪些启示？

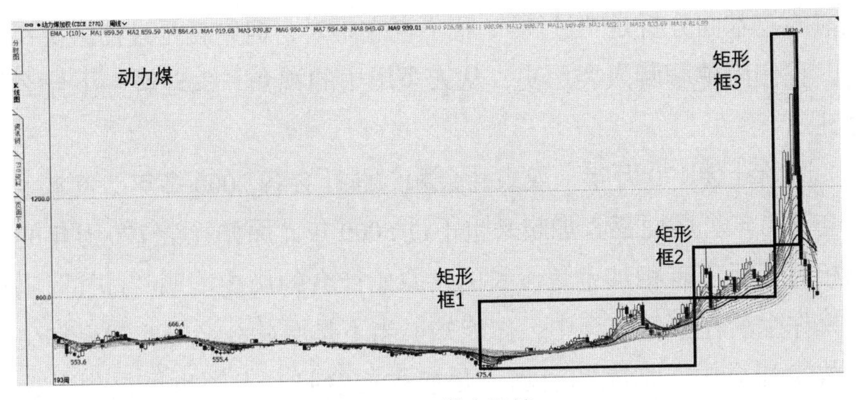

图 5-44-3　缩之又缩

1. 矩形框 1 被压扁了，即使这是一个“过高”的矩形框，它也被压扁了，也就是说专业基本面的尺度被压缩了，我们看到了基本面的“尺缩”。

2. 虽然矩形框 2 也被压缩了，但请注意，只有矩形框 1 才是基本面的尺度，才是专业逻辑分析的尺度。

3. 矩形框 1 被压缩才叫基本面的尺缩，矩形框 2 被压缩是什么“东西”的尺缩呢?

4. 矩形框 1 并不会因为矩形框 3 之后的快速巨幅下跌而恢复压缩。矩形框 1 的压缩不会恢复，这个压缩是一个永久的压缩。它已经成为过往。

5. 在图 5-44-3 中，相对于矩形框 3 的高度，矩形框 1 的高度是低矮的，也就是说，相比之下，专业基本面的高度是“沫子”。我最终了解到，我们曾经的精英研究团队在这个“沫子”中“相濡以沫”。

我们从基本面“尺缩”中见证了基本面的“低矮”。基本面分析的是有价值的，但其价值是“低矮”的。在 2019 年的时候，我还在寻找新的方法，我当时认为如果找到了这个新的方法，这就是我操盘生涯的“序章”。

在这个阶段，我可以明确地指出，之前的基本面分析是“过往”，之前的技术面分析是“过往”。我不说它不对，但它就是过往。谈到过往，我们简单聊聊人类历史，从人类历史的视角，去理解一下什么是过往。

原始社会170万年，奴隶社会和封建社会各2000多年，资本主义社会几百年。后面三者加起来也不过5000年。原始社会170万年的时间相对于后三者相加也是漫长的，原始社会的历史能叫“过往”吗？如果你生活在原始社会中，你能知道当下是原始社会吗？如果你生活在奴隶社会中，你能知道当下是奴隶社会吗？人类也只是到了近现代，伴随着社会和科技的巨大发展，才逐步反推出了人类社会的发展阶段。

所以说：过去不是过往，无论过去的时间有多长，那也不能叫过往。什么是过往？“尺缩”才是过往，或者讲是“冲”形成了过往，是社会的巨大进步压缩了“过去”，形成了“过往”。莎士比亚说：凡是过往，皆为序章；在混沌之中，我个人认为：凡是序章，皆为过往。

第45节

开启尺缩，揭示发生

第37节，我们凭借“有名”去揭示“无名”。

第42节，我们凭借“冲与缩”的发生，去揭示“无名”的发生。

学到这一步，我们总结一下我们经历了哪几个步骤：

1. 开启全息，揭示本征。
2. 开启对冲，揭示隐情。
3. 开启满同，揭示结构。

4. 开启分辟，揭示强弱。

5. 开启尺缩，揭示发生。

大家走到这一步，有何感想？在这个混沌市场中，你本应该如何认识这个市场？在这个混沌世界中，你又应该如何开启你的人生？

第6章

揭示扭转

第 46 节 见见之时，见非是见

莎士比亚说：凡是过往，皆为序章；在混沌之中，我会讲：凡是序章，皆为过往。你认同谁的观点呢？

《金刚经》上说："凡有所相，皆是虚妄，若见诸相非相，即见如来。"

什么是"非相"？"非相"这个词太深奥了，下面阐述的观点仅仅是个人感悟。我们见"冲出"即见"坍缩"，我们见"序章"即见"过往"，我认为这个就是"非相"。在这个可以见"非相"的阶段，序章即是过往，过往即是序章。

在通常情况下，我们会讲过往之后接着是序章，这个就是通常情况下的"相"。什么是"非相"？序章即是过往。佛家讲的"来"即是"去"、"去"即是"来"。那么，我们有了这样的认知后，我们再看看什么叫"临界"。

先看看我们通常所说的临界。我们回看在第一章时见过的共振形态如图 6-46-1 至图 6-46-4 所示，分别是密集共振、涟漪共振、绕转共振、穿过共振。

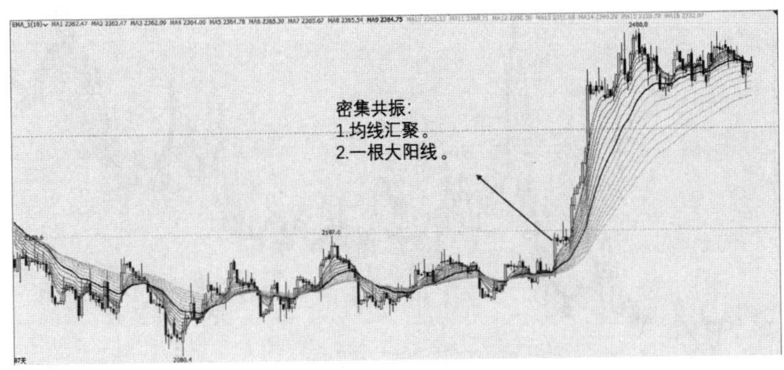

图 6-46-1　密集共振

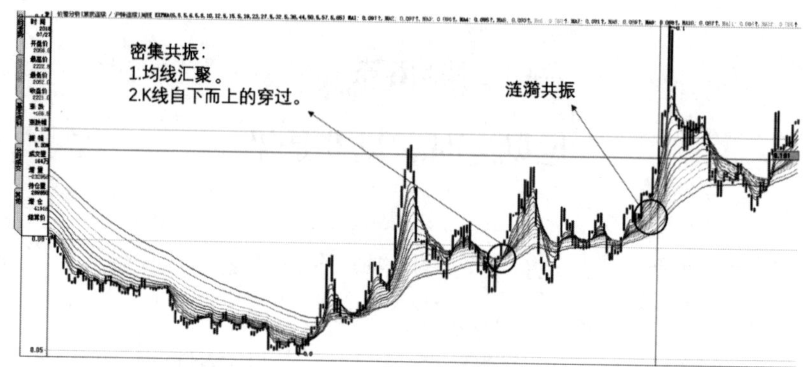

图 6-46-2 涟漪共振

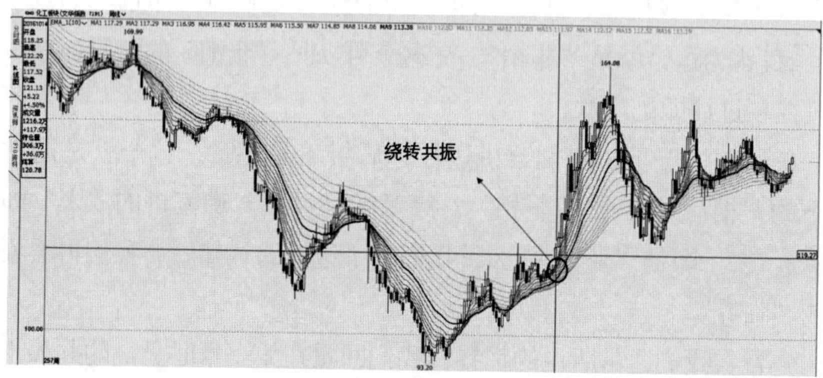

图 6-46-3 绕转共振

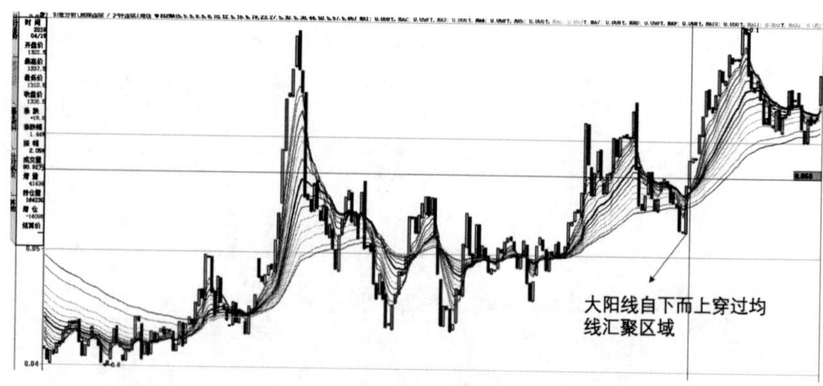

图 6-46-4 穿过共振

通常情况下，K线一旦越过了“共振”区域并成功突破，我们就认为之前的“共振”区域是临界位置。在技术分析中，每一种技术指标都会有比较明确的买卖点，通常技术分析师会把买点看成是临界位置。在基本面分析中，临界位置这个概念是相对模糊的，基本面分析比较注重的是价值边际。基本面分析师一般不会去分析价格在什么时候突破，而是强调在价值安全边际中买入。

上面就是我们所说的在通常情况下的临界，那么什么是非通常情况下的临界呢？你会发现，当价格还没有跨过这个“临界位置”的时候，没有共振区域，没有过往，没有序章，什么都没有；当跨过这个位置的时候，既见过往，又见序章。所以这个临界区域具备什么特征？其特征是：即将尺缩，下面简称“将缩”。我们来看看“将缩”的形态特征。

我们首先确认了形态之前的高位（见图6-46-5），如果接下来K线突破之前的高位，那么当下的价格即将形成尺缩。如图6-46-6所示，接下来K线连续上涨，于是我们看到了下界是过往，上界是序章，我们揭示了“一临两界”。这个“一临两界”就是非通常情况下的“临界”。这一节的内容看似简单，但很多人是无法理解的，因为我们接触了“非相”。

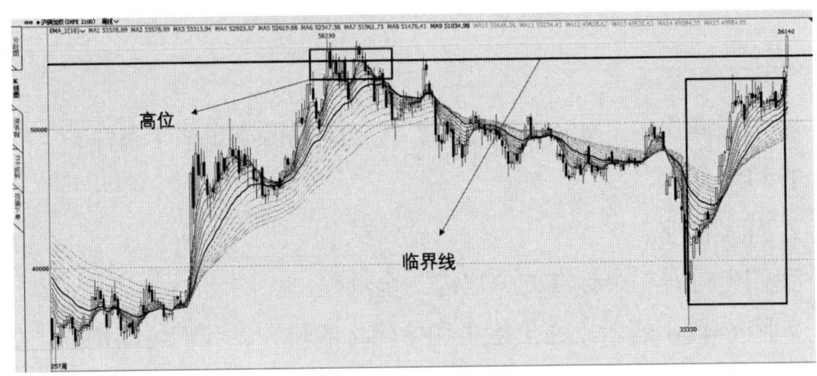

图 6-46-5　临界线

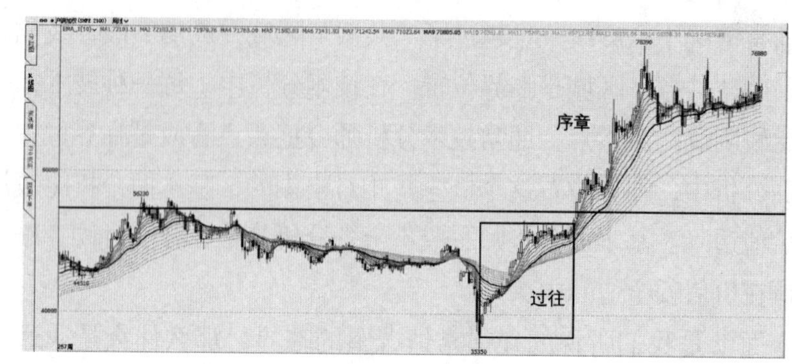

图 6-46-6　一临两界

老子也讲：道可道，非常道；名可名，非常名。按照老子的话术说，就是我们揭示了“临界可临界，非常临界”。当我们再说“临界”时，我们指的是“一临两界”，我们指的是“非常临界”。

用《金刚经》三句义来描述：如来说临界，即非临界，是名临界。

本节中我们见证了“非常临界”，我个人认为“见见之时，见非是见”讲的就是“非常临界”。

第 47 节　将缩之时，有尺将缩

在实际操作中，如何判断临界？大致上需要满足两个条件：

1. 将缩之时。

2. 有尺将缩。

我们先看看一个标准的“尺缩”全过程。

如图 6-47-1 所示，在价格 1 和价格 2 的位置，我们可以预判，如果接下来形态持续上涨，之前的形态将会被压缩。所以无论是价格 1 还是价格 2 的位置，都是“将缩之时”。

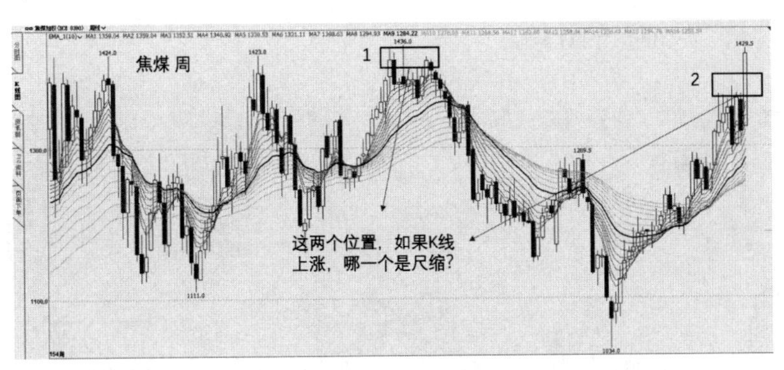

图 6-47-1　位置比较

但值得注意的是，有并只有价格 2 的位置在 K 线突破之后，才会形成尺缩。我们在第 44 节已经诠释了“尺度”和“尺缩”。所以，我们在“将缩之时”，还需要识别“尺度”，因为先有“尺度”，才有“尺缩”。

我们看图 6-47-2 中的矩形框，一般来讲，这种自下而上的，K 线从均线组下方连续上涨到均线组上方的过程，既是“基本面的分析阶段”，也是“基本面的尺度”。这两个概念在第 44 节做过了诠释，这里不再赘述。

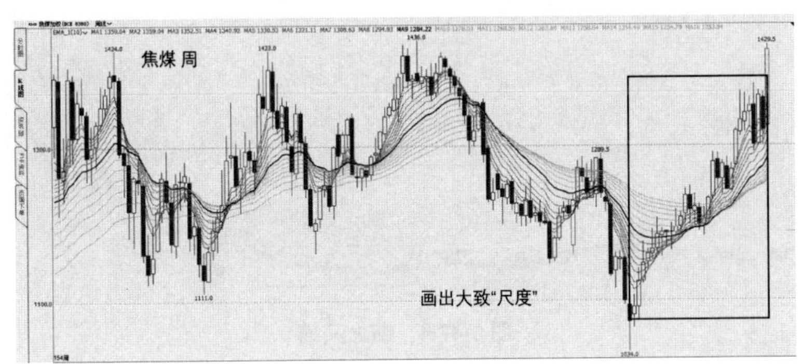

图 6-47-2　尺度

如图 6-47-3 所示，当 K 线开始上行时，这个矩形框就被逐步压缩，这个就是“尺缩”的开始。

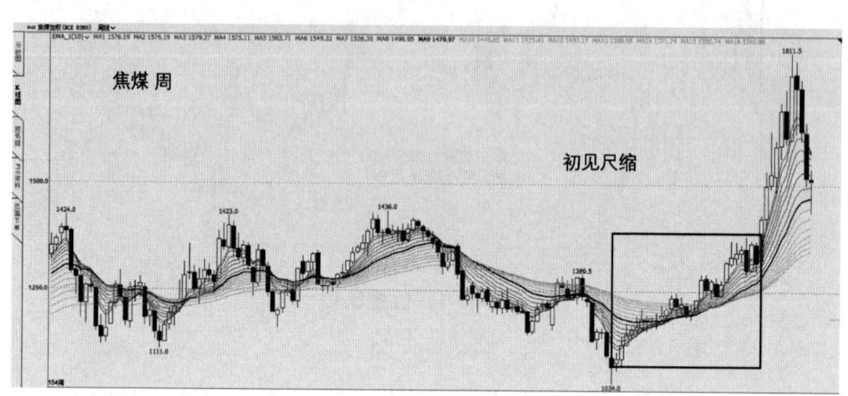

图 6-47-3　初见尺缩

如图 6-47-4 所示，我们看到了未来的价格在宽幅震荡中持续上行，我们还看到了价格在持续上行的过程中加速冲刺，我们回过头来看到了最开始的那个矩形框在 K 线上行的过程中“缩之又缩”。这个“缩之又缩”的内容我们在下一节介绍。

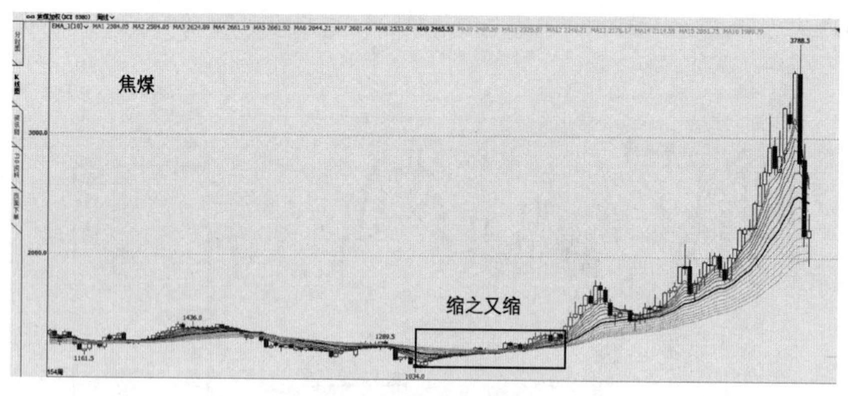

图 6-47-4　缩之又缩

下面，我们多讲几个“将缩之时”的案例，先看图 6-47-5。

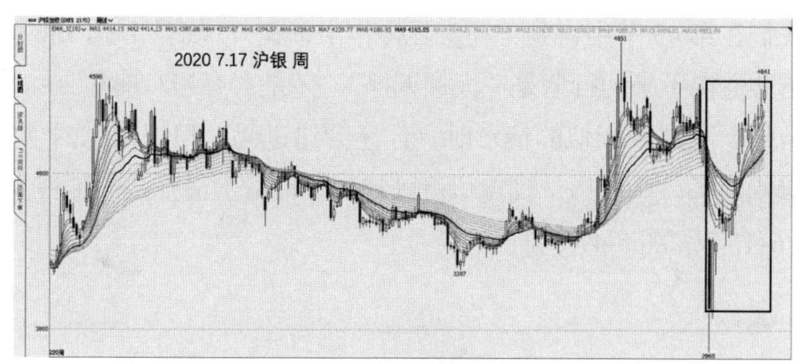

图 6-47-5 沪银

复盘的时候，我们可能缺少实盘中真正的感受，借图 6-47-5 中沪银的案例，我谈谈我在做交易时的真实感受：

• 2020 年初，因为疫情暴发，大部分商品和美股全线下跌，这个时候，你还敢做多吗？

• 接下来，沪银的价格在几个月之中连续上涨，此时你还会在即将“尺缩”的临界位置做多吗？你可能会想，市场在下跌的时候，我因为疫情原因没敢买入，那么现在价格都涨到这个位置了，那我就更不情愿做多了。

• 我记得我当初就是犹犹豫豫的，结果待到踏空时又追悔莫及（见图 6-47-6）。

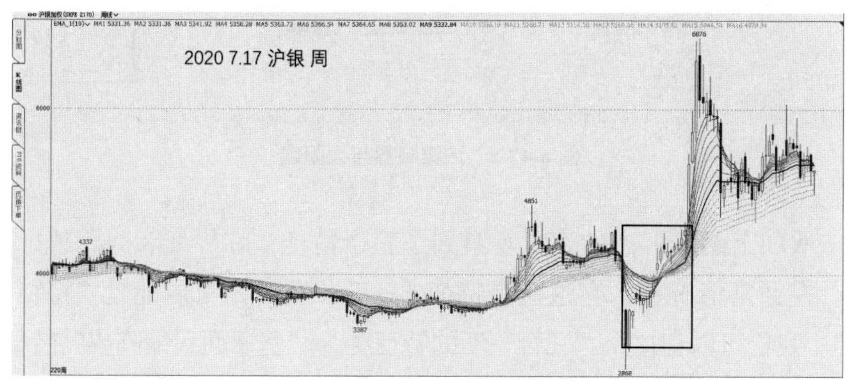

图 6-47-6 尺缩

我们在第 43 节中讲到：在实际操作中，在“尺缩”刚开始的时候，我是不知道接下来的行情是“大顿无挫”，还是“有顿有挫”。

当你下次遇到相似的情形时，你还会错过吗？根据以上两个案例，我貌似找到了一些技巧，我貌似可以找到“尺缩”最开始的那根大阳线（见图 6-47-7 和图 6-47-8）。

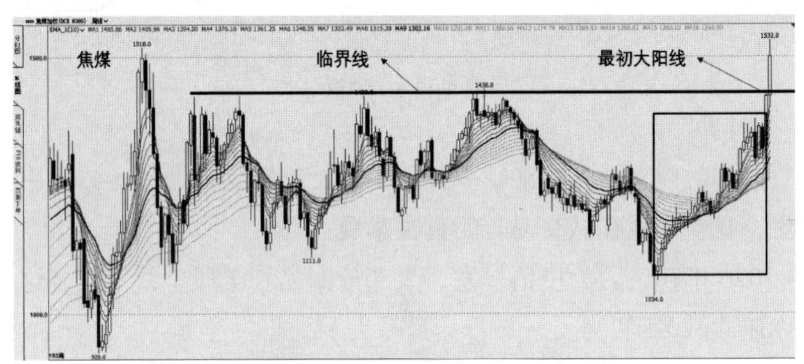

图 6-47-7　焦煤临界与大阳线

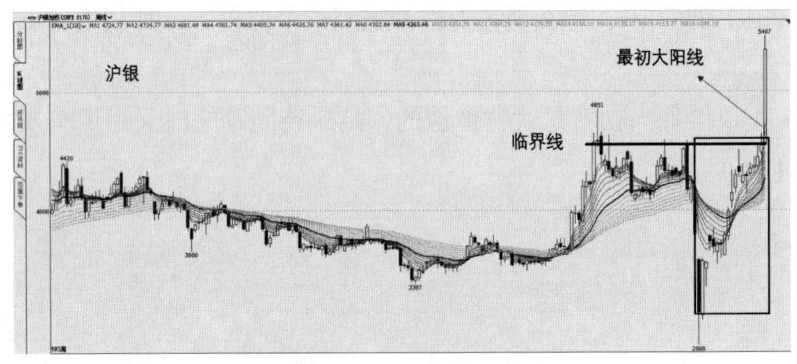

图 6-47-8　沪银临界与大阳线

从以上两个形态中，我观察到了三个特征：临界线、大阳线、尺度。在通常情况下，当这三个特征“三合一”时，有可能是“将缩之时”。我们可以把这个“三合一”的特征称为“基本面尺缩临界”特征，或简称“基本面临界”特征。

再看看之前我们在第40节中看过的热卷（见图6-47-9）。此形态中，当出现大阳线的时候，K线距离可以引起“尺缩”的“临界线”还有一段距离。我们再看接下来的K线突破情况（见图6-47-10）。K线持续突破，穿过临界线后加速上涨。

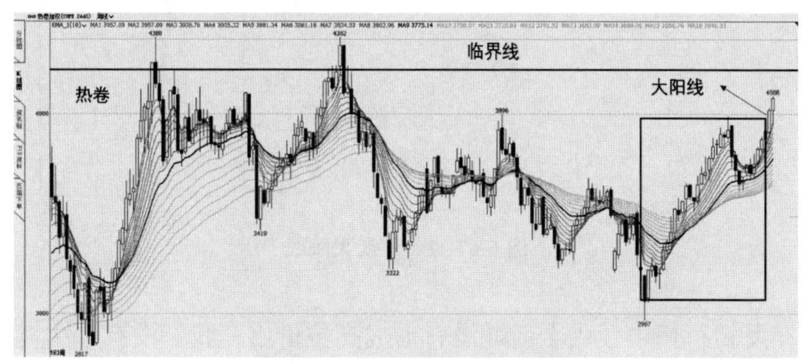

图6-47-9　热卷临界与大阳线

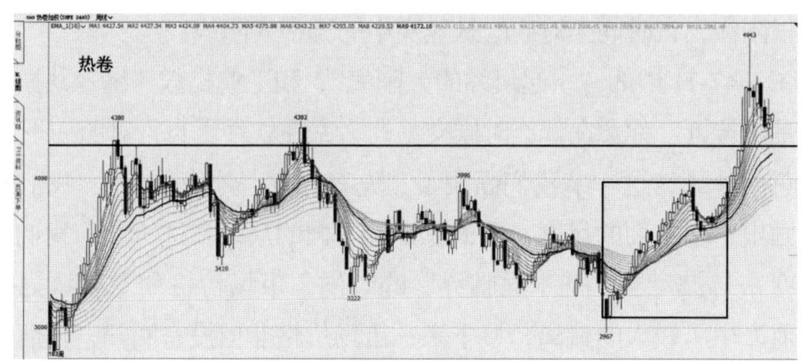

图6-47-10　热卷尺缩

我以前总喜欢等待K线接近临界线时再去做多。但有很多时候，在K线距离临界线还有一段距离时，行情便开始启动。我想说的是，形态不是独立存在的，既然我们学习了第3章，我们就应该时时刻刻提醒自己，混沌市场是有结构的。在结构之中，你也许会找到那个最接近“三合一”的形态。

我们再回顾一下第 39 节中看过的焦炭（见图 6-47-11）。

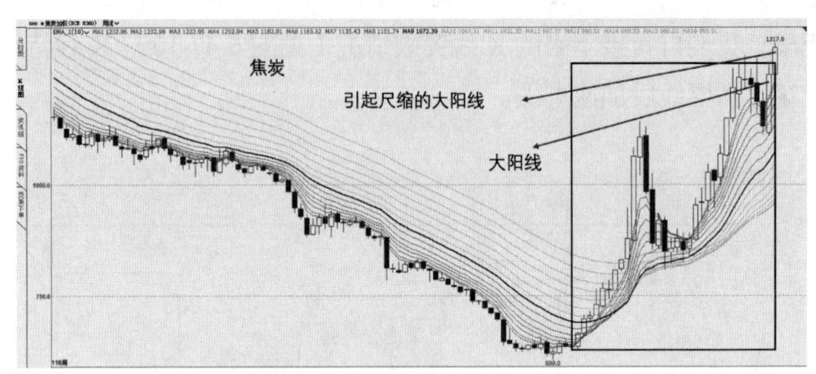

图 6-47-11　焦炭大阳线

在反转行情中，由于前期没有形成高位价格，我们没有办法直接画出临界线。我们在学习了第 3 章之后，也知道了这是混沌结构中的激进形态。大家可以在软件上自行对照一下，工业指数“绕转共振”后突破的那根阳线，在时间上对应的是焦炭中的哪根大阳线？

图 6-47-11 中的“引起尺缩的大阳线”，和工业指数“绕转共振”的位置是否接近？你会在什么时候交易？大家在软件上自行对照一下。

总结一下，这一节我们强调了“先有尺度，才有尺缩”。我们先大致地画出了基本面的尺度，再去见证基本面的尺缩。这一节，我们见证了，在市场波动到“基本面临界”的时候，市场价格和专家认为的市场价值产生了较大的偏离，接下来，市场价格非但没有回归，转而加速上涨。

我们看见了偏离，也就是扭曲；但扭曲之后非但没有回归，反而加剧偏离。我把这种“扭曲—反而”的情形称为“扭转”。所以你好好想一想，趋势是怎样形成的？到底是因为顺应，还是因为逆转？如果你能讲出是因为逆转而形成了顺势，说明你洞察到了“非相”。

这节我们学习到，市场波动到“基本面临界”时，如果成功突破，其内因是因为“扭转”。我把这种“扭转”称为“基本面扭转”。除了

“基本面扭转”之外，还有没有其他形式的“扭转”？我们接下来学习一下市场中最为极端的扭转——反身性逆转。

第 48 节

高位爬升，扭曲加剧

这一节我们来研究矩形框 2 的情形。我们再来看看上一节遇到的焦煤（见图 6-48-1）。

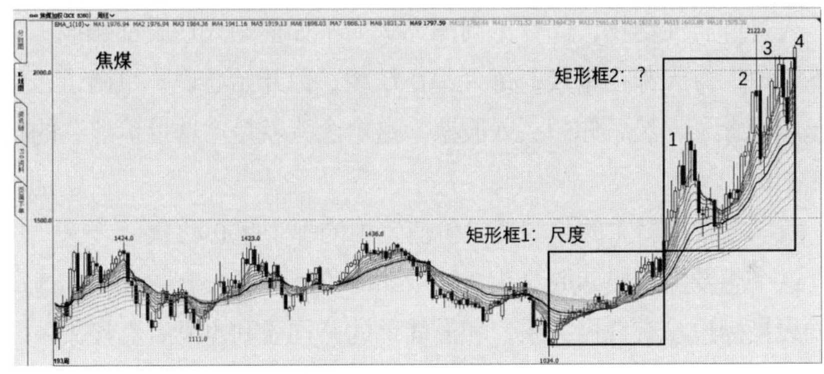

图 6-48-1 矩形框 2

在第 44 节中，我们已经充分诠释了专业基本面的尺度是矩形框 1 的高度。那么高于矩形框 1 的形态是如何产生的呢？在第 44 节，我们大致描述了一下，矩形框 2 的形态是在“非专业基本面”和“热钱”共同作用下产生的，对于基本面专家来讲，矩形框 2 的价格已经偏离了价值。索罗斯认为，无论是专业投资人，还是非专业投资人，只要是“投资者”，都有“偏见”。

索罗斯认为“投资者偏见”是金融市场的根本动力，并指出大趋势形成的内在原因是“反身性”。索罗斯认为“反身性”包括四个阶段：认知阶段、反身性阶段、过度阶段、崩溃阶段。索罗斯强调，在反身性阶段，价格和基本面之间的互动开始显现。价格的变化会反过来影响参与者的认知，形成一种自我强化的循环。

我在一开始读索罗斯的著作时，感觉很难读懂。索罗斯的书中会出现很多诸如“反过来影响”和“自我强化循环”这样的话语。我在金融市场摸爬滚打很多年以后，逐步理解了“反过来”和“强化循环”的内在原因——迫不得已。

我们再来回顾一下之前讲过的两种迫不得已的情形：一是个人投资者的迫不得已；二是市场从业人员的迫不得已。

我们先来看个人投资者的迫不得已。我在第38节中讲道：

人是群居性动物，你看见周围你认为不如你的人炒股都赚钱了，你受不了他们每天都在赚钱，每天都在炫耀，你开始心理不平衡了，你开始起心动念了，然后你想买入股票。这个念头就是“普世价值”的根本所在。

所以，我更看重的是“普世价值”中的那个起心动念。

这个想要买入股票的念头，和股票的价值分析没有关系，和最简单的均线指标也没有直接关系，和最简单的公司盈利也没有直接关系。是你先动了买入股票的念头，而你需要找出一个买入股票的理由来说服你的大脑，而那个最简单的理由最容易成为你念头的出口。

你看到了有个最简单的技术指标在发出买入信号，你看到了基本面分析师讲出了一个大家都能听得懂的逻辑。可这些理由貌似有些简单，因为简单而不能说服自己完全相信。所以你再一次给这些简单的东西披上“大道至简”的外衣。而实际上这个“大道至简”只是你念头的出口，在这个过程中，你没有觉察到，“迫不得已”的起心动念才是“普世价值”的根本所在。

我们再来看看市场从业人员的迫不得已。我在第44节中讲到：

我多次参加过这个阶段的行业交流会议，并发现了一些新的情况：

• 在某期货公司的研讨会上，台上是期货公司邀请的行业嘉宾，台下坐满了观众。两个行业嘉宾针锋相对：一个看多，一个看空。当看空的嘉宾在据理力争时，有一半的观众在看手机；当看多的嘉宾在表达观点时，全部观众都在认真听讲，并举起了手机录像，生怕错过某个可以支持看多的观点。

• 看多的嘉宾会说一些大家都能听得懂的道理。比如今年气象局预报是冷冬，所以动力煤的价格在这个基础上还要上涨；比如铁路运力受限，所以动力煤价格还要上涨。

• 看空的嘉宾会说："在以往运力最受限的年份，也没见过价格如此上涨；在以往最冷的冬天，也没见过动力煤价格如此上涨。"所以，他并不看好后市行情。

• 研讨会结束后，看空的嘉宾备受冷落；看多的嘉宾受到追捧。你留意过这样的情形吗？你有什么样的感触？我们将在第 48 节谈谈我的感触。

我有几个相处近十年的研究员朋友，我见证了他们的转变，他们在长期的从业经历中得出了一些经验，你只要顺着人群的意愿去分析，事情总是会往有利于自己的方向发展。

一方面，他们会顺着"人群所向"的那个方向，给出专业基本面包装后的买入理由，这样便可以获得簇拥，也就会获得领导的赏识；另一方面，他们经历过很多次这样的情形：如果价格已经产生偏离，说明价格还有可能持续产生偏离，到偏离极其严重的时候，当所有人都知道价格和价值极其背离时，专家只需要用"专业话术"阐述"极其背离"，就将再次获得支持。

在人群有表达需求的时候，市场中的专家是人群的表达工具，是人群的代言人。这类基本面专家会按照人群的意愿去讲，因为接下来的行情极有可能按照人群的意愿发展。此时，这类基本面专家已经不是通常意义上的专家了，他们既有专业知识，又懂得"和光同尘"。

什么是反身性？价格的变化反过来影响人群，人群影响专家的口风，这就是“风口改变口风”。了解了这个道理，你就了解了反身性。

那么在形态上，如何确认反身性阶段呢？反身性的下一个阶段是“过度阶段”，我们先来确认“过度阶段”，再反过来确认“反身性阶段”。

如图 6-48-2 所示，我们看到 K 线疯狂地“冲与缩”，毫无疑问这是行情的“过度阶段”。我们知道了矩形框 1 是基本面的尺度，那么我们可以推断出在“过度阶段”和矩形框 1 之间的那个阶段是“反身性阶段”，也就是矩形框 2 所示阶段。

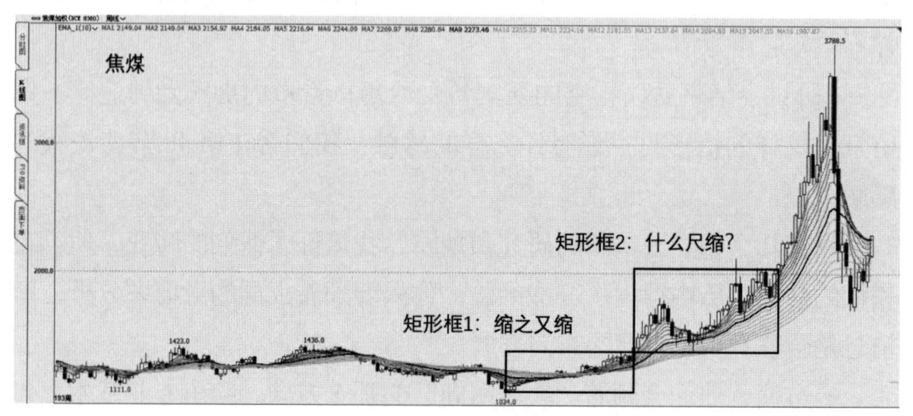

图 6-48-2　什么尺缩

我们再看图 6-48-1 中还没发生“冲与缩”的矩形框 2，框中所示 K 线在多次震荡中爬升，经过了 4 次爬升后，我们迎来了“过度阶段”。矩形框 2 中的 K 线有什么特征？——爬升。图 6-48-1 中的 K 线是在“多震荡中爬升”。我们再来看一个相似的案例。

如图 6-48-3 所示，矩形框 2 中的 K 线经过了 4 次爬升，形态整体已经变得非常倾斜，一年之间，硅铁价格将近翻了一倍，接下来，你还敢做多吗？

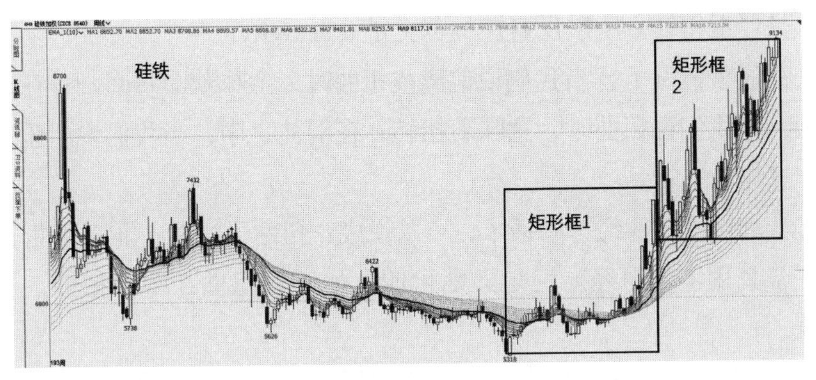

图 6-48-3 硅铁

如图 6-48-4 所示，若是不敢做多，那么你也许会追悔莫及。我也经历过很多次追悔莫及，让我无比烦恼，但别忘了“烦恼即菩提”。如果说矩形框 1 形成的是“基本面临界”，那么矩形框 2 形成的就是“反身性临界”。在矩形框 1 的临界处，市场价格已经偏离了专业基本面；在矩形框 2 的临界处，市场价格和基本面严重偏离，此时却激发了市场的反身性。

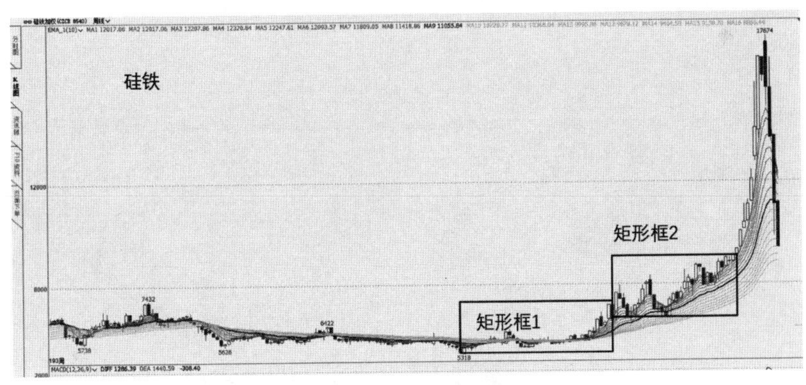

图 6-48-4 硅铁尺缩

在严重偏离的情况下，市场非但没有回归，反而迎来了终极加速。我们再一次见证了“越是扭曲，反而加剧”。其内在原因是反身性的作用，是因为“风口改变口风”。这个就是“反身性逆转”。逆转是严重偏离，是严重扭转。所以反身性的英文是 reflexivity。

在通常情况下，当我们说偏离或扭曲时，意味着即将回归；在混沌之中，当我们说扭曲时，意味着扭转；在混沌之中，当我们说严重扭曲时，意味着逆转。

若套用《道德经》的话术，可以说成：扭曲可扭曲，非常扭曲。

若套用《金刚经》三句义则可叫：如来说扭曲，即非扭曲，是名扭曲。

《楞严经》上说：见见之时，见非是见，见犹离见，见不能及。

此时此刻，我认为“见犹离见，见不能及”指的就是“扭转”。我们在第 6 节和第 26 节介绍过“离见”，此两节中的“离见”是通常情况下的“离见”，而在这一节中我们看到的“离见”，是“非常”情况下的“离见”。简单来讲，就是我们已经识别了偏离，“混沌”要通过变化来逃离被识别的状态，“混沌”反而加剧偏离来逃离我们识别的那个偏离。这个叫“离离”，我认为“离离”是“非相”中最为极端的情形。

我们再来看一些可能会造成误判的形态，如图 6-48-5 和图 6-48-6 所示。

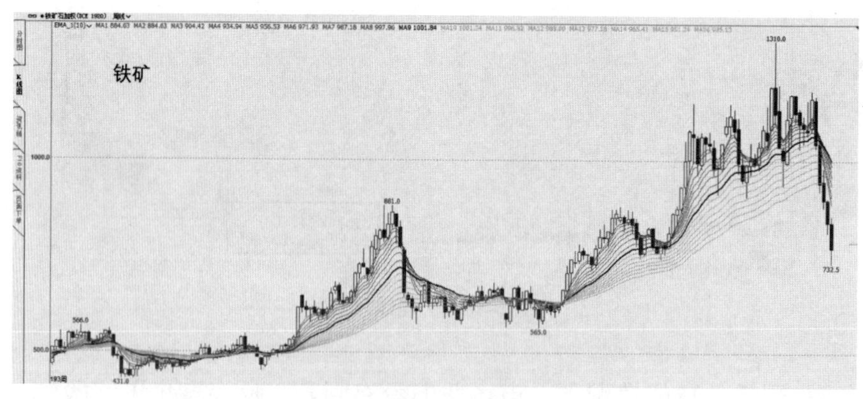

图 6-48-5 铁矿

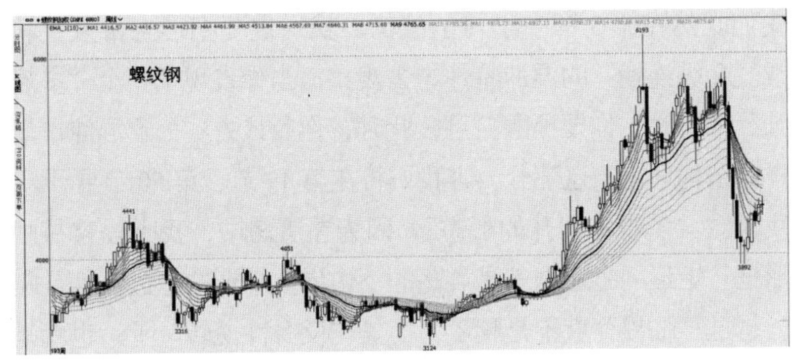

图 6-48-6 螺纹钢

在图 6-48-5 和图 6-48-6 中，我们也看见了多次震荡，但震荡之后，市场价格并没有发生疯狂的上涨，反而出现了下跌。有的人指出，上面两个形态的多次震荡并没有出现明显的爬升，所以不应该做多。这样的想法是有道理的，因为反身性的内在含义就是“投资者偏见的自我增强”。所以从形态上看：

- 震荡，意味着对抗。
- 爬升，意味着自我增强。

所以对于反身性来讲，爬升是主要特征，震荡是次要特征。但我们也能看到一些形态，震荡特征很明显，爬升特征不明显。如图 6-48-7 所示，此形态经多次震荡后并没有发生爬升，但之后价格也开始上涨。如果我们再次碰到多震荡而非爬升的形态，那么我们还要不要介入呢？

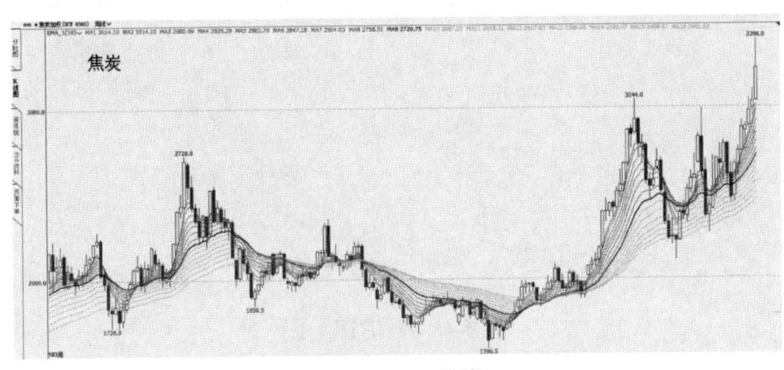

图 6-48-7 焦炭

我们既然在第3章中学习了结构，就一定要把形态带入“满而大同”或“合纵连横”的混沌特性中去观察。当你发现了一个“多震荡而非爬升”形态时，你要提醒自己，此时，你应该去看一看混沌市场处于什么样的结构环境。这部分内容我们将在第49节、第50节展开。

我喜欢“多震荡爬升的形态”，因为在震荡中，我比较容易画出一个矩形框。矩形的下边框就是震荡的下边界，矩形的上边框就是爬升的临界，越过“临界”就不是爬了，而是“反身性逆转”了，也就是即将要发生很大“尺缩”的地方。

但对于反身性来讲，爬升是其主要特征。当我们面对没有震荡只有爬升的形态时，我们可能无法画出一个矩形框，只能猜测这个位置有可能是临界。我们来看一个很多年前的行情，是2005年沪铜的爬升过程（见图6-48-8至图6-48-12）。早2006年，期货市场就出现了很多“沪铜大王”，我们看看当时的情况。

我们来感受一下沪铜爬升的全过程，我们回看小圆圈1、2、3。这几个小圆圈中的K线有的是大阳线，有的是跳空高开，这两种情形都会微微开创新高，貌似“探头”，也都会引起整个形态的“微微一缩”。我们在实际操作中，如果只看形态，这些小圆圈都是买入点，因为你不知道哪个小圆圈之后，市场会开启一波比较大的行情。

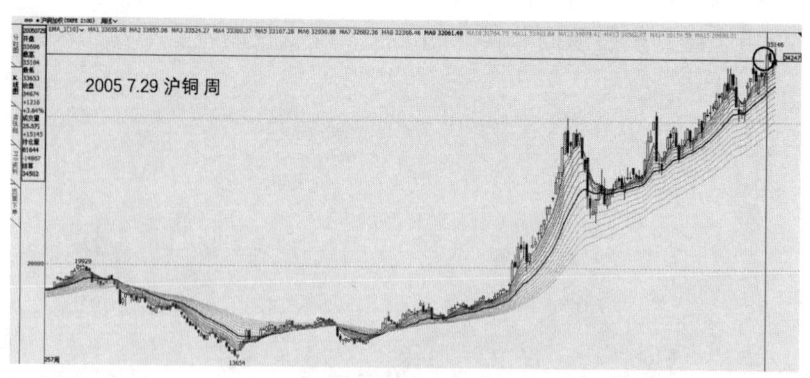

图6-48-8　沪铜（1）

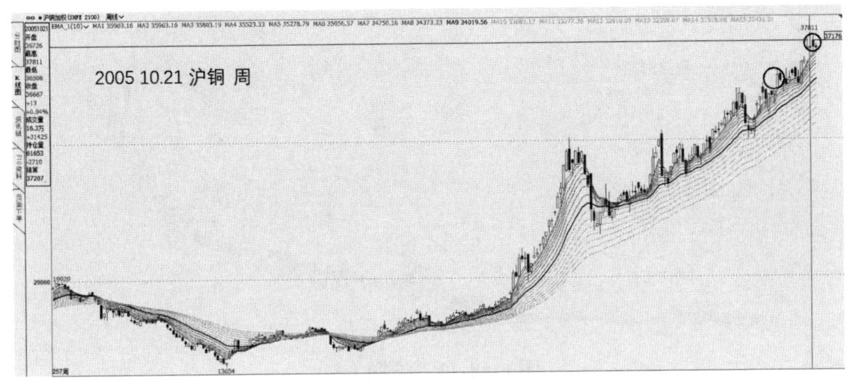

图 6-48-9 沪铜（2）

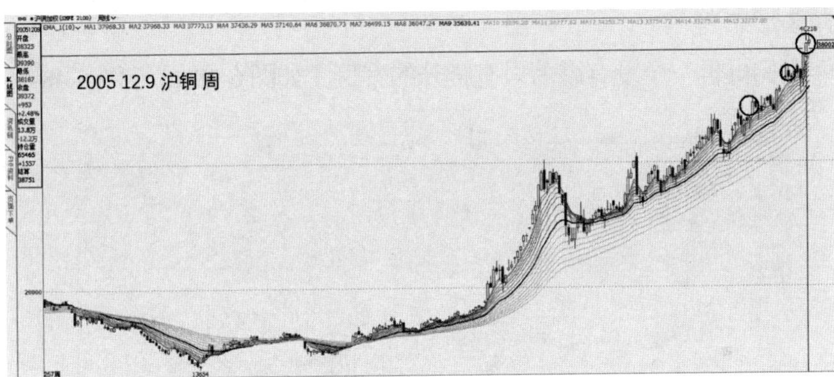

图 6-48-10 沪铜（3）

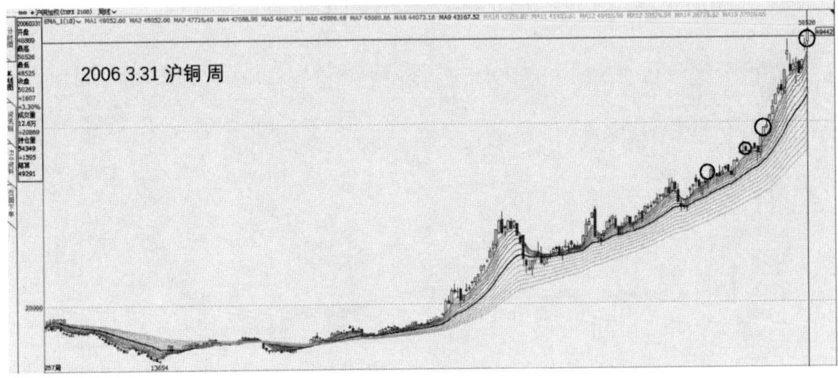

图 6-48-11 沪铜（4）

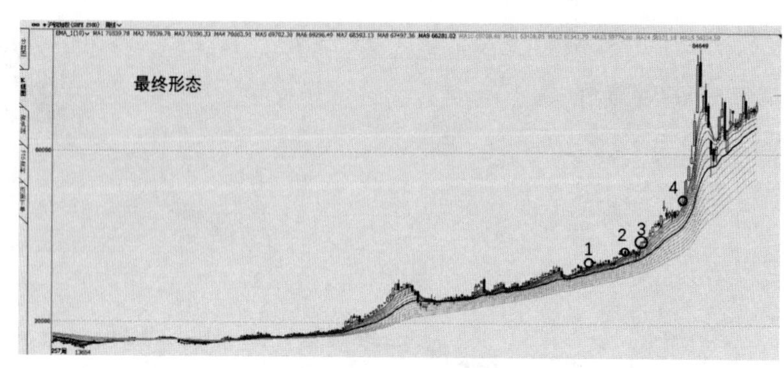

图 6-48-12　沪铜（5）

我们可以把这种在均线组倾斜时 K 线“探头”的形态称为“倾斜爬升探头形态”。

我们再看一个没有震荡只有爬升的案例（如图 6-48-13 至图 6-48-16）。

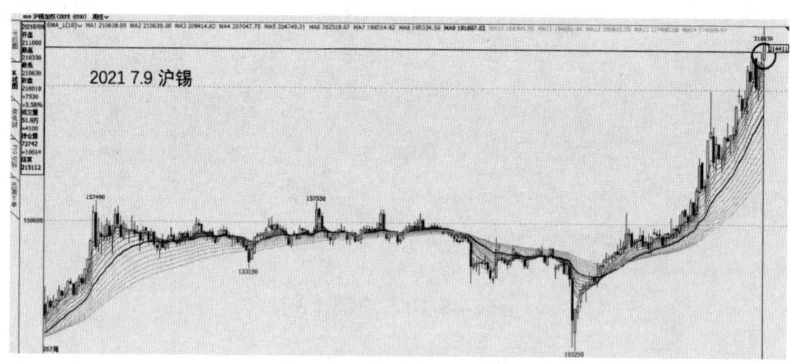

图 6-48-13　沪锡（1）

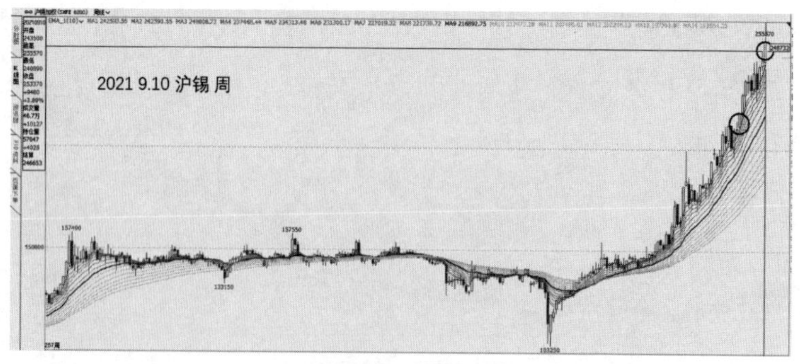

图 6-48-14　沪锡（2）

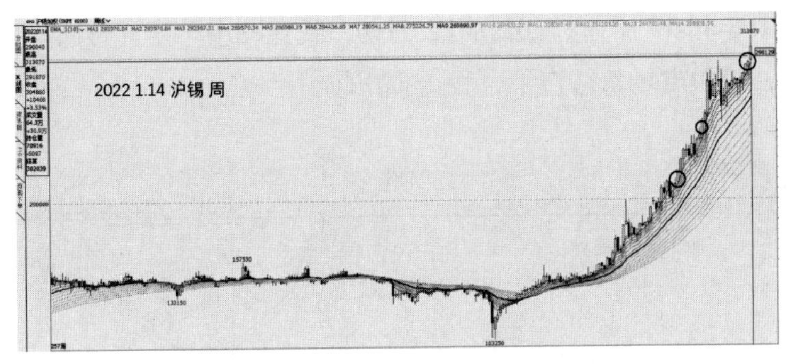

图 6-48-15　沪锡（3）

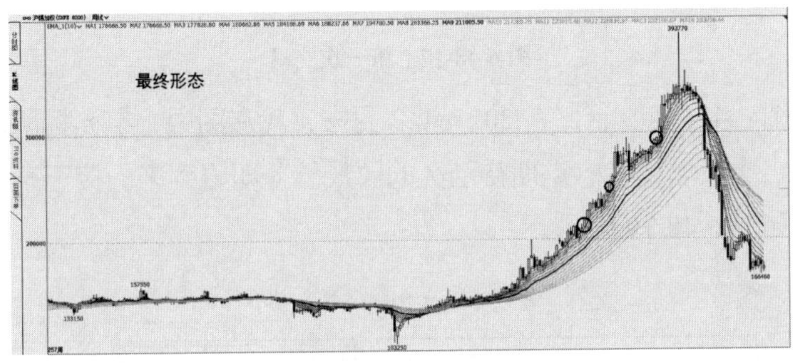

图 6-48-16　沪锡（4）

我们要多熟悉这种没有震荡只有爬升的形态，我们很难在这样的形态中画出一个矩形框，所以很难确定“反身性的尺度”，也很难确定“反身性逆转”的临界。在实际操作中，我们有没有其他优化操作的方法？有，但这个问题先留给大家思考。

到此为止，我们看到了“多震荡爬升形态”和“倾斜爬升探头形态”，我把这两种形态称为爬升的特征形态，或称为“反身性临界”特征形态。在“反身性临界”之后，有可能迎来最大“尺缩”，也就是“反身性逆转”。

我们最后再来看一个案例，这个案例是我进进出出多次，但最终却踏空的案例。我时常会把这个案例拿出来翻一翻。我先回忆一下当时的操作流程。

如图 6-48-17 所示，2021 年 2 月初，我在图中十字光标所示的 K 线处入场，随即市场急转直下，我止损出场。

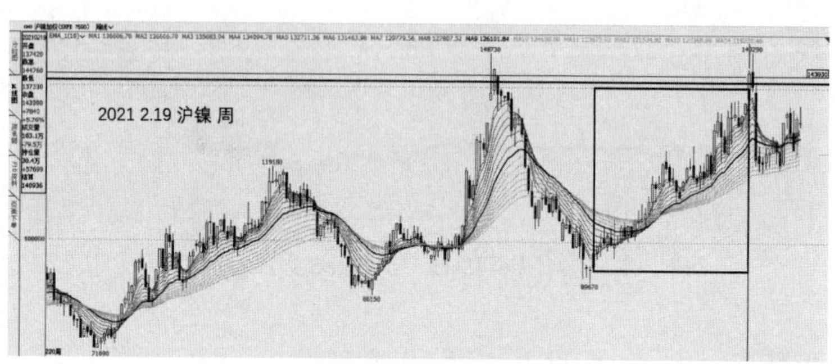

图 6-48-17　第一次交易

如图 6-48-18 所示，在 2021 年 7 月末，我在图中十字光标所示的 K 线处第二次入场，我感觉期待已久的“尺缩”即将到来。接下来，结果如何？如图 6-48-19 所示。

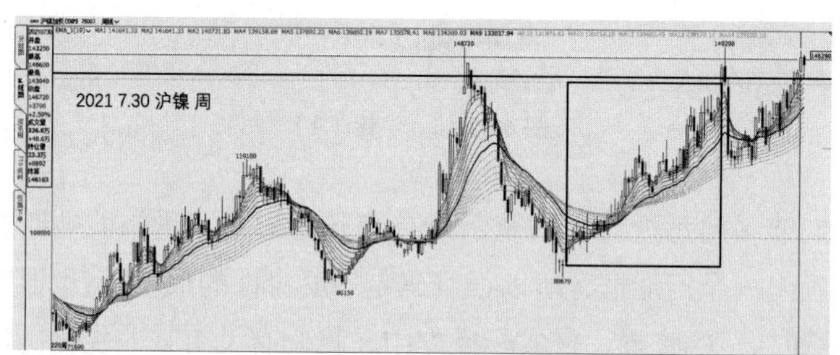

图 6-48-18　第二次交易

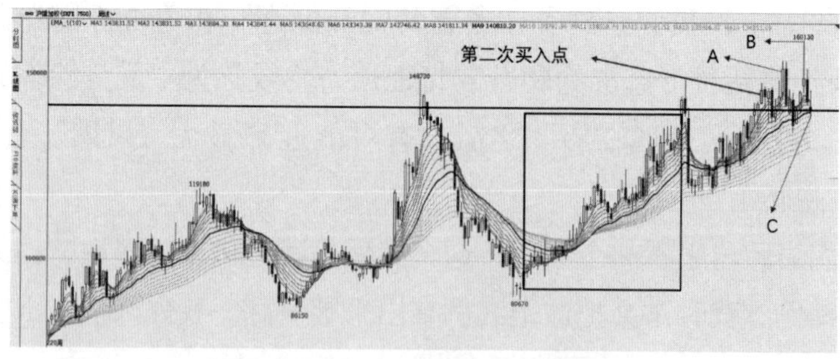

图 6-48-19　关键时点时的预期

在第二次买入之后，行情并没有出现预期中的“冲与缩”。在接下来的一段时间中，当市场波动到图中A和B所指示的K线时，我都曾预期市场将出现“冲与缩”。当市场波动到C所指示的那根K线时，我已经筋疲力尽了，我认为市场三番五次地尝试突破都没有成功，那么，很可能市场即将下跌，所以我平仓离场。

有的时候市场在多次震荡后开始上涨（见图6-48-7、图6-48-20），有的时候市场在多次震荡后开始下跌（见图6-48-5、图6-48-6）。这可如何是好？这种情形让我烦恼了很久。之前曾提及“烦恼即菩提”，你若当时不能解决烦恼，那就记住这个烦恼，念念不忘，必有回响。

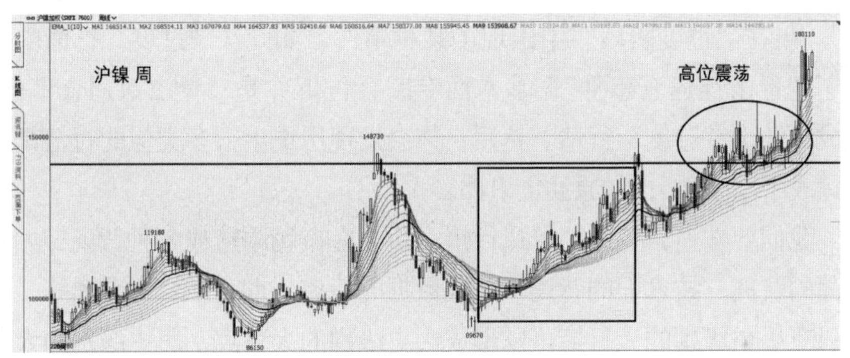

图6-48-20　开始突破

如图6-48-20所示，多次高位震荡之后，市场开始突破。按照以往类似的经验，一旦突破，这个行情就不会很快结束，大概率还会持续上涨，我想等到市场回调一下，等待市场出现了可以识别的“爬升”，到那时再伺机买入。我开始天天关注，等待合适的入场机会，可结果如何？如图6-48-21所示。

我还没有来得及等到合适的入场机会，市场便迎来了“过度阶段”，我知道，我已经踏空了，在这个案例的行进过程中，我三番五次地预期上涨，出现了很多次误判，最终踏空了那个最赚钱的“过度阶段”。我该如何是好？

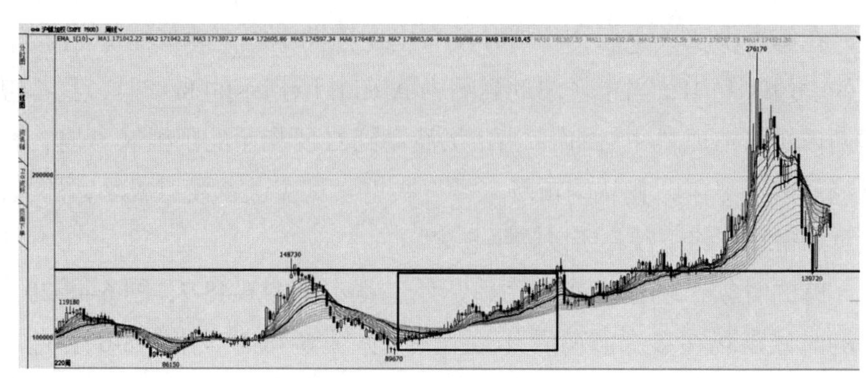

图 6-48-21　结局

值得注意的是，基本面专家没有办法用专业逻辑去解读“过度阶段”。当在“过度阶段”中出现了某种事件，如此次“过度”行情中出现了“青山镍逼仓事件”，基本面专家会告诉你是“青山镍逼仓事件”造成了此次“过度”行情。然后，你会发现历史上很多类似的行情都被解读成了“事件”，如原油宝事件。

我们要知道，持续的单边行情一定会在市场中造成各种背离，如基本面的背离、技术面的背离、量化数据的背离、期现结合的背离等。有并只有历史级别的大行情可以形成历史级别的大背离，历史级别的大背离才能造成各种分析模型的崩溃，如套利机制的崩溃、期权卖方策略的崩溃、现货套保的崩溃、原有交易规则的崩溃等。

这种历史级别的大崩溃，导致了历史级别的大事件。在混沌市场中，只要你发现基本面、技术面、量化数据、期现结合中任何一方面出现大背离，这就是大背离的“满而大同”。我们应该去研究为什么会形成如此巨大的单边行情，这个才是造成所有“大事件”的根本原因。

总结一下，这一节我们通过“反身性临界”，揭示了即将要发生的“反身性逆转”。在“多震荡爬升”的情形中，我们可以画出反身性的尺度；在“倾斜爬升探头”的情形中，我们可以预测反身性的尺度。

我们从这一章的诸多案例中可以观察到“反身性逆转”是“尺缩”的加速阶段，也就是说“尺缩”已经在持续进行了，此时是“尺缩”的

"缩之又缩"。

老子言：为道日损。损之又损，以至于无为，无为而无不为。

老子言：曲则全。

我们看到了形态的"缩之又缩"，也许这就是"损之又损"；形态的"缩之又缩"是表象，内在的根本原因是"扭转"。老子说"曲则全"，在混沌之中，"曲速"即是"全速"。所以，在混沌之中，"曲速突破"就是混沌当下的"全速突破"。

"基本面临界"成功突破后的曲速，是"基本面曲速"，揭示在这个位置发生了"基本面扭转"；"反身性临界"成功突破后的曲速，是"反身性曲速"，揭示在这个位置发生了"反身性逆转"。所以我们在本章开启的是曲速，揭示的是扭转（逆转）。

在有关"相对论"的科普文章中，我也看到过类似的表述：曲速引擎，时空坍缩。本章也遗留了很多待解决的问题，我们在接下来的章节中逐一解答。

第49节

整同无结，合纵连横

上一节，我们提到过，在通常情况下，"多震荡爬升形态"和"倾斜爬升探头形态"是爬升的特征形态，是"反身性临界"的特征形态。我们在上一节提到了一个让我忧虑很久的情形：

有的时候市场在震荡后开始上涨（见图6-48-7、图6-48-20），有的时候市场在震荡后开始下跌（见图6-48-5、图6-48-6）。这可如何是好？这种情形让我忧虑了很久。

在本节中，我们将要凭借"合纵连横"的特性来解决这个让我忧虑很久的情形。注意，我们不是去解决问题，而是去“解决”问题，这个怎么理解呢？

自然界是适者生存的，也就是说，“适应自然界特性”的物种才能够生存，“不适应自然界特性”的物种将会被淘汰。“不适应自然界特性”的物种自然会引起各种各样的生存问题，但是自然界并没有理会这些问题，淘汰就好。由此可见，自然界是通过淘汰问题发生的载体来淘汰问题，从而解决问题的。

所以，我们不要去直接解决问题，我们要学会淘汰问题，从而“解决”了问题。下面我们开始间接解决问题。

第 23 节“既有结构，必有它构”中有这么一段：

• 我们再看 2021 年 8 月、9 月、10 月，这 3 个月是工业指数上涨幅度最大的阶段。这 3 个月是煤炭和化工板块同时上涨，尤其是煤炭板块的大幅度上涨带动了工业指数上涨。根据“相似性”特性，我们可以推理出：是行业内权重品种一同加速推动了行业板块加速，并推动了工业指数的发展。

如何在“合纵连横”中观察爬升形态？

我们先来看看钢铁行业指数形态（见图 6-49-1）。

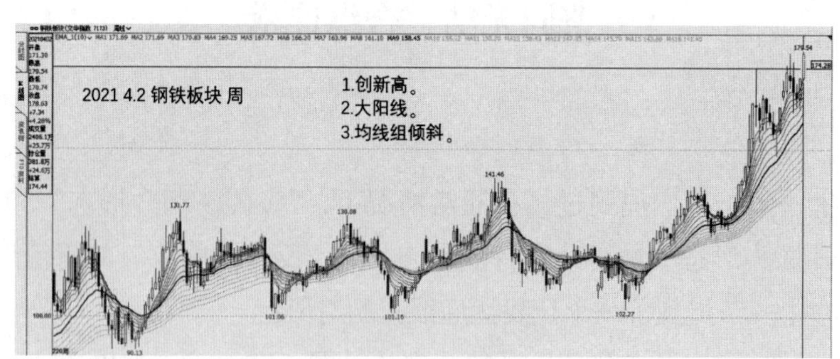

图 6-49-1　钢铁板块

钢铁板块中十字线所标 K 线有三个特征：一是创新高（可引起尺缩）；二是大阳线；三是均线组倾斜。这三个特征让你感觉此处有爬升的态势。我们此时再来看看其内部品种有没有爬升的特征形态（见图 6-49-2、图 6-49-3）。

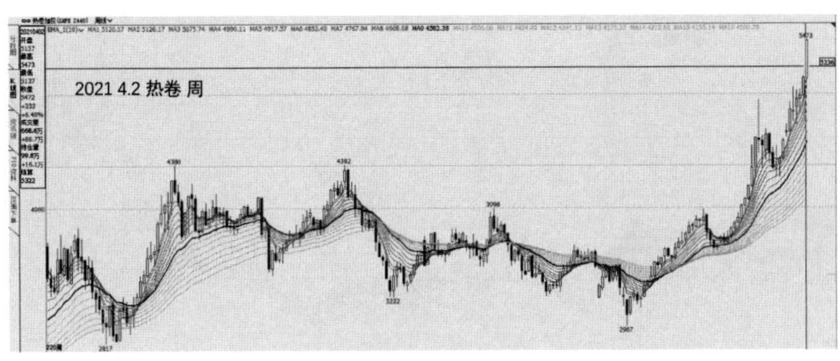

图 6-49-2　热卷

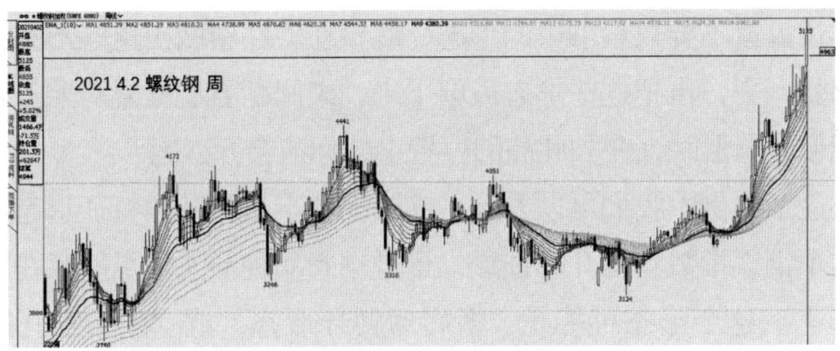

图 6-49-3　螺纹钢

此时，我们可以看出，热卷和螺纹钢是“倾斜爬升探头形态”。我们再看看此时工业指数是什么形态（见图 6-49-4）。

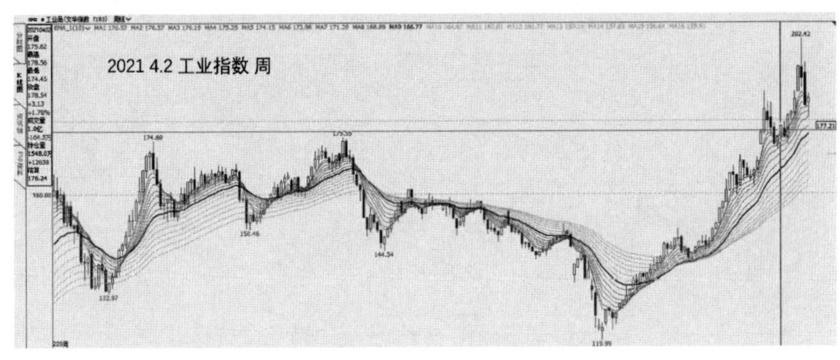

图 6-49-4　工业指数

最后，我们来看看热卷的最终形态（见图 6-49-5）。

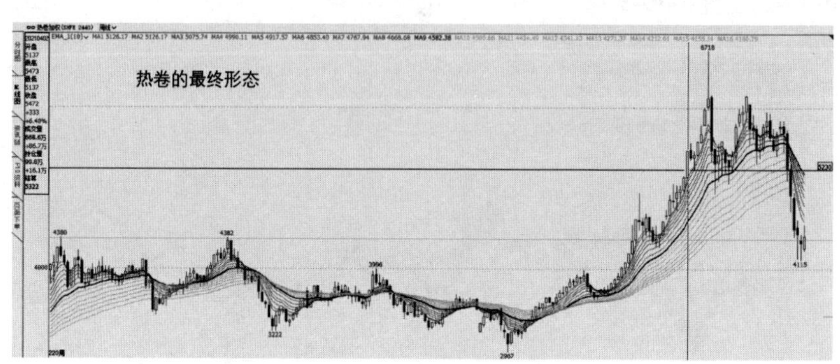

图 6-49-5　热卷的最终形态

建议大家不要只看书中的形态，应该在软件中找出这些形态，来回拖动感受一下，再把这些形态截取下来，来回翻看、反复对照。当下次遇到相似的情形时，在如此高的位置上，你还会介入吗？

从这个案例中我们可以看到，钢铁指数不是爬升的特征形态。我们感觉这个钢铁指数有爬升的迹象，于是预判品种形态中可能存在爬升的特征形态。这个形态可能是“多震荡爬升形态”或“倾斜爬升探头形态”。然后，我们再去见证我们的预判。

我们再看煤炭指数是“多震荡爬升形态”时，焦炭、焦煤和动力煤的三者表现（见图 6-49-6 至图 6-49-9）。

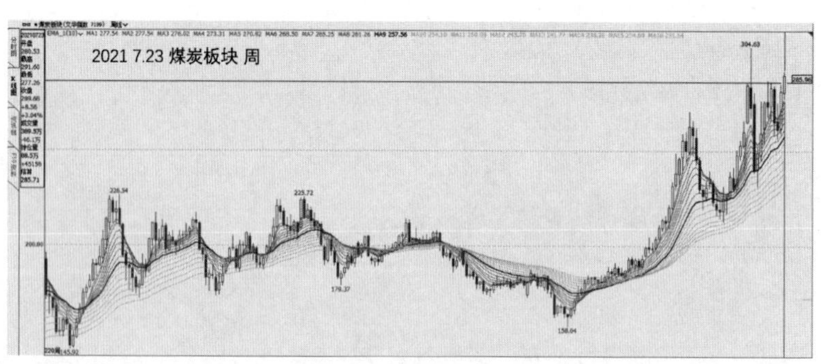

图 6-49-6　煤炭板块

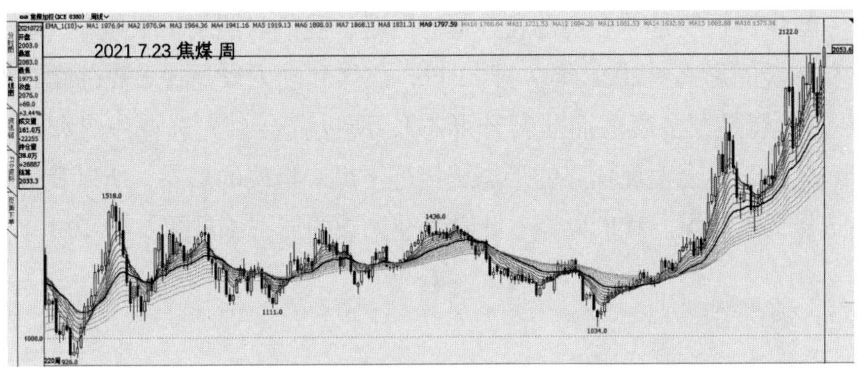

图 6-49-7　焦煤

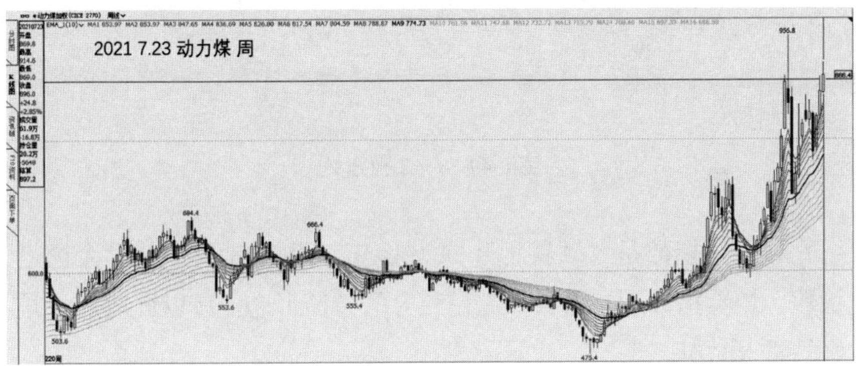

图 6-49-8　动力煤

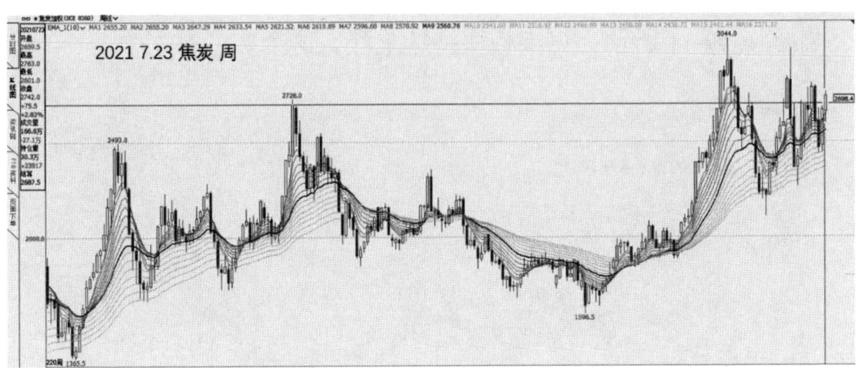

图 6-49-9　焦炭

当煤炭板块是“多震荡爬升形态”时，我们对照了一下焦煤、动力煤和焦炭的形态。2021 年 7 月 23 日，焦煤和动力煤是“多震荡爬升形态”，焦炭是“多震荡而非爬升形态”，所以我会首先选择焦煤和动力煤。其次，你会发现焦煤的形态更接近于煤炭板块的形态，所以我最终会选择买入焦煤。我们再看看此时工业指数的形态（见图 6-49-10）。

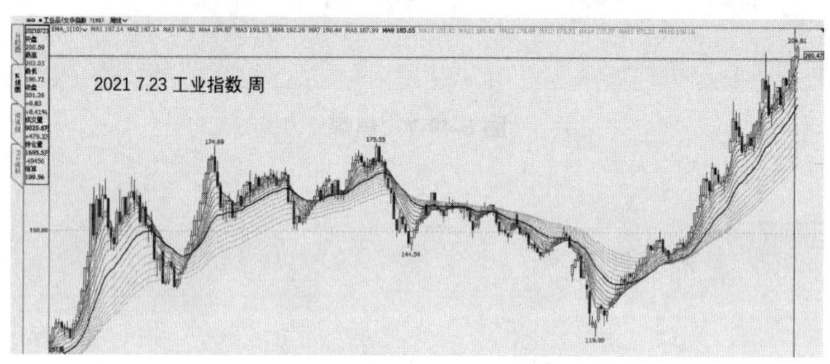

图 6-49-10　工业指数

此时工业指数是“倾斜爬升探头形态”，也就是说，此时无论是工业指数、煤炭指数还是焦煤，都是爬升的特征形态。所以此时应该是非常好的买入时机。

我们再来看看接下来煤炭板块和各个形态的即时走向。我们将逐个分析，有的在意料之中，有的出乎意料。

如图 6-49-11 所示，煤炭板块持续上涨，这个在意料之中。

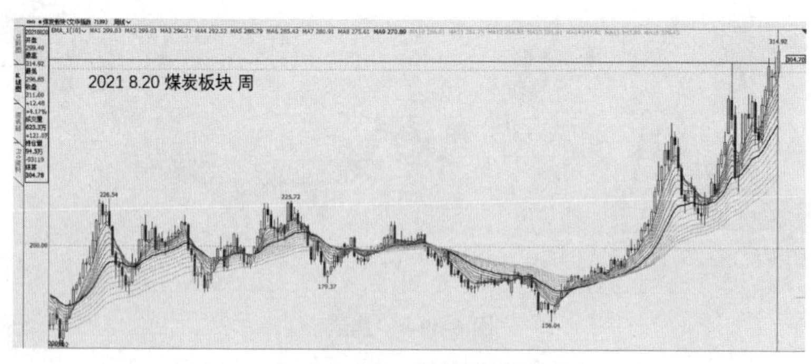

图 6-49-11　煤炭板块

如图 6-49-12 所示，焦煤涨幅大于焦炭板块的涨幅，这个也在意料之中。

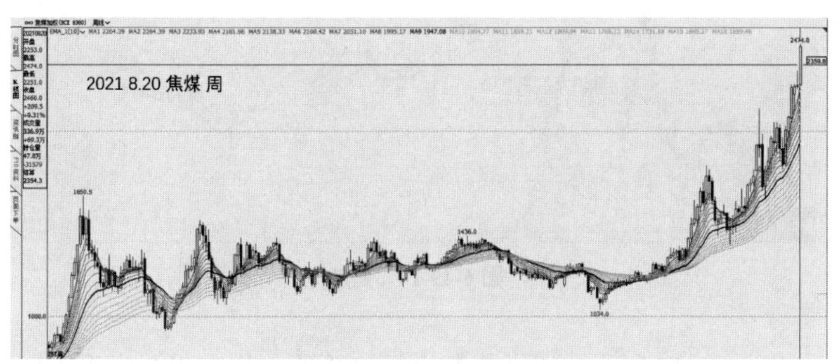

图 6-49-12　焦煤

如图 6-49-13 所示，在煤炭板块上涨的情况下，动力煤居然下跌，这个情形出乎意料。

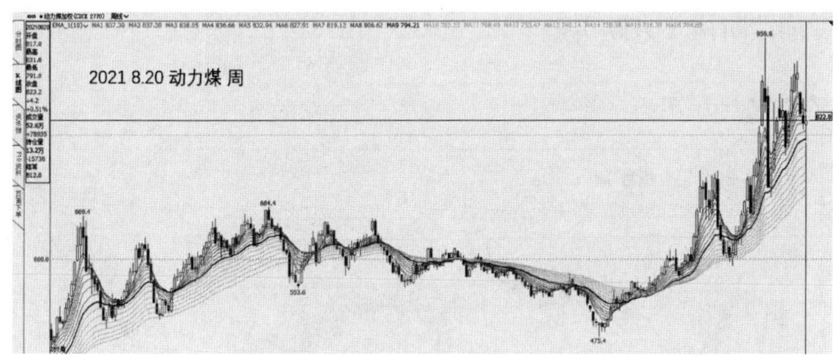

图 6-49-13　动力煤

如图 6-49-14 所示，在煤炭板块上涨的情况下，焦炭上涨，这个情形在意料之中。此节开始时，我指出这个形态（同一个形态，见图 6-48-7）是让我忧虑很久的情形。在实际操作中，这个形态会被淘汰，就算没有被淘汰，我也知道是板块的上涨带动了这个形态的上涨。

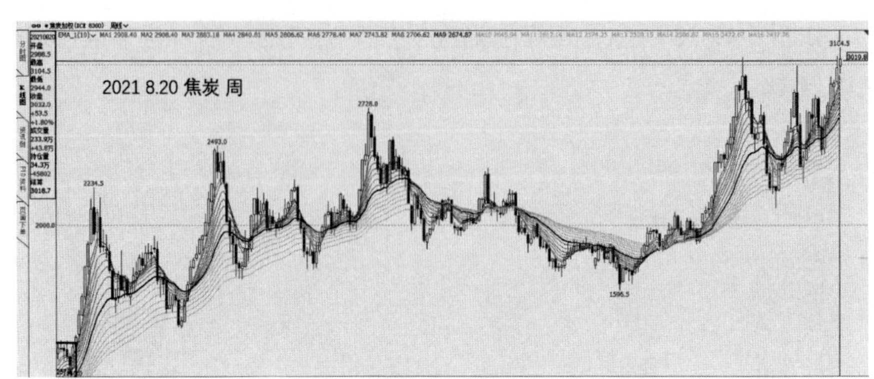

图 6-49-14　焦炭

如图 6-49-15 所示，工业指数小幅度下跌，也有点儿出乎意料。在高位的小幅下跌，总给人一种行情即将结束的错觉。一般来讲，行情结束的特征是“冲高大跌”。一般情况下，如果没有冲高，就不会有大跌。如果没有冲高，说明行情还没有结束。我们再回顾一下索罗斯所说的“反身性”的四个阶段包括：认知阶段、反身性阶段、过度阶段（冲高）、崩溃阶段（大跌）。

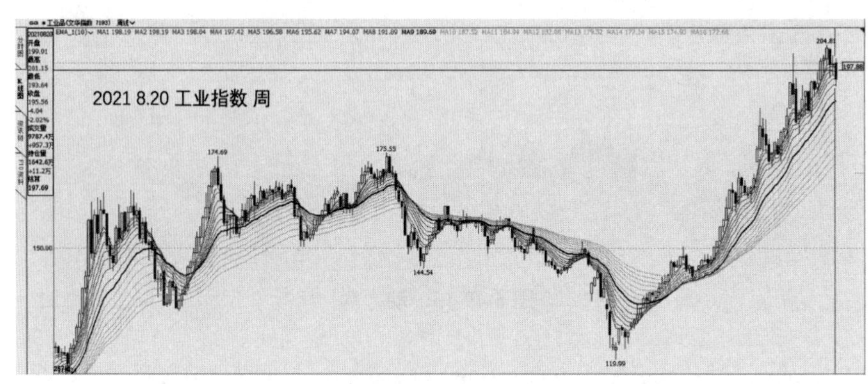

图 6-49-15　工业指数

注意，一般情况下，高位小幅下跌，会给人一种强烈的行情即将结束的错觉，我有很多次在这种错觉中减仓出场，因此踏空了接下来的冲高行情。

接下来，我们看看煤炭板块和各个形态的最终走向。我们将逐个分析，有的在意料之中，有的出乎意料。

如图 6-49-16 所示，煤炭板块迎来了反身性的“过度阶段”，这个在意料之中。

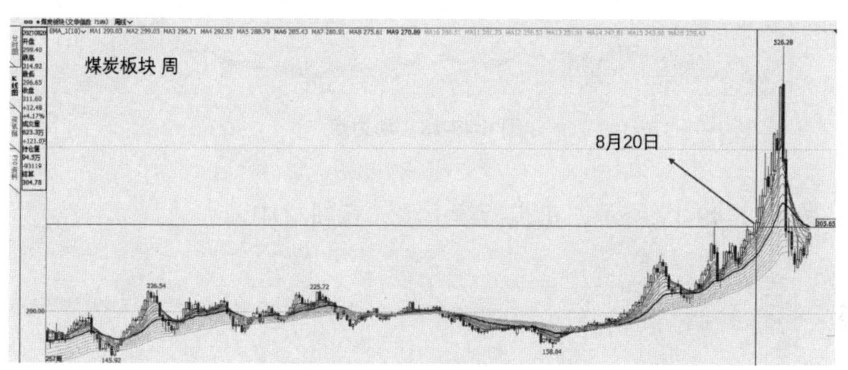

图 6-49-16　煤炭板块

如图 6-49-17 所示，焦煤迎来了反身性的“过度阶段”，这个在意料之中。

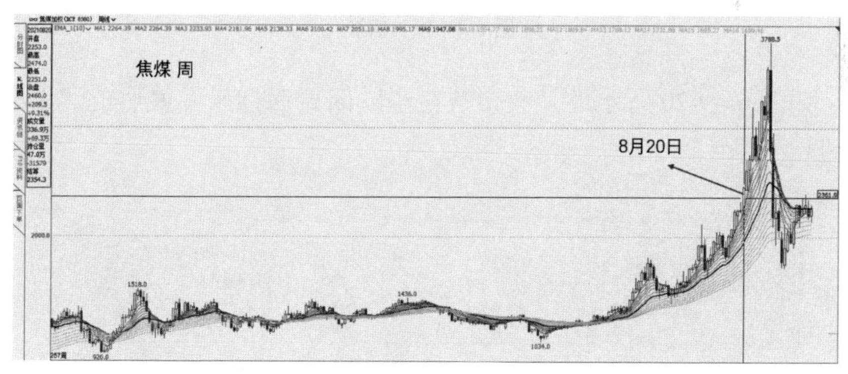

图 6-49-17　焦煤

如图 6-49-18 所示，动力煤在前期下跌之后，转而疯狂上涨，出乎意料。

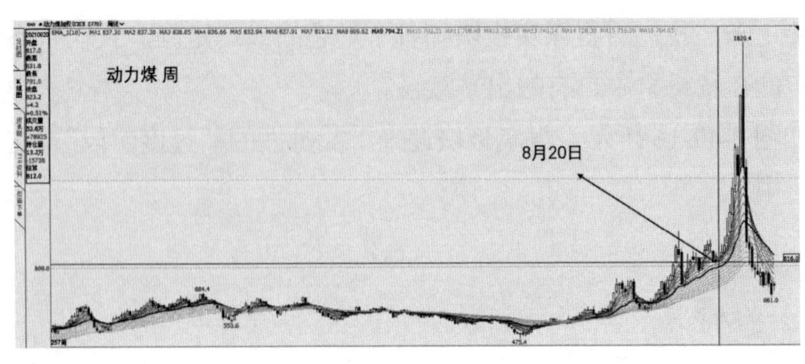

图 6-49-18　动力煤

如图 6-49-19 所示，焦炭持续上涨，意料之中。

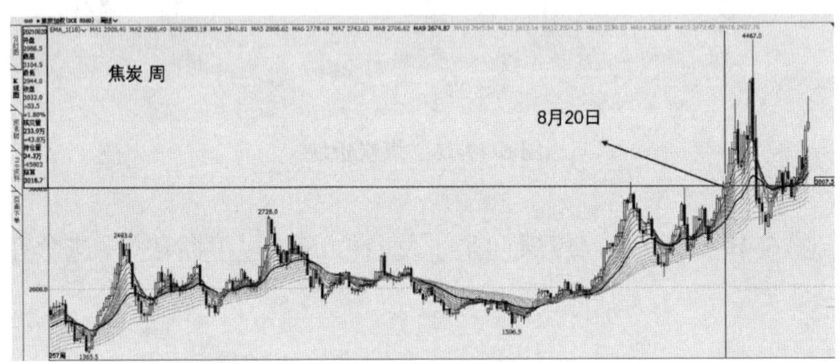

图 6-49-19　焦炭

如图 6-49-20 所示，工业指数在小跌回调后迎来了最后的“大冲”阶段。

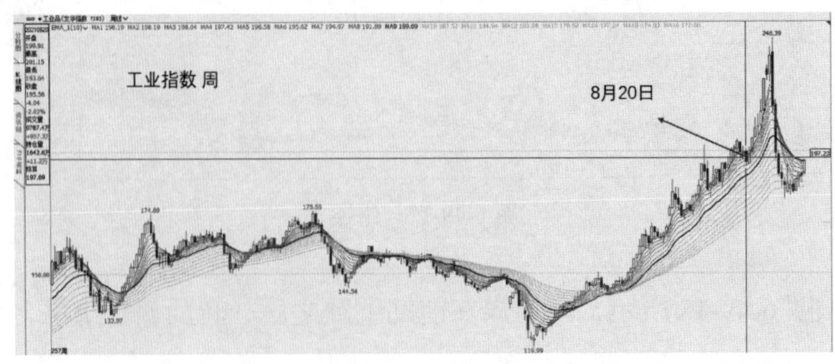

图 6-49-20　工业指数

最后，总结一下这个案例。如果我们在一开始选择了买入焦煤，那么一切后续发展也许都在意料之中。如果我们在一开始买入了其他品种，就有可能出现各种“出乎意料”的情形。虽然从最终结果来看，涨势最猛烈的品种是动力煤，但我还是诚实地告诉大家，我不会选择动力煤。如果你的每次交易表现能和行业指数持平，那就已经非常不错了，不要妄想去买入那个表现最好的品种。

第23节，我们提出了混沌“整同无结之构”的特性是“合纵连横”，这一段是这么描述的：

煤炭权重品种一同加速推动了煤炭板块加速，并推动了工业指数的发展，这个叫“合纵”；在一年时间中，板块连续轮动推进，并最终维持了工业指数趋势的持续发展，这个叫“连横”。在这个案例中，我们看到了“合纵连横”。

如果说“合纵”指的是“煤炭权重品种一同加速推动了煤炭板块加速，并推动了工业指数的发展”，那么我们不难发现：权重品种是最激进的形态；行业指数的形态相似于权重品种；工业指数的形态相似于行业指数。这个便是形态的“相似链”，“合纵”就是“相似链”。如果我们选择的形态不能构建成“相似链”，我们将淘汰这个形态。

在实际操作中，当你发现了“合纵”，就要考虑买入，未来市场是如何“连横”的，这个尚不确定，也许是轮动连横，也许是叠加连横（在同一时间，有两个以上的行业同时推动指数发展）。

在上面两个案例中，我们看到的是爬升的特征形态，是“反身性临界”特征形态。下面我们看看“基本面临界”特征形态。我们要见证一下“基本面临界”形态的“合纵”特征。

如图6-49-21至图6-49-23所示，我们发现有色指数貌似“基本面临界”形态，而沪铜是一个标准的“基本面临界”形态。这个沪铜形态我们在第46节见到过，大家可以回头对照一下第46节的内容。

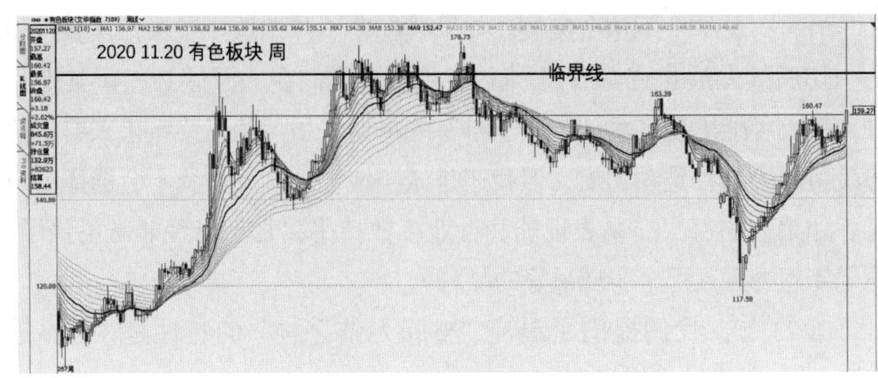

图 6-49-21　有色板块

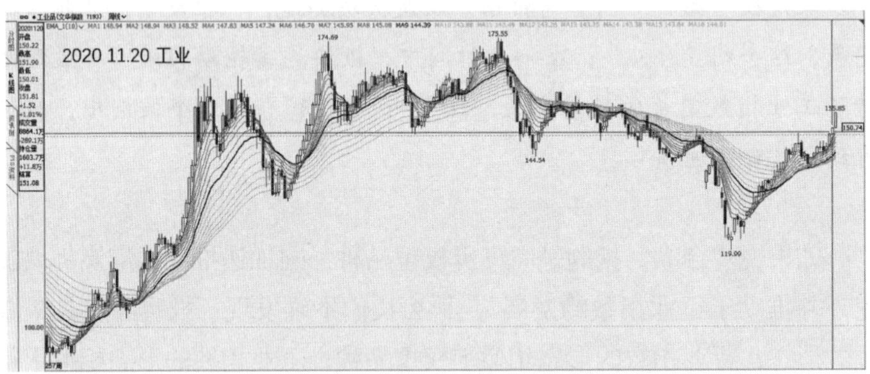

图 6-49-22　工业

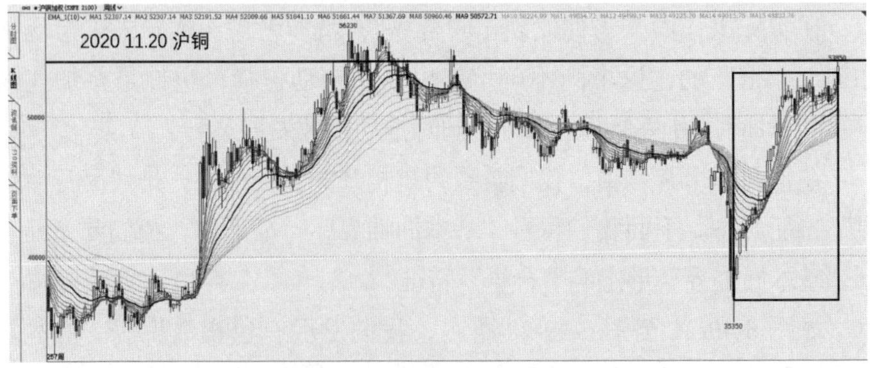

图 6-49-23　沪铜

以上是有色指数在 2020 年底的机会，我们再看看有色指数持续发展到 2021 年中期时，各个有色品种的情形。

如图 6-49-24 至图 6-49-29 所示，你会选择买入哪个品种?

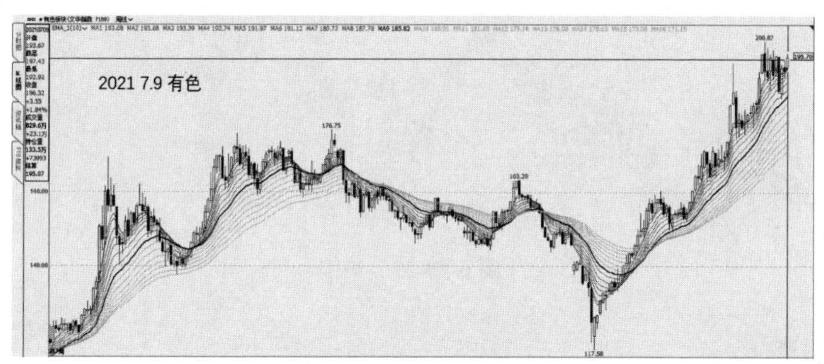

图 6-49-24　有色

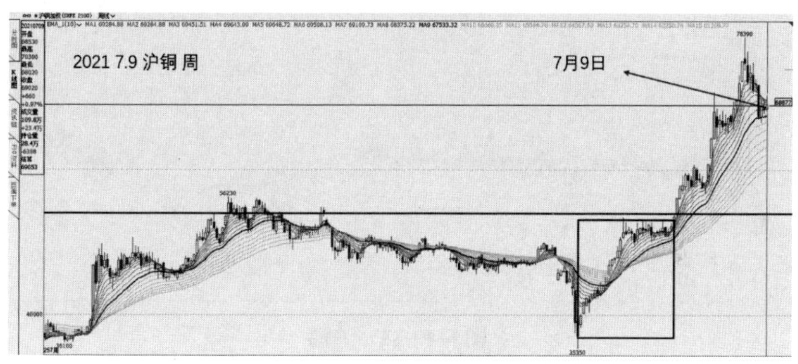

图 6-49-25　沪铜

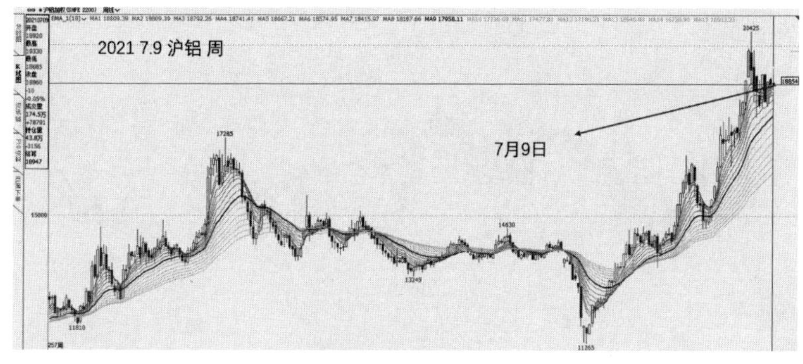

图 6-49-26　沪铝

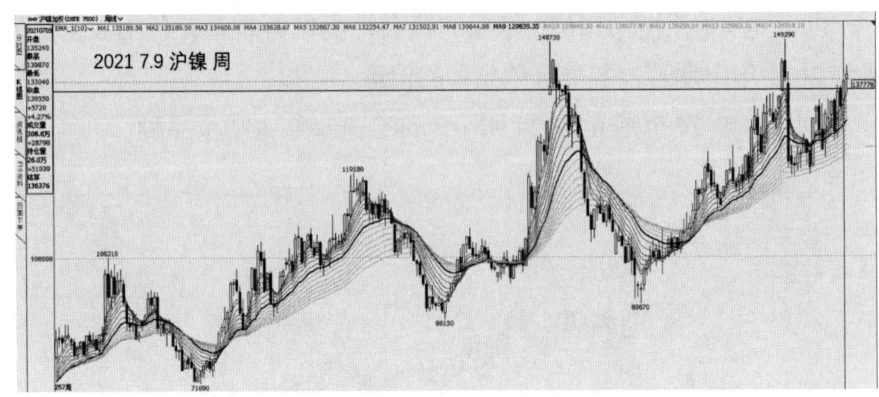

图 6-49-27　沪镍

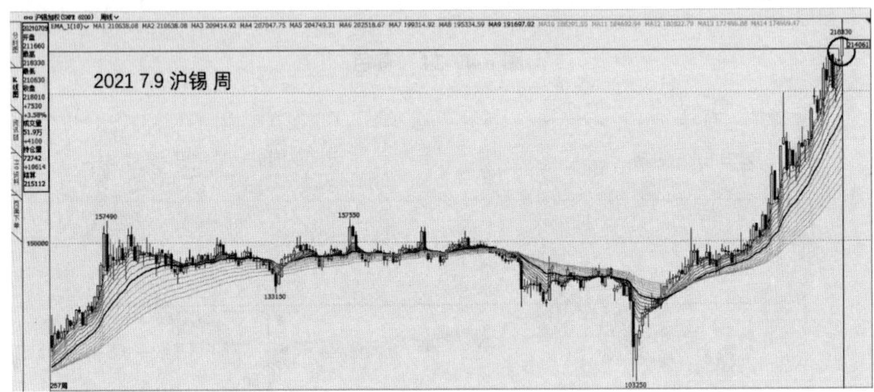

图 6-49-28　沪锡

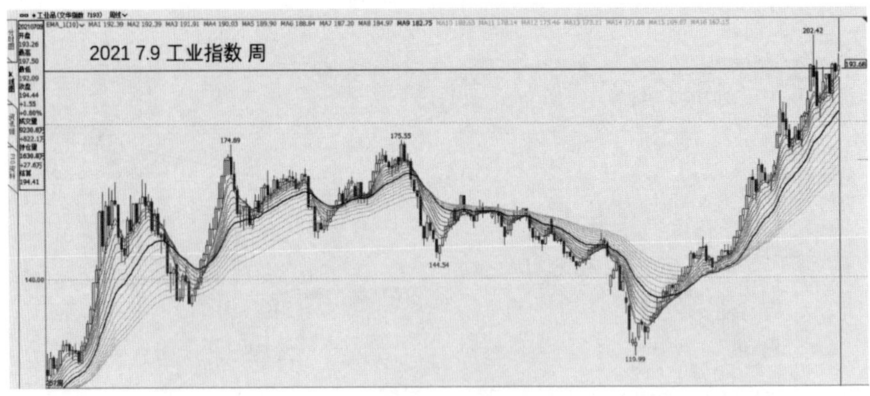

图 6-49-29　工业指数

- 沪铜高位小跌，不构成“相似链”，不选择。
- 沪铝可以观望。
- 沪锡是“倾斜爬升探头形态”，构成“相似链”，可以选择。
- 沪镍形态和有色板块最不相似，所以不选择。

之后，这几个品种走势如何，大家自行在软件上对照一下。

现在，我们间接解决一下上一节的遗留问题。看上一节图 6-48-19 上的“第二次买入点”。因为此时沪镍形态和有色板块不构成“相似链”，所以这个买入点可以被淘汰。

同理，回看图 6-48-17，此时是 2021 年 1 月 19 日，此时的有色指数是“基本面临界”特征形态；此时沪镍形态和有色指数形态并不相似；此时与有色指数最为相似的品种是沪铜和沪铝。大家可以在软件上自行对照一下。所以，我们在这个时候，也会淘汰沪镍形态。

这样，我们凭借混沌结构的“合纵”特性，淘汰了上一节所示沪镍案例的“第一次交易”和“第二次交易”。

在交易的过程中，当发现品种发展到一个新的爬升形态时，我们要评估一下此时有没有“相似链”特征。如图 6-49-30 和 6-49-31 所示。

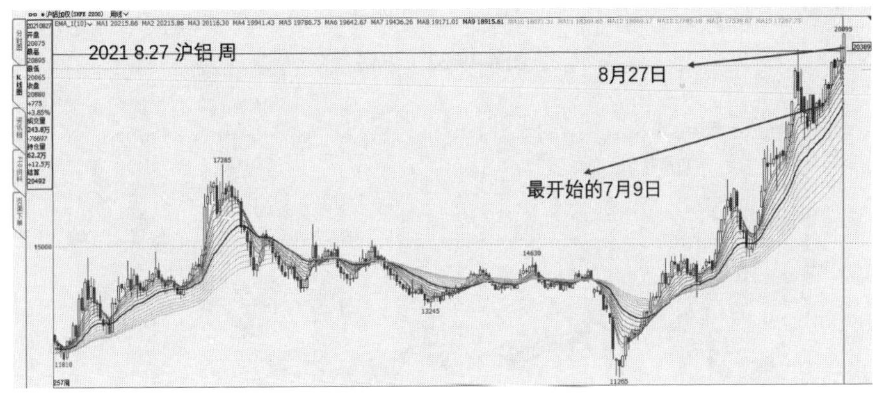

图 6-49-30 沪铝

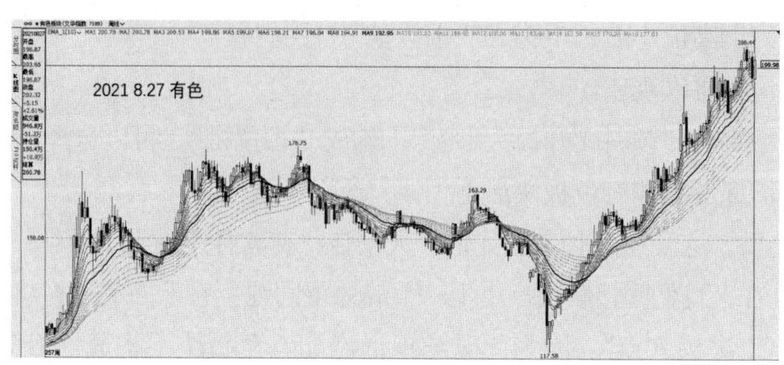

图 6-49-31 有色

我们再看看沪铝和有色指数的最终形态。如图 6-49-32 和图 6-49-33 所示。

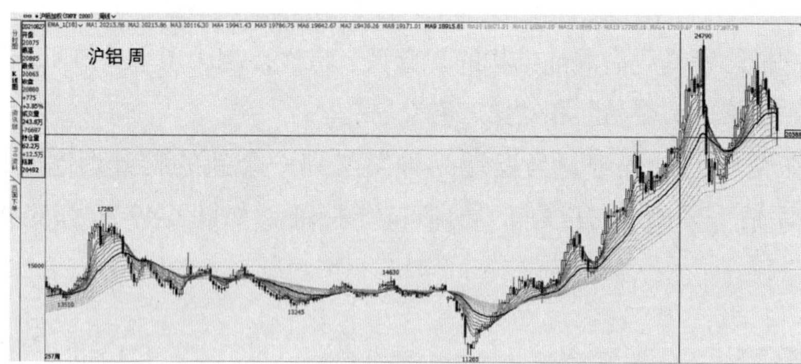

图 6-49-32 沪铝

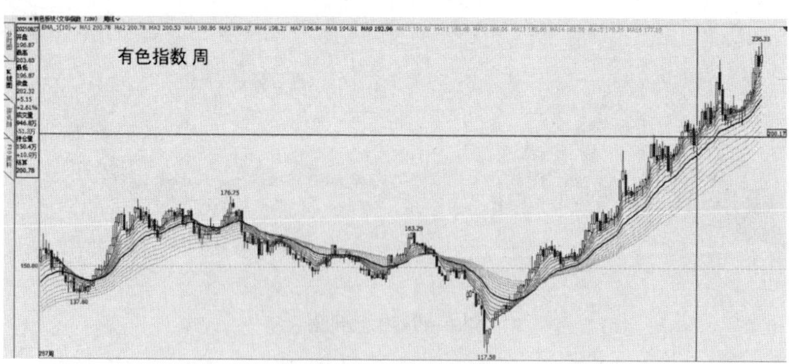

图 6-49-33 有色指数

如图 6-49-32 和图 6-49-33 所示，沪铝的上涨幅度超过了有色板块，这在意料之中。随后沪铝大幅下跌，沪铝趋势的连续性中断，然而此时的有色指数下跌幅度不大，有色指数的趋势并没有中断。然后，我们在有色指数上再一次看到了新的爬升势态（见图 6-49-34）。

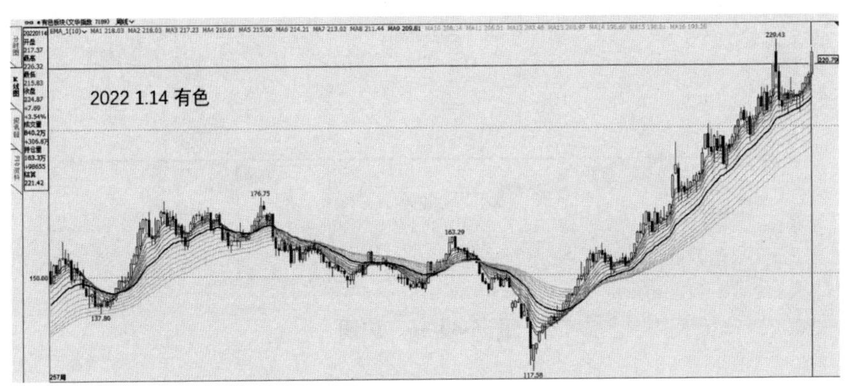

图 6-49-34　有色

此时，虽然有色指数看上去是新的爬升势态，但工业指数由于快速下跌造成了趋势形态的中断（见图 6-49-35）。所以说此时的有色指数和工业指数并不相似，说明不构成“相似链”，这个情况我们在第 23 节曾经提及。

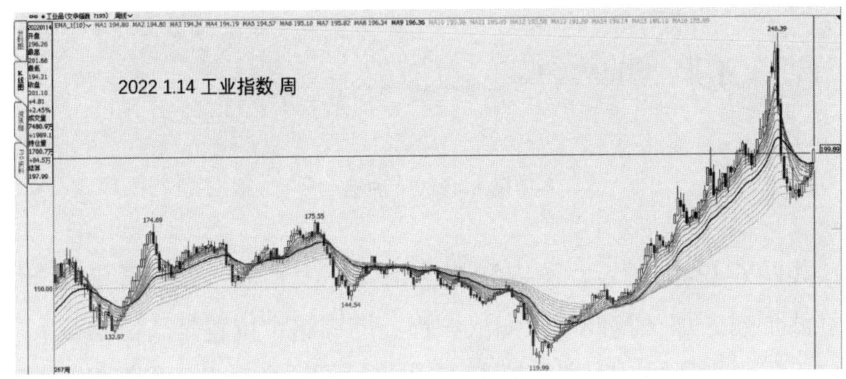

图 6-49-35　工业指数

那么我们该如何看待此时的有色指数和有色品种呢？我们先看看之前见过的有色品种的形态。

如图 6-49-36 所示，沪铜高位毛刺，记住，这不是上涨形态。

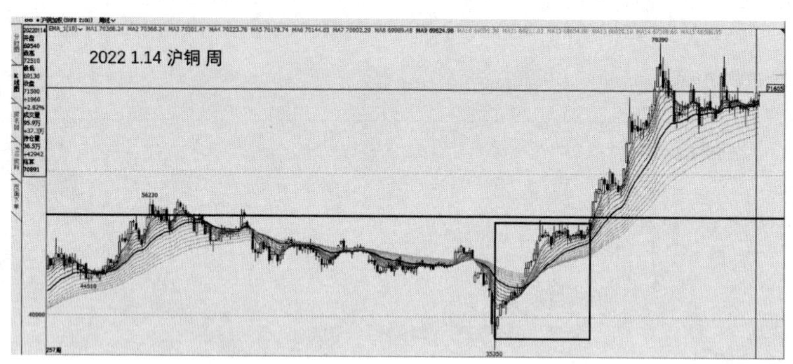

图 6-49-36　沪铜

如图 6-49-37 所示，沪铝和工业指数形态倒是相似，但沪铝和有色指数不相似，同时有色指数和工业指数不相似，所以将其淘汰。

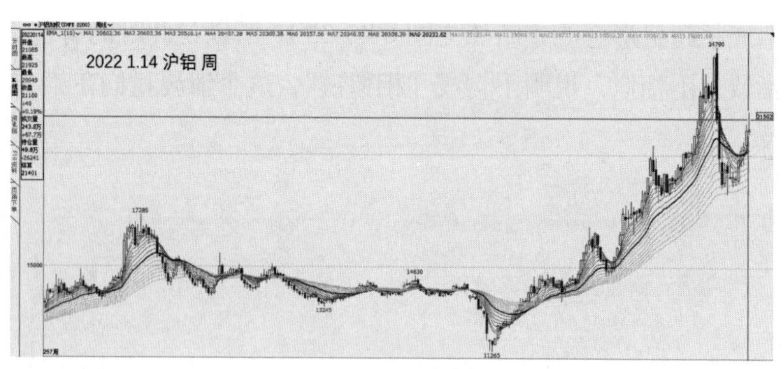

图 6-49-37　沪铝

如图 6-49-38 所示，沪镍和有色指数不太相似，如果凭借“合纵”来过滤形态，那么我们理应淘汰沪镍。沪镍这个位置是高位盘整突破，突破后将引起尺缩，我们在第 48 节也见过了这个形态，我们将在 50 节讲解如何应对高位震荡。

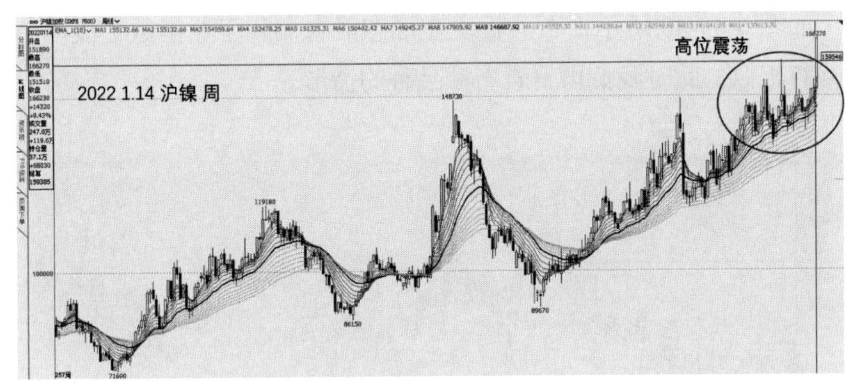

图 6-49-38　沪镍

如图 6-49-39 所示，沪锡和有色指数在整体上是大致相似的，但沪锡的走势过于激进。

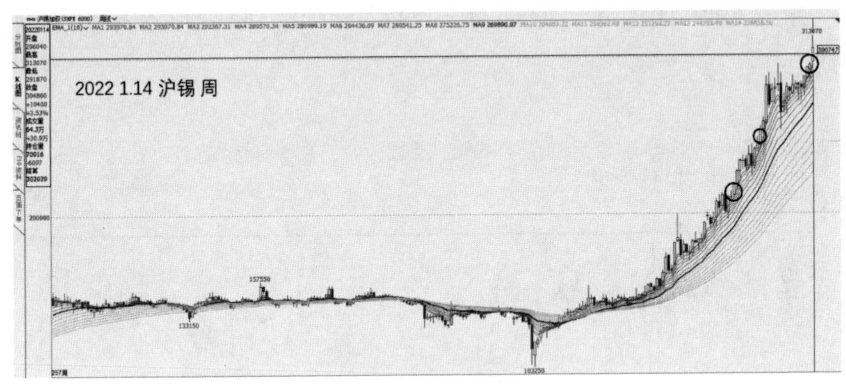

图 6-49-39　沪锡

目前的情况是沪锡和有色指数稍有相似，但有色和工业指数不太相似，我们要不要做沪锡？

这个问题怎么回答呢？如果在这个时间段，存在更好的入场选择，我们可以淘汰沪锡。如果没有更好的入场选择，少做一点也是可以的。

那么此时，有没有更好的选择？还记得第 23 节中石油板块的情形吗？

如图 6-49-40 所示，石油板块在形态最右侧和工业指数在波动节奏上略有相似，此时我们再看看石油品种的情形。

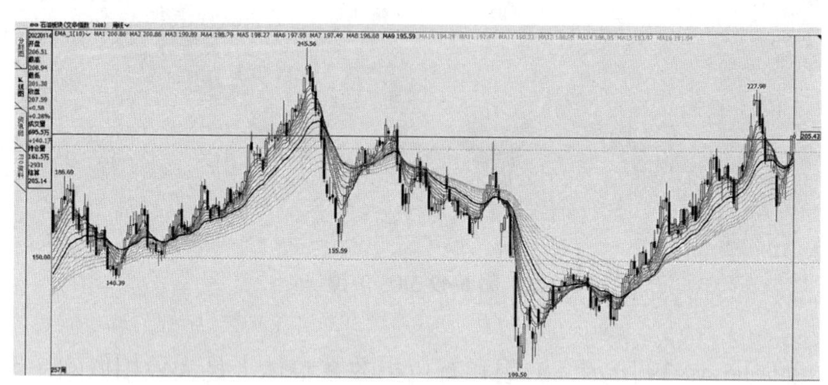

图 6-49-40　石油板块

如图 6-49-41 所示，原油有“尺缩”特征，原油形态相似于石油板块。

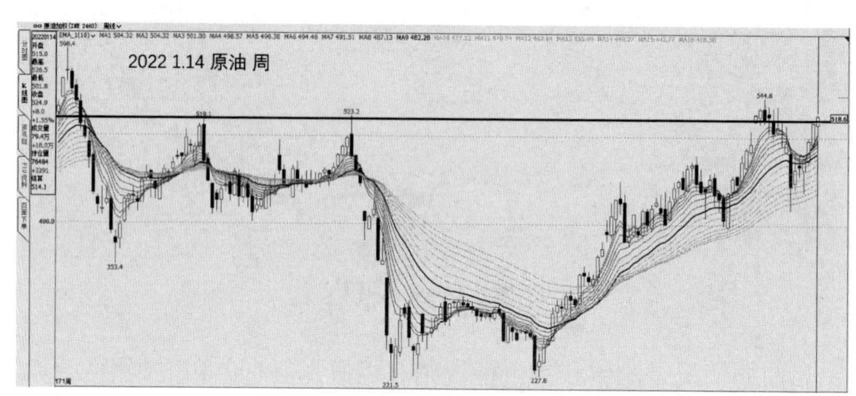

图 6-49-41　原油

如图 6-49-42 所示，燃料油有“穿过共振”特征，燃料油形态相似于石油板块形态。我们在 2022 年 1 月 14 日的时候，可以选择买入原油或燃料油，并淘汰有色品种。

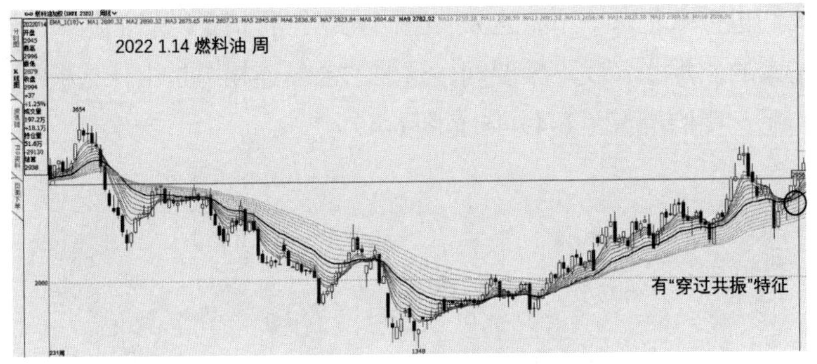

图 6-49-42　燃料油

我们再看看两个品种的最终走势（见图 6-49-43 和图 6-49-44）。

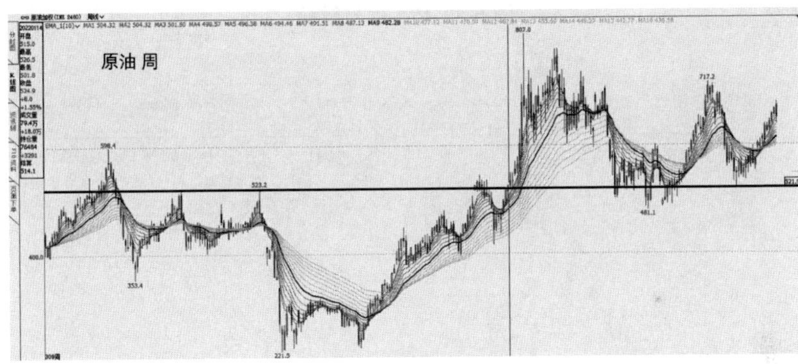

图 6-49-43　原油

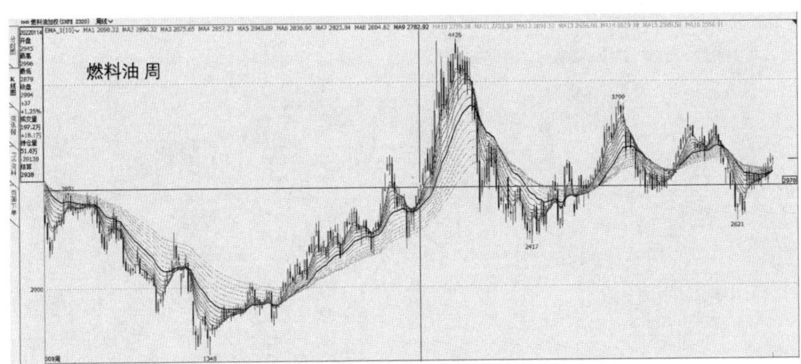

图 6-49-44　燃料油

我们也可以记录一下，这波“整同无结”行情是以石油板块为最后一波结束的。那么，我不禁要问，这波“合纵连横”是由什么板块最先发起的呢？我们看看图 6-49-45 至图 6-49-47。

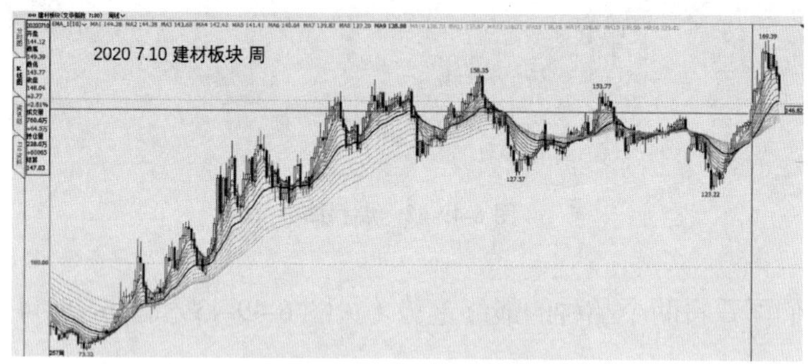

图 6-49-45　建材板块

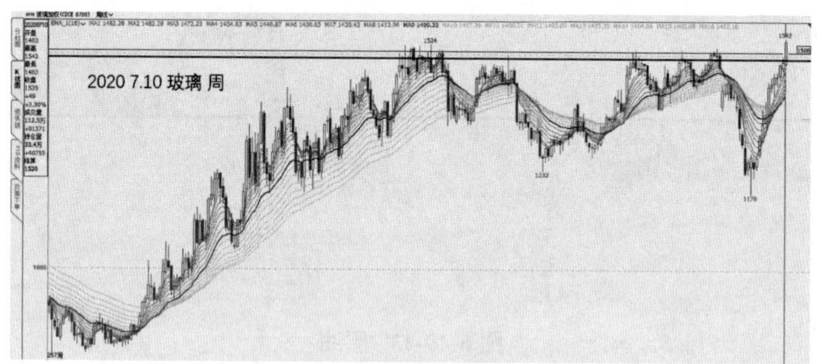

图 6-49-46　玻璃

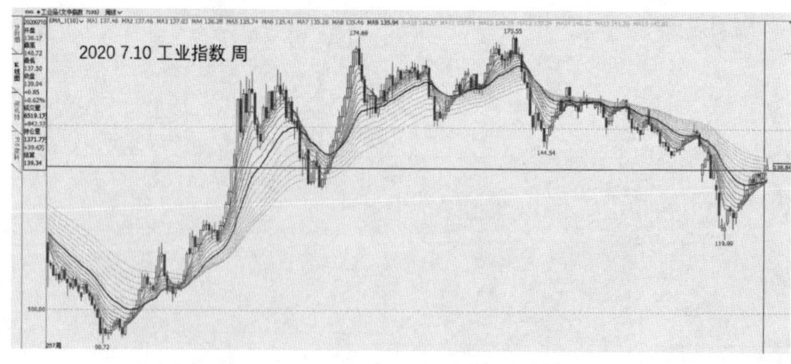

图 6-49-47　工业指数

建材板块是小板块，玻璃形态是“基本面尺缩”形态，与建材板块相似，但建材板块的形态并不相似于工业指数。工业指数的形态从整体上看，还没有呈现上升势态。我们只是从事后的角度去说，玻璃的行情是这波“整同无结”的起始，而实际上，当我遇到类似于玻璃的形态时，我会认为这是“单反无结”的情形。有关于“单反无结”的内容，我们下一节介绍。

这一节，我们经历了“整同无结”行情的全部操作过程，如果不能构成“相似链”，不要纠结，淘汰即可。大家别忘了在软件上反复对照，在书上对照和在软件上对照还是有些许差别的。

第 50 节

单反无结，满而混同

我们在之前看过的很多共振形态是因为市场震荡而形成的，也就是说 K 线在震荡的时候会梳理均线组，使均线组汇聚起来。但是在高位上震荡，或者是倾斜震荡，均线组就不太容易汇聚起来（如图 6-50-1 和图 6-50-2），所以说，这样的形态还是属于没有“结点”的形态。

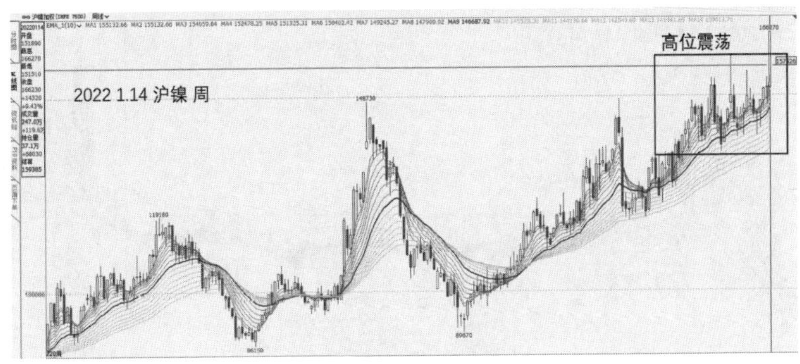

图 6-50-1　沪镍

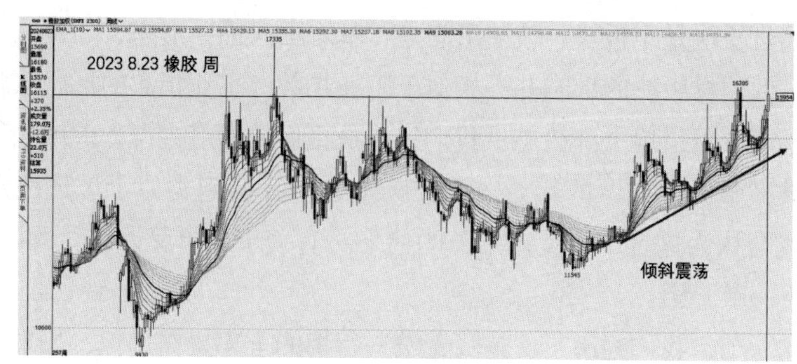

图 6-50-2　橡胶

在“高位震荡”或“倾斜震荡”形态中，我们如何来分析这个形态的未来走势呢？我们可以用下面两个步骤进行分析：

步骤 1：首先看这个形态是不是在“整同”结构之中。我看一看行业指数和工业指数就可以判断：很明显橡胶和化工指数不相似，所以橡胶不在“整同”结构中；而在上一节我们已经分析过沪镍，也不在“整同”结构中。

步骤 2：那么，这个品种有可能就是“单反”结构。在“单反”结构中，标的品种和工业指数不相似。此时，你只需要用标的品种和其他权重品种进行对冲。我们先看看沪镍的对冲形态有什么样的特征（见图 6-50-3 至图 6-50-6）。

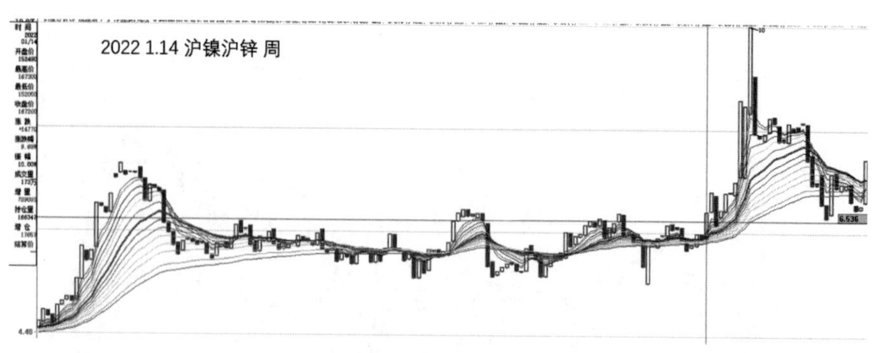

图 6-50-3　沪镍沪锌

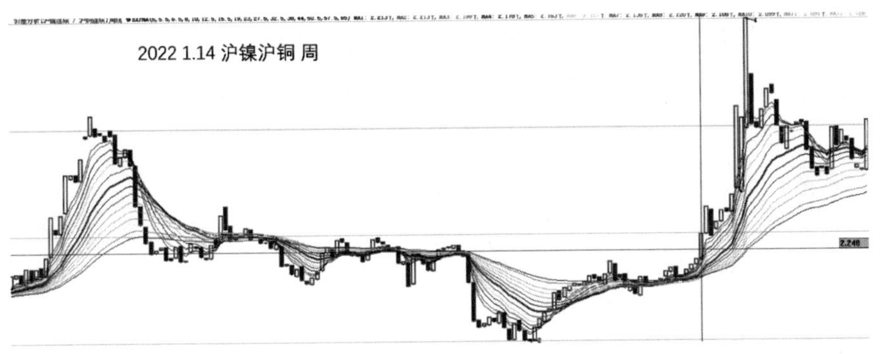

图 6-50-4 沪镍沪铜

图 6-50-5 沪镍塑料

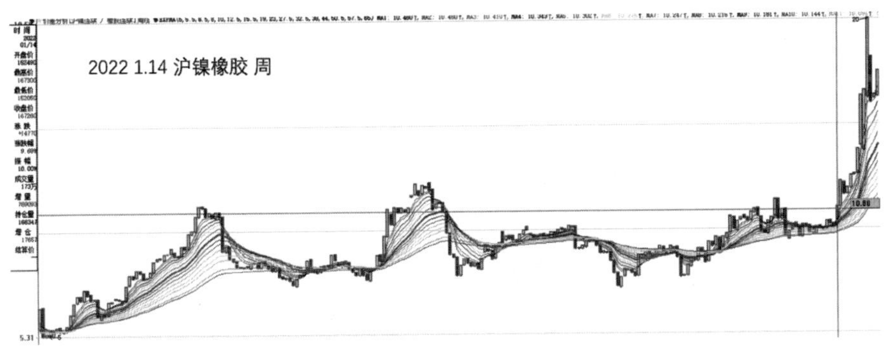

图 6-50-6 沪镍橡胶

如图 6-50-3 至图 6-50-6 所示，对冲过后的形态有什么特征?

与原来的沪镍单边“高位共振”相比，对冲形态更加紧凑，也就是对冲形态出现了均线汇聚的特征，或较为密集的涟漪特征。我们再看看橡胶的对冲形态有什么样的特征（见图 6-50-7 至图 6-50-11）。

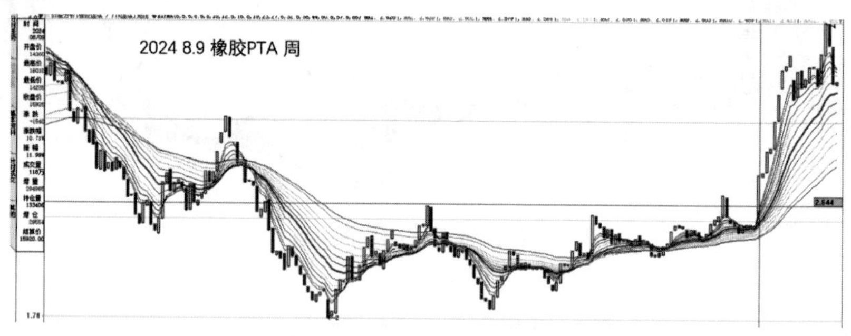

图 6-50-7　橡胶沪铜

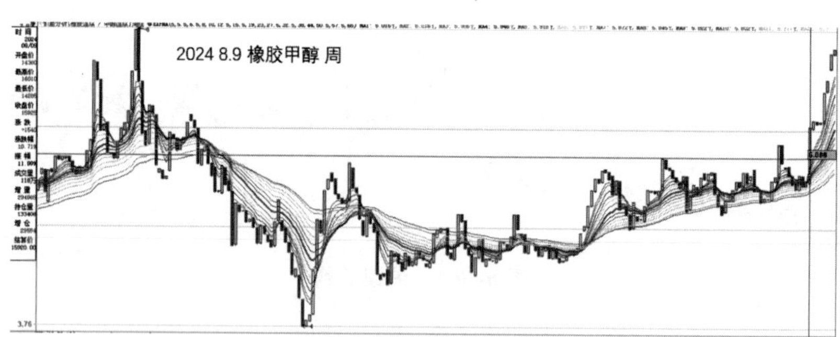

图 6-50-8　橡胶甲醇

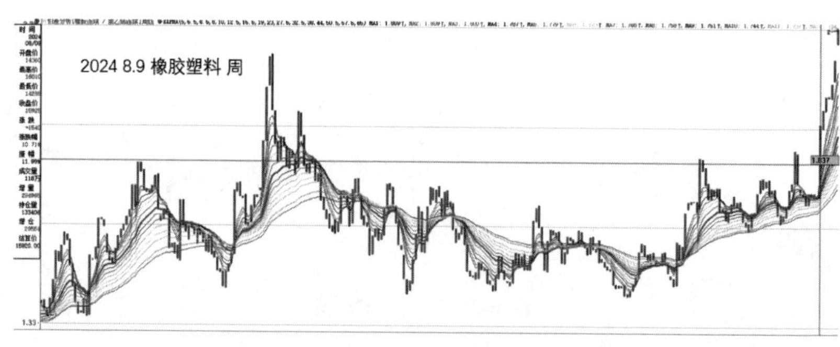

图 6-50-9　橡胶塑料

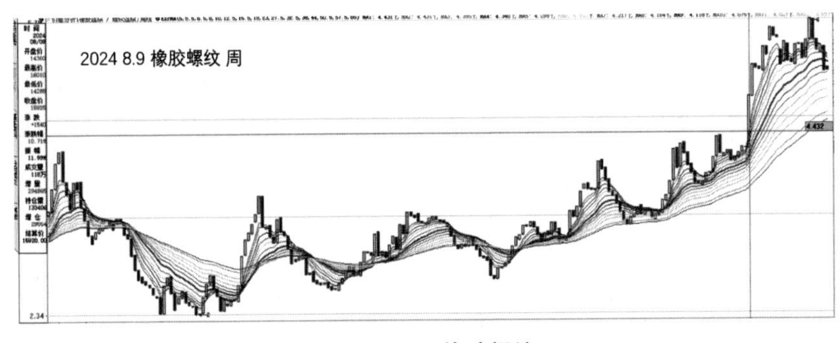

图 6-50-10　橡胶螺纹

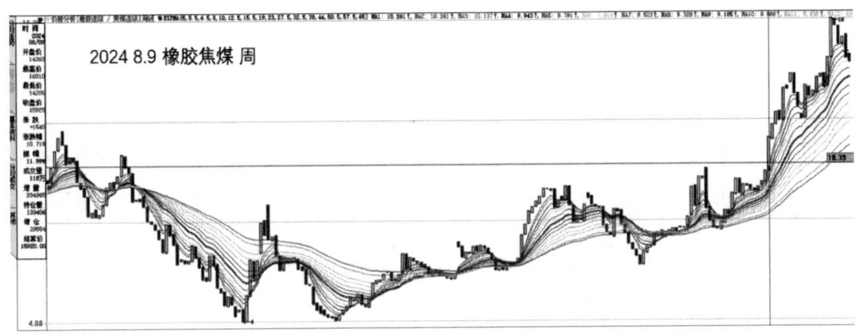

图 6-50-11　橡胶焦煤

从图 6-50-7 至图 6-50-11 中，你看到对冲过后的形态有什么特征？

与原来的橡胶单边“倾斜共振”相比，有的对冲形态更加紧凑，有的对冲形态出现了更加平稳爬升的趋势特征，如橡胶螺纹、橡胶焦煤。

在以上案例中，我们得到了什么结论？

我们在这个“满而混同”中发现了更加优化的对冲形态，有的更加紧凑，有的平稳爬升。我们发现了“单反无结”的混沌特征是“满而混同”。

我们最后回顾一下第 48 节提到的一个让我忧虑很久的情形：

有的时候市场在震荡后开始上涨（见图 6-48-7、图 6-48-20），有的时候市场在震荡后市场开始下跌（见图 6-48-5、图 6-48-6）。这可如何是好？这种情形让我忧虑了很久。

用这节介绍的两个步骤来甄别这四种形态，哪些可以选择，哪些应果断放弃，你还会忧虑吗？你可以用图 6-48-5 和图 6-48-6 去构建一下对冲，看看会不会出现“满而混同”的情形。如果没有出现，那就果断淘汰。

第 51 节 农业板块，启发思考

我曾经在 2008 年时接触过期货市场，我记得那个时候的期货品种很少。如果期货市场一直只有那几个品种，那么我是没有办法揭示混沌结构的，因为市场还没有发展到可以容纳混沌结构的阶段，你很难在早期的市场中发现混沌的结构性特征。

所以，反观一些经典理论，这些理论并没有涉及市场结构，因为当时市场还没有发展到可以容纳混沌结构的阶段。所以“威廉·江恩”研究了一辈子也不可能触及市场结构，复杂的“波浪理论”也没有触及市场结构，玄妙的“缠论”也只是在讲形态结构，并没有触及混沌市场的结构。

也就是说，只有市场发展到行业和品种比较多的阶段，才有可能出现混沌的结构性特征。混沌有另一个重要特征，也就是反身性特征，或者讲“逆转”特征。按照索罗斯的阐述，只要有开放性社会，就存在反身性特征。索罗斯在半个世纪前就发现了反身性，他是在“逆转”这个阶段做交易的人。

到目前为止，我们主要凭借工业板块，揭示了“混沌结构”“混沌离见”“混沌逆转”等混沌特性。那么我们如何看待农业板块呢？

我曾经认为农业板块和工业板块一样，应该会出现和工业板块类似的混沌特性。但在实际操作中，我发现，农业板块的混沌结构性特征固然存在，但并不像工业板块那样清晰。这和产业特性天然相关，简单地说，工业品种之间的关联性更强，而农业只是局部品种之间的关联性较强。因此，从外在表象上来看，就是农业板块整体的混沌结构性特征相对较弱。

我们在工业板块中揭示了混沌的六种结构。虽然说，农业板块整体的混沌结构性特征相对较弱，但农业板块的交易机会并不比工业板块少。在农业板块中，我们又如何“开启—揭示”？

这个问题先留给读者思考。这个问题涉及了很大的一块内容，这些内容包含了期货市场近一半的交易机会。我将在后续版本中更新这一节的内容，届时我将给出我的答案。

第 52 节 低度相关，有何特征

我们最后来看一看贵金属市场。首先贵金属市场是不属于工业板块的，其次贵金属市场的构成品种只有黄金和白银，所以我们不需要分析之前提到的那些结构，我们只需要和贵金属指数联动分析就行。

贵金属市场既然独立于工业市场，那么在交易机会寡淡的年份，贵金属市场会不会有交易机会？这个值得大家去思考一下。别忘了，伦敦金和沪金的形态不完全相似，伦敦银和沪银的形态也不完全相似，所以这四个品种中，任何一个品种率先出现了形态特征，都应该拿来进行联动分析。

图 6-52-1 至图 6-52-4 分别是沪金、贵金属指数、伦敦金和沪金的最终形态。这次沪金的交易机会出现在 2019 年 6 月，2019 年是期货市

场机会寡淡的年份。所以，当市场出现了交易机会寡淡的年份，我们要留心和工业板块关联度很低的市场如贵金属市场会不会出现机会。

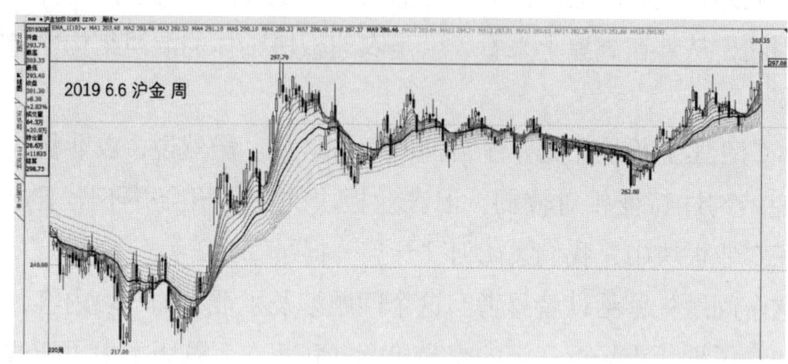

图 6-52-1 沪金

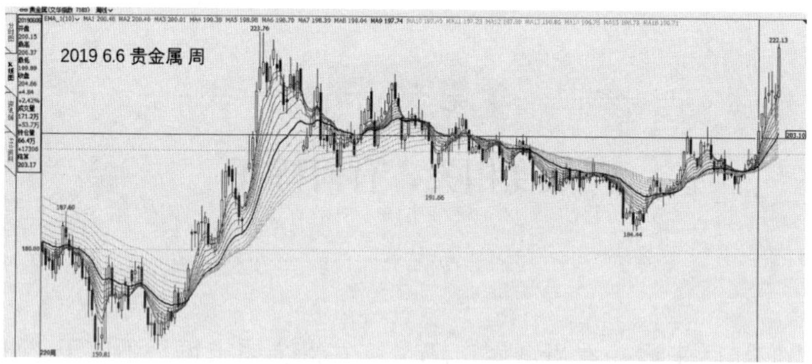

图 6-52-2 贵金属指数

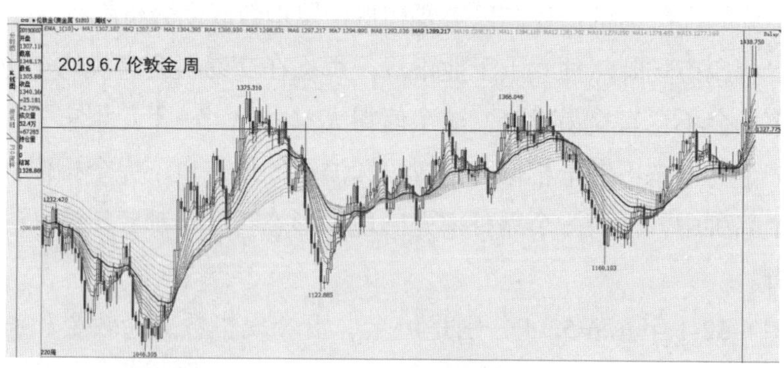

图 6-52-3 伦敦金

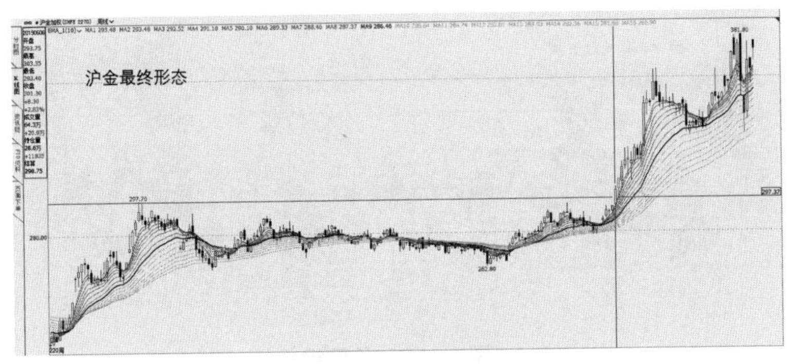

图 6-52-4　沪金最终形态

我们下面再看看之前看过的一个案例，2020 年 7 月的银（见图 6-52-5 至图 6-52-8）。

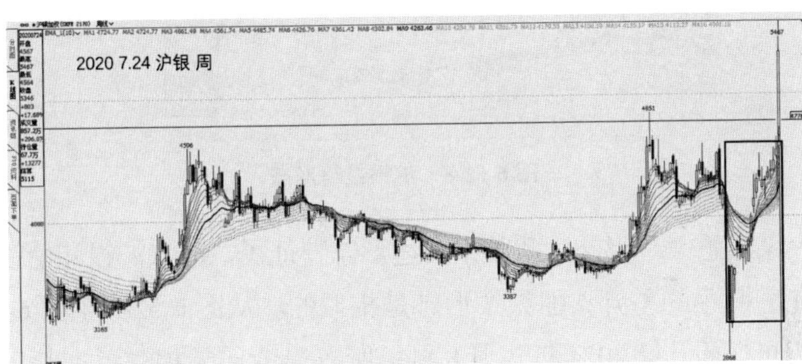

图 6-52-5　沪银

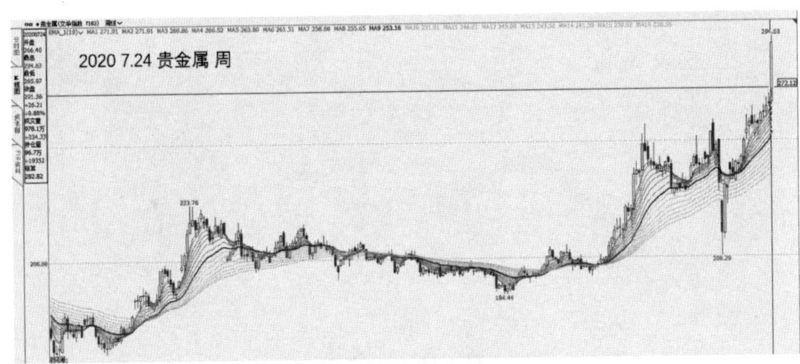

图 6-52-6　贵金属

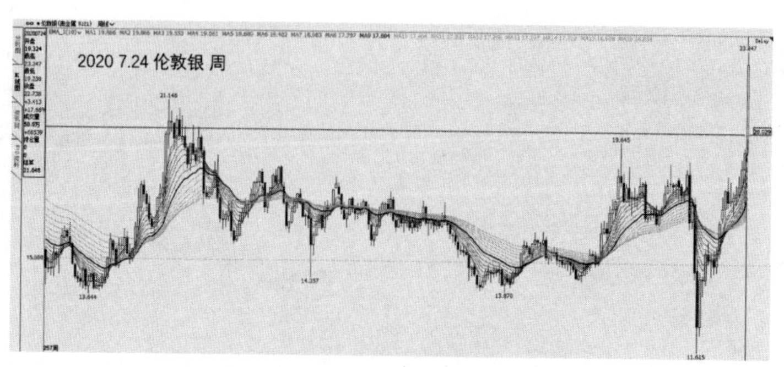

图 6-52-7　伦敦银

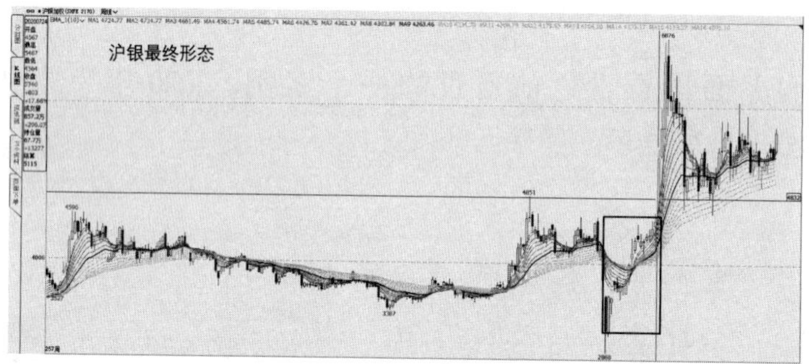

图 6-52-8　沪银最终形态

大家熟悉一下形态，我就不赘述形态特征了，注意沪银和伦敦银之间存在着微小的差异，但大致形态是相似的。从图 6-52-9 至图 6-52-13 中我们可以看出，2024 年 3 月 8 日，所有贵金属品种的形态都出现了形态特征。

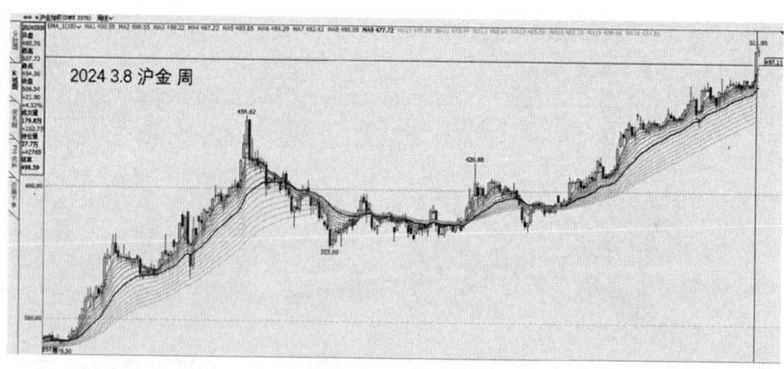

图 6-52-9　沪金

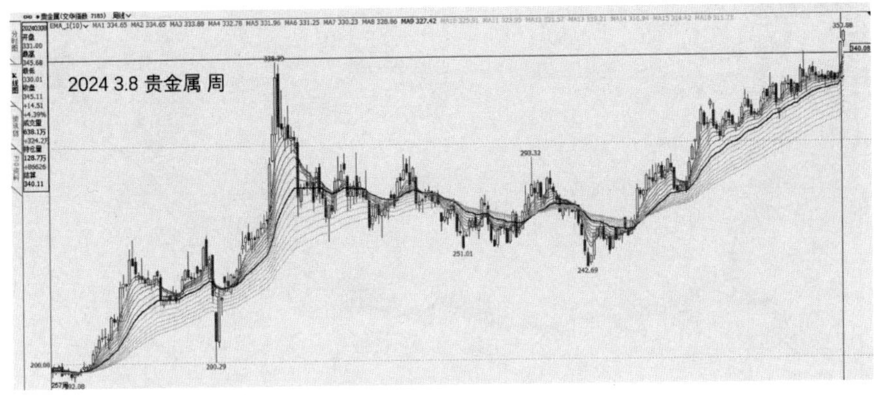

图 6-52-10　贵金属

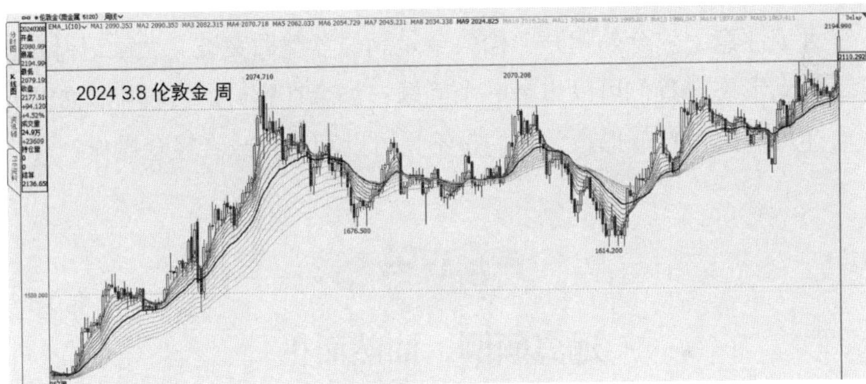

图 6-52-11　伦敦金

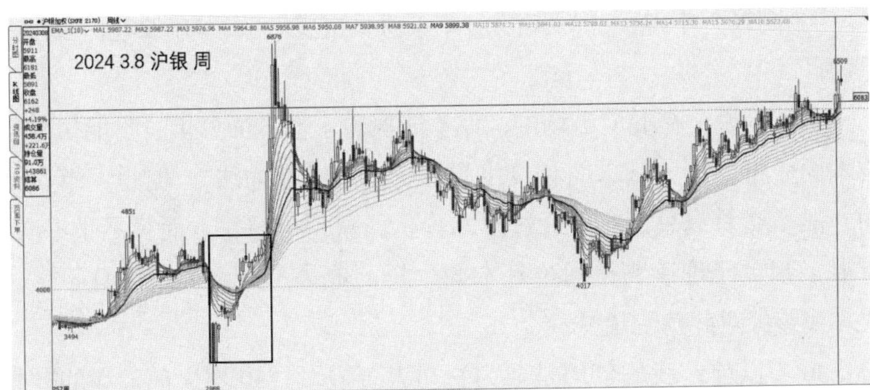

图 6-52-12　沪银

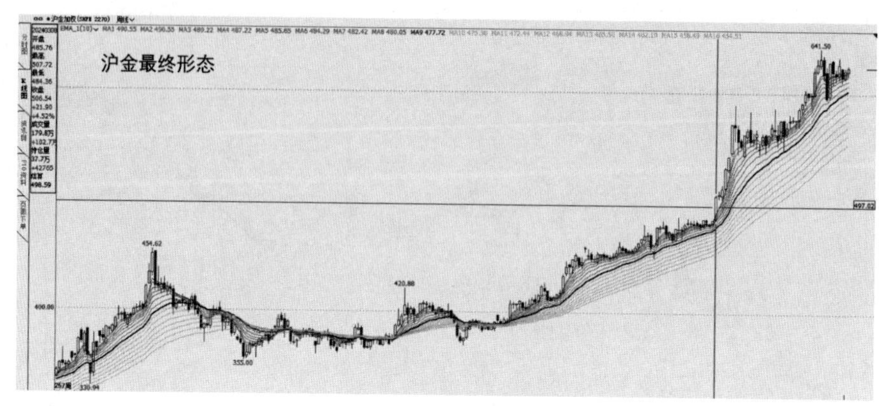

图 6-52-13　沪金最终形态

大家注意，沪金是爬升，伦敦金是高位盘整后突破。大家记得在软件上拖动形态，我们可以思考一个问题：沪金在爬升的过程中，如果伦敦金还没有出现特征形态，我们是不是可以观望，或者轻仓操作？

第 53 节
远离颠倒，油然而生

《金刚经》中说："一切有为法，如梦幻泡影，如露亦如电，应作如是观。"

也就是说，在混沌市场中，你不能执着于基本面分析，不能执着于技术面分析，因为基本面和技术面分析都是"有为法"。但是，事实证明，很多交易冠军确实是通过技术分析而获得了冠军，而且不止一次。有很多基金经理确实是通过基本面分析而成为王牌经理，而且不止一次。我曾经对此感到烦恼。

30 岁以前，我的梦想是成为交易大赛冠军。40 岁之前，我的梦想是成为王牌基金经理。我曾经为了梦想而拼尽全力，可结果是，我拼尽了全力，却遇见了两种极端情形交替出现。也就是说，我终于有一天在交易比赛中获得了名次，我还想继续获得名次，但在接下来的比赛中，我却爆仓了。于是，我不甘心，我继续尝试，结果在某一次比赛中，我再次获得了名次，然后接下来，我还会爆仓。

大家可以研究一下拉里·威廉姆斯，他是世界级别的交易冠军，一辈子都在参加最知名的罗宾斯期货交易大赛，他在 1987 年获得了 113 倍的投资回报，从而成为罗宾斯期货交易大赛史上最强冠军。他写了好几本书来介绍他的交易秘诀，并举办了全球巡回演讲来介绍他的交易秘诀。他这辈子一直都在参加交易比赛，给我们提供了一个可供分析的时间跨度。

起初让我最为费解的是，1987 年，拉里·威廉姆斯管理的基金产品第一季度迎来了重大亏损；拉里·威廉姆斯在 1989 年 3 月隆重举办的"世界杯冠军基金赛"中，投资表现如何？ 1990 年 5 月，"拉里·威廉姆斯金融策略基金"的投资表现又是如何？从报道看，新闻媒体对拉里·威廉姆斯在获得冠军之后三年"不停地敲响丧钟"。

如果是面临亏损，我觉得还可以理解的，但如果是不停地敲响丧钟，这反而引起了我的关注。也就是说，在 1987 年至 1989 年，拉里·威廉姆斯一边是"美梦成真"，成为历史最强冠军；另一边是"敲响丧钟"，是血本无归。这两种极端的情形交替出现，在追求梦想的过程中，我第一次瞥见了"颠倒"。正如《心经》所说："远离颠倒梦想，究竟涅槃。"

如果你打算持续参加交易比赛，每年都参加各类大小交易赛事，你将在"美梦成真"和"敲响丧钟"之间反复颠倒。经历过反复"颠倒"后，你就会总结出来——"颠倒"才是常态。然后，你才会意识到，"敲响丧钟"是获得交易冠军的组成部分。你以"敲响丧钟"为代价去入局混沌，才有可能获得冠军之名。

我们再进一步探究一下梦想，我们通常情况下讲的梦想，是"有序梦想"，不是"混沌梦想"。所谓"有序梦想"，就是在一个有序的环境中可以追求的梦想。比如你想成为奥林匹克运动会冠军，比如你想考到钢琴十级。在一个有序的环境中，梦想是有阶梯的，追求是有方法的。

在一个混沌的环境中，梦想有阶梯吗？追求有方法吗？你要重新审视。

套用老子的话术，在混沌之中，阶梯可阶梯，非常阶梯；追求可追求，非常追求；梦想可梦想，非常梦想。套用“三句义”的话术，在混沌之中，如来说阶梯，即非阶梯，是名阶梯；如来说追求，即非追求，是名追求；如来说梦想，即非梦想，是名梦想。

当你见证了“颠倒梦想”后，你应该为此而欢呼雀跃。因为，只有见证了“颠倒梦想”，你才会升起“远离”的念头。如果从一开始就奉行“远离颠倒梦想”，那么你实际上只是在奉行“远离”而已。如果没有见证过“颠倒梦想”，你的“远离”就不是油然而生的“远离”。

我建议各位还是要去学习交易冠军的方式，学习王牌经理的方法，你要拿出小部分真金白银去体验，你要见证“颠倒梦想”，体验“油然而生”。在这个市场上，有那么多交易冠军和王牌经理都在介绍自己的成功方法。你要持续跟踪这些名人，有一句话，叫“时间不语”。你不要去争辩什么，持续关注就好，时间长了，一切答案就自然呈现了。

老子言：上士闻道，勤而行之；中士闻道，若存若亡；下士闻道，大笑之。不笑不足以为道。

在混沌之中，终究是少数人“民智可开”，否则混沌就不足以为混沌了。在混沌市场中，你的梦想又是什么呢？梦想可梦想，非常梦想，远离颠倒梦想，究竟涅槃。

第 54 节

开启曲速，揭示扭转

本章中我们开启了“曲速”，揭示了“扭转”。如果说“尺缩”揭示的是发生的场所，那么“曲速”就是在这个场所中的最强发生阶段。“曲速”揭示了“扭转”是发生的内因，是发生的内在动力，“逆转”是发生的最大动力。记住索罗斯说过的话：投资者偏见是市场的根本动力。

学完了这一章，你能体会到“乾坤扭转”吗？到目前为止，我们再谈如何交易，你是否能感觉到“心中有乾坤，手中有方寸”。

后　记

我们在前言中讲道：

《三体》中的一句话："上岸的鱼不再是鱼，真正进入太空的人也不再是人。"这句话给我的启示是：真正进入混沌的"交易者"也不再是原来的"交易者"了。

所以，我们应该以"进入"混沌为目的去讲混沌。当我们以喝水为目的去讲水的特质，和当我们以游泳为目的去讲水的特质，最终对水的解读是截然不同的。那么如何才能"进入"混沌呢?

到目前为止，我们通过一步一步地开启，一步一步地揭示了混沌的主要特征。请注意，我们揭示的是混沌，我们还没有开始揭示"进入"。

这个房间能不能进入？你得先开启电灯，让这个房间里面的物品全部显示出来，然后再看如何进入房间。

这个混沌能不能进入？你得先开启什么，让这个混沌里面的东西全部揭示，然后再看如何进入混沌。

因此，我们要修正一下写在前言中的推理链：

> 如果我没有智力障碍，在混沌之中，我只需要开启什么，然后就能有所揭示，然后再看如何进入。

所以想要进入混沌，那么首先要揭示混沌，然后才是揭示"进入"。

《期货市场混沌交易》共分为两部分。本书是第一部分，讲揭示混沌。第二部将揭示进入，这部分内容还需要一段时间去验证。

在这段时间中，大家可以头脑风暴一下，想一想如何揭示"进入"。当答案揭晓时，再看看大家有没有和我想到一块儿去。